随园史学

·2024辑·

南京师范大学历史系

编

江苏人民出版社

图书在版编目（CIP）数据

随园史学. 2024 辑/南京师范大学历史系编.

南京：江苏人民出版社，2024. 12. -- ISBN 978 - 7 - 214 -
29870 - 6

Ⅰ. K107 - 53

中国国家版本馆 CIP 数据核字第 20240X800K 号

书 名	随园史学（2024 辑）	
编 者	南京师范大学历史系	
责 任 编 辑	张　欣	
责 任 监 制	王　娟	
装 帧 设 计	刘　超	
出 版 发 行	江苏人民出版社	
地 址	南京市湖南路 1 号 A 楼，邮编：210009	
照 排	江苏凤凰制版有限公司	
印 刷	江苏凤凰数码印务有限公司	
开 本	718 毫米×1000 毫米　1/16	
印 张	20	
字 数	288 千字	
版 次	2024 年 12 月第 1 版	
印 次	2024 年 12 月第 1 次印刷	
标 准 书 号	ISBN 978 - 7 - 214 - 29870 - 6	
定 价	76.00 元	

本辑得到江苏省中国史重点学科经费支持，特此深表感谢！

《随园史学》编委会

编辑单位
南京师范大学历史系

主编
王　剑

编委名单

编务组

本卷执行编务

目　录

读史札记

书　评

附　录

特约专稿

如何把握"八王之乱"

——以我迄今为止的研究总结为线索

福原启郎[1] 撰　吴菁萍[2] 译

（1：京都外国语大学　2：南京师范大学社会发展学院）

摘　要：福原启郎，日本京都大学文学博士，京都外国语大学教授，师从岛田虔次、川胜义雄、谷川道雄等东洋史学家，主要研究方向为魏晋南北朝史。其代表性中文译著有《晋武帝司马炎》《魏晋政治社会史研究》等。本文是福原先生基于记忆和对过往研究的综合考量，以"八王之乱"这一线索写就的研究回顾，时限上大略为 20 世纪 80 年代前半期。就具体内容而言，福原先生按时间顺序回顾了自己漫长而艰辛的求学经历，情真意切、发人深省。此外，他重点介绍了四篇以"八王之乱"为主题的学术论文的写作始末，所述文章分别为《关于八王之乱的本质》《关于八王之乱中宗室诸王内部的问题——以私党为中心》《八王之乱的本质》《西晋时期宗室诸王的特质——以八王之乱为线索》。关于"八王之乱"系列研究，福原先生将自己的最大成果系于"'舆论'是八王之乱的推动力"这一观点之上，同时，他也阐发了对于"公与私""宗王"以及各项制度等其他侧面的关注与期许，并希望可以用新的框架来探讨"八王之乱"，以此焕发该主题崭新的活力。

关键词：八王之乱；魏晋政治史；贵族制；福原启郎

绪　言

2022 年夏天，我被问及能否在同年 11 月 5 日于京都大学综合人间学部召开的中国中世史研究会、唐代史研究会合办例会上进行口头报告。由于没有值得报告的专门性研究，我对此犹豫不决，但转念一想，将其作为我研究的回顾也未尝不可，于是在确认之后接受了委托。具体而言，这于私可以回顾我迄今为止近半个世纪的以"魏晋史"为对象的研究，并对其进行总结（敞开心扉、回归本意的总结）；于公，则可以在此基础上对如何把握魏晋史、如何构建魏晋史的学术研究框架这些问题进行考察。

我至今为止的研究经过，对我自己来说也是个谜。为何选择魏晋史作为研究对象，以及为何对魏晋历史（而不是魏晋南北朝、魏晋南朝、汉魏晋史）的研究持续了近半个世纪，尚存在疑问。①

生成这些疑问的契机，源自我因近况而对学术研究产生了"关门大吉""中途放弃"的念头。在这期间，世界疫情形势不容乐观，我也经历了住院、手术、退休等事情。

2019年秋天，在京都外国语大学的定期健康检查中，我被检查出有便血，于是在医院用内窥镜切除了大肠息肉，但还是留下了一个恶性息肉。②

2020年1月20日，在结束了京都外国语大学的最后一堂课（进行测验）后，我将学生们的答卷放入行李箱中，坐上了出租车，就这么立刻住院了。

此后直至2021年11月，我因病先后住院3次，总计5个月③，针对先发的大肠癌以及后来转移的肝癌，我进行了4次全身麻醉手术，随之而来的是戴了1年人工肛门，先是大肠，后是小肠，其间达到了障碍者4级；还

---

① 所谓"魏晋"，有曹魏、西晋和曹魏、两晋两种含义（简而言之，除是否囊括东晋尚不确定外，曹魏是包括孙吴、蜀汉的，两晋也包括五胡十六国），拙文基本上采用前者。对我来说，重心在西晋。

② 2019年是我非常怀念的一年。6月15日，我于二松学舍大学参加了六朝学术学会第23次大会，并以《关于六朝贵族制的一则试论——以〈世说新语〉为素材》为题目作了研究报告。那年秋冬，在大学的授课与研讨（毕业论文40余本）、医院的检查与内窥镜手术的同时，我又前往中国2次，主持学会例会1次。两次中国之行，一次为10月辻正博等人主持的"基于古道·关塞遗址调查的前近代中国主要交通路线研究"科研项目［科研基础研究（A）海外学术调查，对鄂尔多斯当地史迹，如汉九原城、秦直道遗址博物馆、石峁遗址、统万城遗迹等进行踏查。11月30日，我前往安徽省芜湖市的安徽师范大学，参加第六届六朝历史与考古青年学者交流会，并作了《魏晋时代的乡里与矢野主税的研究》的口头报告（由张学锋教授口译）。12月21日，我于亚细亚大学举办的六朝学术学会第39次例会上担任柴栋《关于六朝隋唐禅让中的即位礼仪——以即位场所、告代祭天为线索》的口头报告主持人。

③ 长期住院实属出乎意料。当初入院的时候，医院说明了手术与住院的预期时间，但是时间一直延长。我似乎总有这样的延长体质。不过好在食欲尚佳，既不发烧也不疼痛，如果不看电视，批改完测试题或阅读完报告后，仍有相当多的时间。那时我总是卧病在床，回首过往，其中一个环节就是回顾我自己的研究。

有抗癌剂的治疗,疗程结束于 2021 年 11 月,但至今右胸仍埋有注射抗癌剂点滴用的端口。我的上述经历,与新冠疫情时间基本重合。在此期间,我宅居京都市内,只往返于家和医院之间。手术出院后,一开始甚至连乘公交车,去便利店、咖啡店都做不来。

与此同时,我于 2020 年 3 月退休,随后的研究室整理工作加重了我的病情。①

2021 年 12 月,在阔别已久的线下研究会例会上,我作了口头报告.2022 年 3 月,时隔 2 年零 3 个月,我自京都外出,去了东京。同年 10 月 21 日(也是学生时代的国际反战日,是休息日),我迎来了 70 周岁生日。②

这 3 年的研究业绩,可参见文后的《福原启郎论著杂文目录》。其中包括我两部著作的中译本(陆帅译《晋武帝司马炎》[2020],陆帅、刘萃峰、张紫毫译《魏晋政治社会史研究》[2021]);两篇已刊发论文(《萧关功能特征与地理位置的考察》[2022a]、《内藤湖南进讲考》[2020b])与一篇投稿中的论文(《西晋当利里社残碑的历史意义》)③。这三年中,我关于魏晋史的研究只有《西晋当利里社残碑的历史意义》这一篇,可谓寥寥。

---

① 由于新冠疫情,我没有参加与退休有关的一切活动,也因为身体状况而缺席了毕业典礼。不过,因为退休了,所以我的研究室必须腾出,在各位同事以及小野响、猪俣贵幸两位的帮助下,尽管进展缓慢,但总算在 4 月上旬之前完成了研究室的清理工作。此外,最大的问题是整理研究室与教养教育共同研究室的书,其中有一部分搬到了图书馆,剩下的大约 100 箱书一直放在走廊里,直到 7 月才搬到了家里。又,在整理研究室的过程中,发现了装在信封里的 30 万日元现金,虽然不知道是什么钱,但是里面 1 万日元的纸币是 2007 年就已经停止发行的旧纸币(D 型 1 万日元,正面是福泽谕吉,但背面不是凤凰,而是两只鸡),由此可知,这是很久以前就有的。

② 出院后,我出席了六朝史研究会(“L の会”)与内藤湖南研究会的例会,在新冠疫情中这两个会很早就恢复了线下例会,不过一开始,会议久坐让我很痛苦。2021 年 12 月 11 日的六朝史研究会上,我以《内藤湖南进讲考》为题作了口头报告。2022 年 3 月 19 日,我又于早稻田大学参加了线上线下结合的六朝学术学会第 43 次例会,担任袴田郁一《裴松之〈三国志注〉中所见史料批判的探讨》的口头报告主持人。接着,我于同年 8 月 23—25 日出席了召开于热海的唐代史研究会夏季研讨会。我乘坐新干线光号、回音号的自由席往返,回程来米原站、京都站时,车里只有 2 个人。

③ 该文已刊发于陆帅等编:《六朝历史与考古青年学者交流会论文集(2016—2020)》,南京:南京大学出版社,2023 年。——译者注

由于上述所论我的疾病、退休、新冠疫情、体力与气力的减退(到 2023 年 4 月已经恢复了七成)以及环境的变化①,研究变得困难,我甚至考虑过放弃,而这一切都反映在了我这段时间的研究业绩中。因此,我想通过对过去的研究进行总结,来展望未来。

2022 年 11 月 5 日,我以《如何把握魏晋史——以我迄今为止的研究总结为线索》为题,归纳了 32 页的提纲,借助于其中的《参考史料》《福原启郎魏晋史关联论著杂文目录(1982 年~2022 年)》,进行了一小时的口头报告。

以下是我的报告提纲目录及拟发言时间:

Ⅰ.开场:我的近况(5 分钟)

Ⅱ.《八王之乱的本质》(20 分钟)

Ⅲ.《西晋墓志的意义》与《晋武帝司马炎》(10 分钟)

Ⅳ.《魏晋时期对九品中正制度的批判研究》与《魏晋政治社会史研究》(10 分钟)

Ⅴ.我迄今为止研究的总结以及对魏晋史的见解(10 分钟)

Ⅵ.结语:今后的研究计划(5 分钟)

不出所料,在规定的一小时内,我只报告完了"Ⅰ.开场:我的近况"与"Ⅱ.《八王之乱的本质》"部分。因此,本文的题目也从原来的"魏晋史"调整为"八王之乱",将口头报告的Ⅰ、Ⅱ相关部分撰写为文章,当然,我也在口头报告的基础上进行了若干修改,并加上了新注释。

此外,本文是基于我的记忆,并依据我家中的相关史料以及京都大学文学研究科图书馆所收藏我的硕士论文而写成的。但是我的记忆力很一般,有许多不确定之处,文中或许有很多意外讹误。② 又,关于敬称,虽然

---

① 环境的变化指因疫情影响,我的研究地点从京都大学附属图书馆、文学研究科图书馆换成了居家为主。在退休之前我一直使用大学里的设施,例如复印机等,退休后不能再使用了,于是一切变得不便。虽然迟了一些,但我想说,对大学允许我利用设施,我十分感激,铭记于心。

② 我的健忘,和葭森健介教授一比较就显而易见。例如,与葭森教授一起去中国旅行时,聊起学会、烹饪等话题,就真切感到两人记忆力有别。本文提到的八王之乱论文 D 标题的更改经过,就是在葭森教授的指点下才想起来的。

近些年来我已不再于文章中使用,但由于本文的性质是回顾迄今为止的研究,所以基本上还是会适当使用"先生""さん""君"等词汇。

一、研究前史
(一)个人素质

我之所以专攻中国史,尤其是魏晋史,首先是因为喜欢读书。夸张点说,读书是我唯一的兴趣。① 其次,在学校课程中,我喜欢地理、历史等人文科目。② 不过,我虽然读过《新十八史略》与吉川英治的《三国志》③,但并没有特别喜欢中国史与三国历史。并且由于我不擅长语言学习,到现在也不会说中文。④

---

① 我高中时,购买了筑摩书房刊行的《世界文学大全》(全 96 卷与别卷 2 卷、1958—1968 年出版)、中央公论社刊行的《日本文学》(全 80 卷,1964—1970 年出版)并收藏至今。当然,至今其中的绝大多数书我还没有读过。关于我初中、高中时代图书馆的使用情况,请参考我的相关书评《明天的 OG 像》[1996b]。其中我回忆到"当时我是通过借书来读书","形成了一种简单的读书倾向,喜欢轻便的书、入门书、新型书、杂书、实用型的书"。《明天的 OG 像》是吉武辉子于 1967 年由文理书院刊行的著作,留存的个人阅览票显示,我是在 1970 年 3 月 4 日大阪世博会举办前夕,于丰中高中二年级借了这本书。"OG"是日式英语 office girl 的简称。
② 反过来说,我不擅长理科,高中时为了克服自己的弱点,特意选择了理科。然而,不擅长就是不擅长,我至今还记得我在某次物理考试中得了 3 分(满分 100 分),差点 0 分。
③ 现在(2023 年 4 月)检阅家里的书,发现《新十八史略》是 1966 年刊行的河出书房版本,一共 3 卷,包括天之卷(上古~西汉)、地之卷(西汉~隋)、人之卷(唐~南宋);《吉川英治全集》是讲谈社版本,为旧版 56 卷中的第 26—28 卷,即《三国志》(一)~(三)。顺便一提,《新十八史略》并非元代曾先之所著《十八史略》的日语翻译,而是借用其标题,再根据现代史观,所编订的上古至南宋时代通史,由稻田孝、后藤基巳、驹田信二、立间祥介、常石茂、野口定男、古濑敦、村松暎、山口一郎分任执笔,我自己也不确定是否读完了。又,八王之乱的相关史实见于《新十八史略》地之卷的第十四章《清谈时代〈西晋〉》(后藤基巳执笔),三王起义则是其中的第四幕:"从此诸王互相争权、骨肉相残、反复斗争,至光熙元年(306)为止终于迎来了落幕。"《三国志》的开头,则是《桃园卷》的《黄巾贼》一章,开场为刘备在黄河岸边向洛阳来的商人为母亲购买名茶。具体参见拙稿《饮茶的历史及其相关二三问题》[2009a]。
④ 我第一次单独去北京前门的名店"都一处"时(1999 年 10 月 30 日),在店里站了 20 分钟左右。在充分了解了大致点单办法、客人所点的菜肴、店里概况后,我挑了一个空位坐了下来,慢悠悠地点了三鲜烧麦(16 元)与燕京啤酒。能够让我认真观察这么长时间,我非常感激。不过这些活动,几乎不用中文也能搞定,所以我的中文应该不会进步了。当然,我的日语其实也不好。

此外，我性格强韧（用朋友的话来说是坚毅），我觉得很适合研究中国史。[①] 我胆小、怕生，且反应迟钝，无论怎么看都像是有发育障碍。[②] 举一个与吝啬有关的羞耻例子，我曾送给东北大学的安田二郎先生两三个"仪同"点心作为礼物。[③] 我还曾三次左右引发谷川道雄老师的"震怒"，如今想来，我的发育障碍大概是其中一部分原因。[④] 另外，我有口吃，还是左撇子，但最后被矫正到右手拿筷子与握笔。[⑤]

（二）教养部学生（1971 年 4 月—1973 年 3 月，2 年）

1971 年[⑥] 4 月，我进入京都大学文学部求学。学校任课老师告知，我是入学考试合格考生的最后一名（统考之前的考试，为期 3 天）。的确，我自认考的分数很勉强，在定额 200 名、合格的 205 名学生中，我是最低分。

---

① 比一般人有更强的耐性（韧性、笔力等），但在最后，却往往给人一种突然放弃的感觉。下文所提及的参加石彻白合宿、八王之乱研究等，皆为其例。

② 50 多岁时，某次与专门做障碍儿童教育的酒友喝酒，我问他自己是否属于发育障碍，他惊讶地说："你现在才发现吗?"我由此似乎明白了自小学以来各种违和感的真相。

③ 那大概是参加东北中国学会大会的时候，在去程途中，我为了购买与西魏官职名称相同的"仪同"点心，顺道去了福岛县三春町，并在那里买了一盒名为"三春仪同"的日式味噌馒头（据森冈浩编《难读、稀少名字大词典》[森冈 2007]，"三春"一姓在新潟、福岛县很多）。而后我换乘磐越东线、常磐线、东北本线，到达了仙台站，安田先生来接我，并邀请我到他家里，还令人惊喜地用生鱼片、清酒款待我。因为没有准备伴手礼，所以我从当天购买的和式点心箱子（十个装）中拿出了两三个送给了他。2023 年 6 月，我再次访问三春町，确认了相关情况。

④ 我被谷川道雄先生训斥过很多次，如果借用正史中表达皇帝愤怒等级的"震怒""大怒""怒"等词的话，我记得"震怒"级别的有三次。一次是我明明已经确定要在谷川老师组织的讨论会上报告，却又弃之不顾，当时比正博先生经常提起此话题。这件事之所以让人无法原谅，并不是因为我单纯地睡过头，而是我明知道缺席的后果，却还是擅自缺席了。虽说存在个人原因，但无论如何我属于明知故犯。另一次则是关于《内藤湖南的世界》[内藤湖南研究会，2001]一书中所收拙稿《内藤湖南关于中世贵族形成的理论——以分析"中国中古时期的文化"为途径》[2001b]的中译本[2005d]。由于不擅长中文（参见前文），并且没有全面检查译文，所以我理所当然地被谷川老师批评了。不仅仅是自己的翻译受到了谷川老师的批评，还包括我引用川胜义雄老师文章中的错误。不知道算是狗急跳墙还是自暴自弃，总之我当时说要直接去中国处理此事。老师可能也因此措手不及，对我的批评缓和了，还说其实不用那么做。而我既然说了，自然要做到，于是一个人去了天津的南开大学，那趟天津之行倒是颇有意思。而这件事发生后，对于中文，口语暂且不论，在阅读方面我倍加努力。此外，我还学到了一点，如果做出超出对方意料的回应，对方的愤怒就会平息，虽然做到这一点并不容易。

⑤ 参见拙稿《口吃的故事——三国时期攻灭蜀国的邓艾之逸事》[2003a]。

⑥ 前一年世界博览会在大阪举办，因为距会场很近，我一年内去了 18 次。

但与其说感到自卑,倒不如说是感到轻松。其中的大多数考生都是二战乃至于更久,我好歹是应届生。在教养部的两年,我上的是L3班。① 后来回想起来,当时正值学生运动的低潮期(尽管如此,大一学生也几乎不上课,平均一个月只上一节课。换算下来,每堂课课时费1 000日元,感觉很贵),我当时的政治立场,私心上偏向于新左翼的非政治化(让人想起京大钟楼上的"造反有理"口号)。② 学校的某次讲座提到了同年5月去世的高桥和已,但由于我自己对他不甚了解,所以误听成了当时巨人队的投手高桥一三(虽然我大体上是阪神队的球迷)③,想着为什么会出现巨人队投手的名字。由此可见,在教养部时代,我所体现出的意气大抵是"不想对社会有所帮助"④。

1972年秋,我志向专攻东洋史学。⑤ 然而,我并不是一开始就以专攻东洋史学为目标的,在教养部的2年间,也从未学习过中文、东洋史学等相关课程。⑥

---

① 当时文学院的学生在教养部根据语言分为4个班。L1班每周有3节法语课、2节英语课;L2班每周有2节法语课、3节英语课;L3班每周有3节德语课、2节英语课;L4班每周有2节德语课、3节英语课。至于我在L3的原因,已经记不得了。

② 说起来有件事情我都快忘记了,我在学校时和人站着聊天,于是被人劝诱去了原理研究所,一起走到了大学附近的建筑中,走进一个有榻榻米的房间,在里面听了一堂"课"(或许有违和感的缘故,不知为何,我一直记得黑板上写着"撒旦"这个词)。他们大概是认为我油盐不进,于是傍晚就把我赶走了。走的时候我看见厨房里正有一对男女共同准备晚餐,我对不能大饱口福感到遗憾,同时也在事后感受到了所谓"(宗教)共同体"的氛围。

③ 记得有一次上课时,我提问:"乡下居民是否算市民呢?"这大概是我想引人注目吧,是扭曲名誉欲的一种表露。说起来,我的夫人曾问我对美食有没有欲望,我回答说没有,她接着又问我对出名有没有欲望,我回答说有点儿。总之,我不像个大人,甚至不具备当时大学生的常识,而这或许是发育障碍造成的。

④ L3的班级文集中,一位同学在"选择京都大学文学部的理由"的问题下答道"不想为社会做贡献",我对此深有同感,至今仍记忆犹新。有意思的是,2018年4月,L3班同学会时隔40余年在乐友会馆召开,一共十几个人聚会,其中出席者的职业都是高中或大学教师,并没有与"实业"相关的人,这也许是碰巧,但从某种程度而言,也正是"不想为社会做贡献"的一种反映。

⑤ 临近提交专业志愿的最后一天,在文学部教务处的窗口,同班的女学生向我推荐东洋史学,我这才下定决心。虽然放弃了纯粹哲学与德国文学,但现在回想起来,在重视德语的L3班中,报考哲学和德国文学的人很多,想必是深受德语学习的影响。而从我与生俱来的喜好来看,希望报考东洋史学是更自然的事。现在回想起来,我曾经一度忘记了选择东洋史学的理由:"京都大学文学部二年级时,从文史哲各专业中选择东洋史学的理由等,现在已经无法确定了。"(拙著《魏晋政治社会史研究》后记)

⑥ 后来,我姗姗而迟地去教养部聆听爱宕元教授的东洋史学,嫌弃东洋史学"不好做"。

二、东洋史学研究室时代

此后，我在东洋史学研究室度过了 3 年的本科生阶段，其中最后一年是作为五年级生而留级的；接着是 3 年旁听生、5 年研究生（2 年硕士课程与 3 年博士课程）、5 年研修员，共计 16 年，如果以年龄计算在籍期限，是从 20 多岁到 30 岁出头这段日子。[①]

（三）本科生（1973 年 4 月—1976 年 3 月，3 年）

1973 年 4 月升入大三后，理论上可以参与东洋史学的课程、研讨等，但我的大三阶段几乎没有课，直到 1974 年 4 月升入大四后才开始上课。课程与研讨活动，在我此后的本科生、旁听生、研究生、研修员生涯中持续。谷川道雄老师的各类课程，是我成为研究生之后才开始参加的，至今还留有笔记。此外，我记得还听过吉川忠夫老师的研究课。我个人参加次数最多的研讨，也是在成为研究生后参加的谷川道雄老师《隋书·李穆传》等北朝后期正史列传与唐代藩镇史料等各类研讨。此外，还有竺沙雅章老师的《日知录》研讨、川胜义雄老师的《南齐书·竟陵王萧子良传》研讨、梅原郁老师的《续资治通鉴长编》研讨等。其中最让我印象深刻的，是 1975 年大五秋季学期参与的文学部岛田虔次老师的研讨课。[②] 另外，我大四夏天开

---

① 东洋史学研究室每年夏天都会在岐阜县九头龙川上游的石彻白举办合宿，那里是三泽之家创立成员石野先生的别墅。我从大四（1974 年）开始每年都参加，甚至就职京都外国语大学后也参加。还记得我最后一次参加合宿时，投手松阪大辅领衔的横滨高中在越美北线的九头龙湖站的比赛中获得冠军（1998 年）。换言之，我参加了 20 多年的石彻白合宿。大四第一次参加的时候，我完全不出席白天的研究发表环节，只参加晚上的酒会。第二次参加时，我穿着运动背心发表了关于杜预的报告（有报告时的照片，据说是檀上宽主持），还记得伐吴计划相关记载只见于《晋书·杜预传》。此外，我还想起我午饭后打麻将，导致大家都在等我。曾经有一段时间，东洋史合宿之后又有西南亚史合宿，于是我连续住了大概一个星期。在报告毕业论文的过程中，东洋史与西南亚史在指导方法上的差异令人兴趣盎然。不知为何，西南亚史领域关于百乘王朝的毕业论文报告让我记忆犹新。

② 我在大五暑假结束后的第二个学期，也就是撰写毕业论文的那个学期，开始跟随岛田虔次先生演习，当时岛田先生从人文科学研究院转到了文学部。演习教材是刘师培的《普告汉人》，现在我还保留着笔记，演习地点则是当时文学院新馆一楼东南角的演习室。这门课在星期六的下午上，它并不是从第一学期开始，而是从第二学期开始，所以有两学分，是两节课、三节课合在一起这样上，而且一开始没有课间休息，也不知道什么时候结束，我只记得下课时外面已经黑了。岛田老师似乎自己也很累，渐渐地，在研究生们的建议下，课程改为按时结束。这门课程的出席人员，只有两人负责报告，其中之一是我。此外还有研究生与（转下页）

始参加石彻白的定期合宿(见上文),并且从大四开始参加了以研究生为主体的研究室内部研讨会。我参加的是后来与中国史研究会相关的农书研究会,记忆中我阅读了各种《农书》与研究论文,例如小山正明先生相关成果。

我在大四也曾考虑过研究明史,但最终决定还是专攻六朝史、魏晋史。个中原因何在,就如同黑匣子一般,怎么也想不起来了。不过,我在《魏晋政治社会史研究》一书的后记中曾写道:"我的研究之所以集中在东洋史中的中国六朝史,是采取了排除法,并没有什么特别积极的理由:此前的史料稀少难读,此后的史料渐渐增加,又觉得浩瀚无章。"

1976年,我提交了本科毕业论文,主题是杜预。关于本科毕业论文,我在《魏晋政治社会史研究》一书后记中曾这样写道:"毕业论文选取的主题,是西晋时期主导平吴战争并撰著《春秋左氏经传集解》的杜预,其结论为:杜预在处世方式上与其祖杜畿(政治家)、其父杜恕(学者)是相互矛盾的。""截至目前,我的研究主题时代都是以西晋为中心的。"①

大概在毕业季,我梦见自己一个人坐在吉田山东麓的家中,在二楼北侧房间东侧窗户前的桌子上看书。自从做了这个出于无意识愿望的梦之后,我就再也没有觉得学习是件很辛苦的事情。唯有此点,我

(接上页)其他大学的教师作为旁听人员出席,人数要多得多。只要我读错了,左边的旁听席就会传来一阵笑声,岛田老师的声音与表情也都会充满新鲜感。我自己的汉文阅读能力很差,而课程却只由包括我在内的两个人负责报告,所以预习非常辛苦,几乎每个星期我都连夜在研究室查资料,但收效甚微。在文本层面,我翻阅《明实录》的情况较多。另外,除了该课程的预习,我还有其他的课题。我至今还记得,有一次我写关于刘师培的报告,交完后,还在岛田老师的研究室里进行了考试(不知为何,我想起了去岛田老师的研究室参加考试时,躺在沙发上的老师慌忙起床的情景,但也有可能是其他时候的事)。我还记得有一次老师问我一则关于东晋王导逸事的问题(《世说新语》载,在一次建康郊外的宴会上,南渡人士感叹江南的山河与中原不同,但王导却斥责云:"我辈正当克复神州。"),我答不上来,羞愧至极。总而言之,岛田老师的训练让我感觉到我广义上的阅读理解能力有了很大提高。

① 我在《魏晋政治社会史研究》的后记中曾写道:"大五暑假,我与渡边信一郎(研究生前辈)展开进行了一对一训练,每天我们一起读《晋书斠注》中的《杜预传》,这是我最感激渡边的事。"如上所述,当时我得到了东洋史学研究室渡边信一郎的指导。按照惯例,午饭后大家都要去暑期开放的游泳池,不知为何,我还记得在游泳池里与宫嵨博史玩摔跤,结果摔沉到水底,但或许只是我的妄想。

从未动摇。

（四）旁听生（1976 年 4 月—1979 年 3 月，3 年）

如前文所见，在长达 3 年的旁听生期间，我的生活黯淡无光。尽管每年都有论文发表，如《魏晋以降的京兆杜氏》《五胡十六国的汉（前赵）的汉人官僚》等，但质量逐渐下降。①

（五）研究生（1979 年 4 月—1984 年 3 月，5 年）

1979 年 4 月，我终于考进了研究生院，开始攻读硕士课程。英语刚好 60 分，这大概是出于老师们的善意。当时，正好谷川道雄老师从名古屋大学赴任京都大学。从那以后，因为与谷川老师关系亲密，我被称为"佞臣""佞幸"，但从未有过抵触情绪，反而有一种"阳奉阴违"式地背叛了谷川老师的愧疚感。②

五年的硕、博士研究生阶段，我的研究主题是八王之乱。具体内容见本文第三节"关于八王之乱的研究"。

（六）研修员（1984 年 4 月—1989 年 3 月，5 年）

此后，我做了 5 年没有正式工作的研修员，我尝试着从"八王之乱"研究中"转进"撤退。当时，我主要在 2 所补习学校（YMCA 补习学校与关西文理学院）做世界史兼职教师（1986 年出版的《集中讲义 世界史概论》中的东洋史部分的原稿，就是我花了一个夏天完成的），以及担任京都外国语大学的兼职讲师。在决定结束研修员的身份，去京都外国语大学就职时，我的学业奖学金返还免除期限也快到了。③

---

① 那时候佐藤长老师曾给予了我指导。其间，我被浅原达郎、岩井茂树、江田宪治等同学超越。木田知生还曾把自己的桌子借给我。为了学习英语，我当时去听位于百万遍的骏台补习学校讲座，还订阅了《NEWSWEEK》。以上是我 3 年旁听生的一些记忆片段。

② 我当时参加了由川胜义雄老师组织的人文科学研究所研究班"中国贵族制社会研究"班与中国中世史研究会。此外，当时每年都有一名研究生有机会申请集中授课的老师。我利用这个机会，邀请了越智重明教授来上集中课程。我之所以如愿以偿，大抵是因为当时研究生院有很多研究生专攻六朝隋唐史。

③ 1985 年，我与浅见直一郎一起参加了召开于中国四川省广元市的唐代史学会国际研讨会。日本方面的团长是布目潮沨先生，副团长是妹尾达彦先生。其余参加者还有中村治兵卫、日野开三郎、三崎良章等。这是我第一次去中国，也是第一次出国。

三、关于八王之乱的研究

我就读、学习于东洋史学研究室期间,本科研究的集大成之作是以杜预为题的毕业论文。旁听生时期,我也在写关于杜预的论文。成为研究生后,我则一直专注于八王之乱的研究,一直到我成为研修员的第一年。此后,我虽然不再研究八王之乱,但仍在魏晋史这一框架中继续深入。因此,我研究魏晋史的第一个波峰,毫无疑问是八王之乱。下面将对此展开具体分析。

(一)关于八王之乱的四篇论文

约 40 年前,也就是 20 世纪 80 年代前半段,我攻读研究生院硕士、博士课程以及成为研修员第一年的这 6 年中,研究对象一直是八王之乱,总共写了 4 篇论文。为方便起见,以下简称为论文 A—D。

A. 1981 年 1 月,《关于八王之乱的本质》

B. 1981 年 2 月,《关于八王之乱宗室诸王内部的问题——以私党为中心》

C. 1982 年 12 月,《八王之乱的本质》

D. 1985 年 3 月,《西晋时期宗室诸王的特质——以八王之乱为线索》

以上 4 篇论文中,论文 A 是硕士论文,论文 B 是我私下对论文 A 的修订。与之相对,论文 C、论文 D 都是发表在学术期刊上的文章。前者发表于《东洋史研究》,后者发表于《史林》。①

(二)论文 A—D 的写作过程

遗憾的是,"八王之乱"作为硕士论文题目的契机与经过,我已经想不起来了。其中一个原因大概是,它与我的本科毕业论文有共同点:杜预与"八王之乱"的时代均在西晋,主要史料都为《晋书》(尽管杜预与其去世后第七年才发生的八王之乱没有直接联系)。而且,八王之乱是西晋王朝政

---

① 从题目来看,论文 A 与论文 C 在"八王之乱""本质"这两个关键词上是共通的,论文 B 与论文 D 在"八王之乱""宗室诸王"这两个关键词上共通的,它们相互间具有联系。

治史上最大的历史事件，也是一件众说纷纭的悬案。① 这一点对于喜欢政治史的我来说是很有吸引力的。② 战乱中，可以看到平稳状况下无法窥见的赤裸裸的权力、权威等，正因如此，八王之乱才如此引人入胜。或者说，讲述六朝时代的书籍繁多，八王之乱却由于复杂而几乎鲜少被提及。③ 这或许是我反而被其吸引的主要原因。

在我硕士课程二年级的 1981 年 1 月，我撰写硕士论文《关于八王之乱的本质》（论文 A）。④ 同年 1 月下旬，谷川老师召见我，让我 2 月的时候再写一篇与硕士论文相同页数，正文在 400 字×100 页稿纸以内的文章，并于 3 月"私下"交给即将退休的岛田虔次老师。同时，如果我不提交此论文，他将不再指导我的博士课程。

我用了一个月的时间修改硕士论文（论文 A），同年 2 月末，我前往京阪电车六地藏站附近的岛田先生家中拜访，交给岛田先生《关于八王之乱

---

① 在论文 B 的开头我这样写道："在中国历史中，特别是在六朝时代，有很多历史现象让我们从感性层面感到无所适从，理性层面也难以理解，因此愈发令人感兴趣。其中，发生于 4 世纪前半叶的宗室诸王的内乱——八王之乱，尤其令人费解。但是，这种与我们现代人表面上的理解、洞察相距甚远的历史现象，正是因为其内部存在着与时代本质相关的问题。如果真是这样的话，我认为，思考八王之乱，或许可以为我们更明确地把握至今还不甚明了的六朝时代提供一把钥匙。"另外可以参见论文 A"概略"一章中的"前言"部分所述八王之乱的研究意义。

② 我也会自己问自己，为什么不是永嘉之乱最吸引我呢？

③ 在概说书中，川胜义雄老师的《魏晋南北朝》[川胜 2003（1974）]有如下描述："现实政界由一小部分追求权力的恶人所操纵。在晋武帝死后的公元 290 年前后，外戚杨氏秉持朝政，公元 291 年之后，皇后贾氏一党则以昏庸的惠帝（290～306）为傀儡。贾后的做法尤其过分，她唆使惠帝的异母弟楚王司马玮推翻杨氏，之后又杀了楚王，还废了皇太子，立自己的养子为皇太子。贾皇后这种强硬露骨的做法，使人们同情废太子和反对贾氏的气焰高涨。公元 300 年，在部下的操纵下，赵王司马伦利用这种气焰诛灭了贾氏一党。为了树立自己的权威，赵王司马伦接连杀害名臣，从惠帝手中夺取帝位。为讨伐其暴行，301 年，驻守许昌的齐王司马冏、在邺的成都王司马颖、在常山（今河北省正定县）的长沙王司马乂开始向首都洛阳进发。于是，中央政界的混乱局面开始向全国扩散。后来，为了废除齐王，诸王以在长安的河间王司马颙为首行动。然而，诸王间貌合神离，在部下的挑动下，他们为追求一己利益各自为政，于是斗争愈演愈烈。其间，他们还争相引入北方非汉族群武提高自己的战斗能力。这一不可收拾的局面就是所谓的'八王之乱'。"虽然《魏晋南北朝》一书没有全部忽略"八王之乱"，但也省略了诸王起兵击败齐王冏之后的动向。

④ 实物被装订、收藏于京都大学文学研究科图书馆地下书库内。

宗室诸王内部的问题——以私党为中心》(论文 B)一文。① 内容姑且不论,至此我已经完成了与谷川老师的约定,达到了攻读博士的最低要求,以后可以继续接受谷川老师的指导。

同年 3 月某天,在旅馆打工时②,我突然想出了一直以来想要找到的论文关键概念。于是,论文 C 的框架以及八王之乱中各次争斗连锁反应的推动力——"舆论"这一要点,由此诞生。③ 这一概念,在论文 B 中其实已初见端倪。

同年 4 月上旬,在我博士一年级,时任东洋史研究会编辑委员的杉山正明先生建议我在同年 11 月的东洋史研究会上报告论文,我接受了。

同年 4 月下旬,谷川老师唤我过去,批评了我允诺在东洋史研究会上报告论文这件事,斥责我太过轻率。但我向他说明了我在 3 月时想到的观点,谷川先生同意了,说:"那样就行。"

同年 11 月 3 日,在东洋史研究会上④,我是早上第一个报告人,报告题目为《关于八王之乱的本质》⑤。对于我的报告,曾撰写《西晋政治史的若干问题——作为八王之乱的前史》[大泽 1976]的大泽阳典等人向我提问,但提问内容我已经忘记了。⑥

1982 年 12 月,时为博士二年级的我基于前一年的大会报告《关于八王之乱的本质》,于《东洋史研究》第 41 卷第 3 号[1982]刊载论文《八王之乱的本质》(修改后收入《魏晋政治社会史研究》,为第五章)。就题目而言,

———————————————

① 不知为何,我还记得有人招待我吃饺子。

② 旅馆是我初高中修学旅行的旅舍加茂川庄,位于京阪电车三条站南边。

③ 由此推演的结论如下:私权化宗王意图恢复公权,以这种舆论为背景,宗王起兵对抗的模式出现,而胜利的宗王又因私权化而引发新斗争,从而导致斗争的连锁发生。

④ 当时举办会议的会场是京都大会馆(2010 年闭馆)。宫崎市定老师坐在第一排正中间的座位上。

⑤ 这次报告与论文 A 题目相同,很容易混淆,它也是论文 C 的主要框架。

⑥ 具体参见《东洋史研究》第 40 卷第 3 号的《大会摘要》[1981]。此外,我 1981 年度研究报告与《关于八王之乱的本质》题目相同,我还保留着复印件。研究报告的内容结构只有前言、第一章"八王之乱的性质"、第二章"关于舆论"(与论文 C 第二章相同);附表一"八王之乱的争斗"、附表二"对齐王冏的批判"。报告使用了 400 字稿纸,正文有 73 页,用钢笔手写,汉字写法原则上采用常用汉字。

删除了"关于"二字。此时，距离口头报告过去了 1 年多。

在我担任京大东洋史研究室研修员第一年的 1985 年 3 月，论文 D《西晋时期宗室诸王的特质——以八王之乱为线索》发表于《史林》第 68 卷第 2 号［1985］（后修改收入《魏晋政治社会史研究》，为第六章）。以上两篇就是我以"八王之乱"为主题的论文。还记得当时有人说我"一鸡两吃"，这篇文章的发表距离《八王之乱的本质》（论文 C）的发表又经过了 2 年 3 个月，其间的艰辛（参见本节第六部分）虽然完全记不得了，但毕竟开展了许多尝试与摸索。①

此后，我再没有写过关于八王之乱的论文。但是，我基于论文 C、D 撰写了概说书《晋武帝司马炎》［1995a］（参见本文第四节）。

（三）《关于八王之乱的本质》（论文 A）

2022 年 10 月 6 日，我在京都大学的文学研究科图书馆借到了硕士论文《关于八王之乱的本质》（论文 A），此乃时隔 40 年的再次阅读。这里用的是 400 字原稿纸（一张为 2 页），其中正文 159 页、注解 25 页，以钢笔手写，汉字采用旧字（正字），需要修改的地方则拿贴纸修改（也有贴了但没修改的地方）。字一开始写得很工整，最后却含糊不清，根据墨水颜色的不同和几个笔迹的各异可以推测出有好几个誊写者（其中有些文章甚至不像我的文体），也可以看到谷川老师用铅笔写的东西，但不多。

以下，按照文章的结构、概要、特征、缺陷进行介绍。

1. 结构

本文结构可通过目录来展示（论文 B 也是一样）：前言、第一章"西晋宗室诸王"、第二章"宗室诸王的开府"、第三章"公府军府和贵族（陆机与顾荣）"、第四章"公府军府和寒人（孙秀与张方）"、第五章"宗室诸王之公"、第六章"矫诏与驺虞幡"。文后有"注释"与"西晋宗室诸王简谱"。

---

① 我一开始设想的题目是《西晋宗室诸王的存在方式》。听到"存在方式"四个字，谷川先生"愣了一下"，然后否定了这个题目。于是我改为"特质"（大概是从"本质"一词联想到的）。谷川老师否定我题目的事情，也是经葭森健介提示才想起来了。关于葭森的好记性与我的健忘，可参见前注。

2. 概要

文章前言写道:"八王之乱为把握整个时代提供了重要的钥匙,因为其中包含着与该时代本质相关的问题。这样想来,我认为思考八王之乱对于更深入地把握这个时代并非毫无价值。"在明确了研究八王之乱的意义之后,我考察了西晋宗室诸王共通点,并观察其与贵族制的关联,大略指出了一个模糊的"方向"。

随后,我展开了如下论述:第一章讨论西晋武帝时期产生宗王的分封体制的变迁。第二章讨论宗王的另一权力基础——公府、军府。第三章讨论成都王司马颖诛杀陆机一族事件,贾谧的二十四友之一陆机,陆机、顾荣两者形成对照的处世方式。第四章讨论以赵王司马伦相国府中的孙秀,河间王司马颙征西大将军府中的张方为代表的寒人。第五章指出,在八王之乱末期,刘弘控制荆州,从他死后围绕着人事变动而引发的风波中可以看到,由于"公"的存在,宗室诸王凌驾于私权之上的结论显而易见。但八王之乱是以寒门寒人阶层为主体的,在此背景下,八王之乱的本质是寒门寒人阶层对魏晋贵族制的挑战。最后的第六章,我论述了八王之乱导致西晋皇权旁落、国家崩溃解体的过程,以及在此过程中出现的"矫诏""驺虞幡"、天子出身、承制等现象,并指出:"晋朝权威的恢复,要等到理念上倾向于割据的晋元帝被劝进登基时。"全文至此戛然而止。

3. 特征

这篇文章的特征有如下三点:

其一,叙述算不上具有逻辑性,但如果一定要总结思路的话,那就是以宗室诸王、幕府以及构成它的贵族、寒人为顺序来组织的,即第一章到第五章;

其二,基于上述组织内容,文中没有涉及八王之乱的政治斗争个案;

其三,因受到冈崎文夫、谷川道雄、安田二郎诸氏一系列研究的深刻影响,我更多地关注着代表"利欲""私"的宗王幕下寒人(寒门寒人阶层),认为他们是八王之乱的主体。关注宗王幕下寒人这一点,可以与论文 B 第二章、论文 C 第三章相联系。关于"私"的相对概念"公",详见下文"缺陷"第二点。

4. 缺陷

这篇文章的缺陷大致如下：

其一，虽然这篇论文被装订成册，并收藏于京都大学文学研究科图书馆地下书库。但很惭愧，这篇文章无论是从形式还是内容而言都不像论文。① 在形式（结构）方面，第五章只有 9 页（8 页＋1 行），最后一章（第六章）也只有 15 页（14 页＋1 行），短小的篇幅、结尾的戛然而止，以及"结语"的缺失等，令这篇文章颇显突兀。

其二，第五章的标题为"宗王之公"②，但正文中却没有出现"公"字，论文 A 整体上也没有提及"公"字。

其三，内容不足，与第一点提到的文章形式上的缺陷相联系，即没有明确结论。

其四，论文结构没有逻辑。最明显的一点是，列举"矫诏""驺虞幡"这些八王之乱特殊现象的第六章，其实是从之前的章节中截取的。

其五，标题中提到的"本质"，正文中并未论及，与内容相背离。③

（四）《关于八王之乱宗室诸王内部的问题——以私党为中心》（论文 B）

这篇文章是对论文 A 的自我修改，我家中存有实物的复印件。④ 用的是 400 字的稿纸（1 张为 2 页），除目录以外，正文 180 页；注 92 条，共 52 页。另外，这篇文章与论文 A（汉字采用旧字体）同样是手写。不过，这篇文章从头到尾都是手写，与论文 A 不同。

以下，按照结构、概要、特征叙述这篇文章的内容：

1. 结构

由前言、第一章"八王之乱宗王的盛衰——成都王颖的情况"（小节为：1. 成都王司马颖的概况、2. 成都王司马颖的僚属、3. 宦官孟玖的抬头——成都王司马颖私党的形成、4. 陆机、陆云之诛）、第二章"宗王的私党"（小节

---

① 真不明白我为什么要提交这根本就称不上是论文的东西。

② 标题中的"公"字其实未经斟酌就写上了。

③ 论文 C 的标题也有"本质"一词，但内容则与这篇文章完全不同。

④ 原件可能在岛田虔次老师家中，他是否转给了谷川老师则不得而知。

为:1.赵王伦的情况、2.齐王司马冏的情况、3.河间王司马颙的情况、4.其他宗王的情况、5.西晋宗王的私党)、结语所构成。

2. 概要

这篇文章主要分析八王之乱的主角——宗王的兴衰活动,尤其注意通过分析内部人员的构成来探究八王之乱的本质。在前言中,文章交代了选择成都王司马颖作为具体案例的理由。

成都王司马颖的僚属出身西晋名门望族——或者说,是由舆论的代言人、作为政治相关阶层的士大夫即贵族所组成的。文章第一章写道:"府主成都王司马颖与僚属的关系类似于军府、公府这样的小型朝廷,因此存在'公'的关系。""这样一来,在成都王司马颖府内,与成都王颖有'私'联系的亲党势力与以持'公'立场的僚属为主体的士大夫集团形成了对立。""因此,成都王司马颖政权的崩溃与成都王司马颖的'骄奢'化,以及孟玖等私党的崛起存在密切关系。"

第二章则列举了成都王司马颖以外宗王的"私人"关系,包括赵王司马伦、齐王司马冏、河间王司马颙、楚王司马玮、新野王司马歆,其中详细叙述了赵王伦与孙秀的关系。陆云在《二陈文》中提到的吴王司马晏的情况,是作为出镇的宗室诸王军府、公府的"私"关系的原型——封国的具体例子,文中还提及外戚(杨氏、贾氏)的私党。

本文的结语写道:"宗王私党是由庶人身份的寒人或寒门士人所组成","是由贵族之外阶层组成。"文章结论为:"宗室诸王与被称为'嬖人''佞人'(孙秀)的私党结合……是私党以自己的才能顺从宗王,赢得宗王的信任后被宠幸的直接私人关系……这与在另一方面支撑宗王政权的公府、军府僚属与宗王之间的'公'关系具有对照性。"文中还指出,"八王之乱中,与私党结合的'骄奢'现象……在内部有官府僚属的批判,在外部也有舆论的谴责。如有进一步的骄奢倾向,则私权化发展到极端,例如赵王伦篡夺帝位等公权被侵犯的情况,会引发起义而走向灭亡",这一现象值得注意。由此可见,论文C所展现的政治斗争模式在本文中已有萌芽。

3. 特征

本文特征如下：

其一，主题集中于八王之乱时以宗王公府、军府内出现的私党，较之论文 A 的六章，本文只有两章，虽有内容过少之嫌，但较之论文 A 条理相对清晰。

其二，没有涉及八王之乱的政治斗争个案。

其三，因受冈崎文夫、谷川道雄、安田二郎诸氏一系列研究的深刻影响，更多地关注着代表"利欲""私"的宗王幕下寒人（寒门寒人阶层），认为他们是八王之乱的主体。此点与论文 A 相同，甚至更为强烈。

其四，没有提及"公"的概念，但"结语"中有些许端倪。

综上所述，与论文 A 相比，这篇文章的特征一存在差异，二至四是相同的。

（五）《八王之乱的本质》（论文 C）

本文刊载于 1982 年《东洋史研究》第 41 卷第 3 号。以下，按结构、概要、特征、有待解决的问题叙述这篇文章。

1. 结构

分为前言、第一章"八王之乱的性质"、第二章"关于舆论"（小节为："对齐王司马冏的批判""齐王司马攸归藩事件"）、第三章"八王之乱与贵族制"、结语。

2. 概要

前言写道，我对安田二郎先生提出的"为何西晋王朝政治斗争如此根深蒂固，直至灭亡"的问题深有同感，并试图寻求我自己的答案。

第一章指出，所谓八王之乱，是宗王以意图恢复公权的舆论作为背景，举兵对抗私权化的宗王。宗王间起兵斗争反复不断，胜利的宗王因私权化而再次引发新的抗争，这种抗争环环相扣，而推动这一进程的是舆论——相对于私权化，站在"公"的立场上，以恢复公权为目标的舆论（这是我针对前沿提出的问题，在现象方面的解答）。谷川老师、安田老师曾提出八王之乱中"私"VS"私"对抗模式，我则提出了"公"VS"私"的模式，亦即具有"公"VS"私"这种方向性的"起义"。

第二章的第一节指出,当时舆论批判的对象是宗王重用私党,要求私党从"辅政"的地位退让,并且让宗王归藩,即为切断宗王的关系网。具体案例有大将军府幕僚对府主齐王司马冏的谏争等。这种批判成为举兵的"大义名分",并转化为因果连环的逻辑链。齐王司马冏的私党葛旟就曾反驳道,齐王冏的"就第"意味着其死亡。第二节则指出,私权化与相对私权的舆论反复上演,与八王之乱的斗争个案模式相同的先行事件,则是齐王攸(晋武帝司马炎同母弟、司马师嗣子、齐王司马冏之父)的归藩事件以及东汉后期的党锢之禁。

第三章指出,宗室的私权化,更具体地说是其私党(例如赵王伦的下属孙秀)权力志向的反映。私党出身寒门、寒人阶层,而同样出身寒门、寒门阶层的禁军将校、士兵们对立功契机的渴求也具有同样的性质。在贵族制度下,这是上升通道被疏离、封闭后,人们上升志向的突破口。在舆论中,这些活动被认为是国家的私权化,引发具有批判、阻止性质的活动——起义。这种起义斗争实际也是寒门寒人阶层出人头地的最佳机会。而八王之乱,就是反复以此种逻辑演进的起义(政治斗争)。八王之乱是贵族制的理念(舆论)与现实(贵族制的产物——寒门、寒人阶层的存在)的矛盾,由此可见,塑造这个时代的贵族制也与八王之乱具有密切关联。

3. 特征

本文的特征如下:

其一,开始关注八王之乱中政治斗争的个案(论文 A、论文 B 中没有)(第一章)。

其二,分析结果表明,构成八王之乱的各种斗争是环环相扣的(第一章)。

其三,提出舆论("公")是推动八王之乱的原动力(第二章)。

其四,揭示宗王私权化背景下的寒门、寒人阶层私党的实际情况(第三章)。

其五,不论正确与否,将八王之乱与六朝贵族制联系在了一起(第三章)。

4. 有待解决的问题

西晋宗室的问题有待解决——为什么宗王会成为八王之乱的主角？这是唐长孺先生提出的问题。文章结语写道，究其根本，应归结到当时的皇权上。因为宗王掌握了部分皇权。这一问题成为论文 D 的研究课题所在。

（六）《西晋宗室诸王的特质——以八王之乱为线索》（论文 D）

本文刊载于 1985 年《史林》第 68 卷第 2 号，以下按结构、概要、特征、问题点的顺序叙述。

1. 结构

本文由前言、第一章"宗室诸王的出镇——成都王颖的情况"、第二章"宗室诸王与士大夫——陆机、陆云被诛事件"、第三章"宗室诸王的权威"、结语所构成。

2. 概要

本文的前言写到，根据论文 C 的结论，接下来应该探究的问题是："为什么宗室会成为八王之乱的主角？"以往，人们普遍认为八王之乱发生的原因是西晋王朝分封宗室，而吕思勉等前贤学者指出，西晋让宗王作为地方都督"出镇"是八王之乱的直接原因，唐长孺则进一步提出问题："但是经过'八王之乱'的教训，为什么刘宋、齐、梁和北魏却没有鉴晋的'覆车'而继续任用皇子和宗室入辅出镇呢？"本文继承上述观点，并扩展论述以为，六朝时代对宗室的重用"不是偶然发生，而是有关时代特质的重要问题，解决这个问题的关键点，在于弄清楚宗室的活跃是否因为以入辅出镇的形式出现"。

第一章指出，西晋宗室与前代的不同之处在于可以任官参与政治，且宗室所任官职与军事有关，其中出镇为都督就是典型，这种出镇体制以地方统治体制作为根基，自曹魏以来就一直存在，而西晋时期主要的都督皆由宗室独占。这或许是因为宗室诸王拥有蕴含分裂倾向的地方军事大权。当时人希望宗王们通过与皇帝之间的血缘纽带，连接中央与地方，发挥"藩屏"作用。

第二章通过分析陆机、陆云被诛事件，探讨出镇邺城的成都王司马颖军府、公府人员构成,并对该事件的背景——士大夫(贵族)僚属结构中的新旧对立、地域对立,以及贵族与寒门、寒族的对立进行考察。此外,开军府的宗王除了可在辖域内招募人才,还可以在全国范围内拔擢士大夫为中央官员,于是,府主与僚属的关系,从制度上看是官职上的公关系,但实际上是由府主任命的私人关系,而府主的任命又受到舆论掣肘,从而呈现出"公"对"私"、"私"对"公"的中世面貌。又因为作为府主的宗王与以士大夫为代表的舆论联系在一起,故而建构政权的两大要素(军队、舆论)就此合流。

第三章指出,"八王之乱"前期,宗王的起兵依据是诸次政争时使用的诏令(常表现为"矫诏")、"驺虞幡"(实际上是"白虎幡",参照"问题点"一节),还有皇帝本身及皇帝所体现的国家意志。与之相对,西晋后期的地方举兵中,起兵依据更多表现为作为"藩屏"而出镇的宗王与皇帝的"亲亲"血缘以及以士大夫为代表的舆论支持。

结语针对前言提出的问题有两点回应:一个是六朝时代的宗室超越了血缘家族的普遍特性,具有特殊的时代特征;另一个则是六朝时代的宗室与贵族制相关联。不过,文章虽然否定了唐长孺的观点,但没有提出可供代替的新见解。此外,结语还推测指出:"宗室制与贵族制相辅相成,共同维系国家。"

3. 特征

其一,在第一章中,笔者赞同吕思勉与唐长孺的"入辅出镇"说,具体可参见景有泉、李春祥《西晋"八王之乱"爆发原因研究述要》[1997]第一章中的"2. 宗王出镇说"。

其二,在第二章中,原创性地提出了入辅出镇、开府的西晋宗王幕下的两种对立模式,即僚属(贵族)之间的对立;贵族与寒门、寒人的对立。此外,文章还发现了在府主与僚属的关系中,存在"公"对"私"、"私"对"公"的中国中世特有的历史现象。

其三,在第三章中,关注出现于八王之乱前期、代表国家意志的"驺虞幡"等具体物品。

其四，在第二章、第三章中，关注八王之乱后期取代皇帝的宗王与舆论的相互结合。

4. 问题点

虽然历经了 2 年零 3 个月的艰苦奋斗，但我还是没能完全解释清楚所提出的问题——"为何宗室必然成为八王之乱的主角？"与此相关，本文的第二章与第三章之间存在断裂，显得论文结构很不自然。同时，虽然文章前后两部分各有独创性的论点，但前者离题较远，后者在论证上半途而废。

此外，据李步嘉《白虎幡考辨》[1994]一文，本文第三章所论及的"驺虞幡"（也见于论文 A 第六章）实际上是"白虎幡"。津田资久所撰《魏晋政治社会史研究》的书评[2013]提到了这一点。[①] 说来惭愧，关于"驺虞幡"的定义，我轻易相信了胡三省、赵翼的论断。正如同安田二郎所说，我对于唐修《晋书》的史料批判是相当不足的。李步嘉考证指出，"白虎幡"是传达天子命令之物，最早出现于曹魏。当时存在与五行对应的五面旗："青龙幡""朱雀幡""玄武幡""白虎幡""黄龙幡"。西晋则只有单一化的"白虎幡"，东晋南朝、十六国北朝、隋代沿袭此制，之后就消失了。唐修《晋书》为避李世民曾祖父李虎的"虎"字，将"白虎幡"改写为了"驺虞幡"。这一问题，也体现出了我把论文 D 收入《魏晋政治社会史研究》[2012]一书时，对中国方面先行研究的掌握不足。

（七）八王之乱系列研究的特征与课题

站在今天（2023 年 4 月）的时间点上，上述发表于 20 世纪 80 年代前半的八王之乱系列论文（论文 A—D），对我而言感觉其中七成已如他人论文一般陌生，以下对其中的特征、课题展开论述。

1. 舆论

在关于八王之乱的系列研究中，我认为最大的成果是在论文 C 中发现了"舆论"是八王之乱的推动力，其萌芽则见于论文 B。

---

① 田中一辉《晋惠帝时期政局中的贾后与诏书》[2011]（后收入氏著《西晋时代的都城与政治》[2017]）亦提及此点。

如果要在八王之乱研究史中定位我的成果的话,在中国,像景有泉、李春祥《西晋"八王之乱"爆发原因研究述要》[1997]①、祝总斌《"八王之乱"爆发原因试探》[1980]、周艺、高远《西晋"八王之乱"原因新释》[2000]这类探究发生原因的论述有很多。其中,唐长孺的《西晋分封与宗王出镇》[1981]将宗室诸王出镇视为八王之乱的真正原因(即景有泉、李春祥[1997]所总结的"宗王出镇说")。此外,日本的宫川尚志[1956]、越智重明[1963]等人也有类似研究。

也有比较自成一派的研究,借用安田二郎先生的话来说,就是对八王之乱展开"人类学的考察",例如冈崎文夫、谷川道雄、安田二郎等人就是从私欲层面来寻找八王之乱的主要原因②,我的论文 A、B 也与此相关。之后,我在这一学术脉络中踏出的第一步是"公"的概念,即在论文 C 中提出"舆论"。

与此相关,迄今为止八王之乱的相关研究以讨论"爆发原因"最为典型,但历代学者都是从西晋政策、制度等方面寻找原因,对于八王之乱政争个案本身的分析出乎意料地少。我的论文 A、B 亦是如此,直到论文 C 才

---

① 景有泉、李春祥《西晋"八王之乱"爆发原因研究述要》一文将"八王之乱"的爆发原因分为 13 种,具体如下:1. 封国置军说(陈寅恪《魏晋南北朝史讲演录》);2. 宗王出镇说(王仲荦《魏晋南北朝史》上册、唐长孺《西晋分封与宗王出镇》);3. 宗王政治派生的系列弊端说(陈长琦《两晋南朝政治史稿》);4. 历史积弊与诸种矛盾说(韩国磐《魏晋南北朝史纲》);5. 皇位继承人及辅政大臣不得其人说(祝总斌《"八王之乱"爆发原因试探》、张金龙《关于"八王之乱"爆发原因若干问题考辨》);6. 士族门阀势力恶性发展说(何吉贤《试论八王之乱爆发的原因》);7. 封建专制制度说(万绳楠《魏晋南北朝史论稿》);8. 晋武帝思想颓败说(罗宏曾《"八王之乱"爆发原因刍议》);9. 晋武帝一系列决策失误说(杨德炳《西晋的崩溃与门阀的分化》);10. 两派诸王权力之争说(杨光辉《西晋分封与八王之乱》);11. 朋党纷争说(曹文柱《西晋前期的党争与武帝的对策》);12. 异姓大臣与皇族势力权力之争说(赵昆生《西晋皇族政治与"八王之乱"》);13. 多种条件互相作用说(汤勤福《"八王之乱"爆发原因新探》)。如果大致区分,除去各种因素的组合(4、13),归因为西晋宗王制度(1、2)和宗王政治权力斗争(3、10、12)的观点较多,而关于武帝继承人选择错误、辅政大臣选择失策等(5、8、9)观点亦不断出现。此外,还有关于贵族(6)、"封建君主专制制度"(7)和朋党(11)等观点。我本人则比较重视与"封国置军说"存在明显差异的"宗王出镇说"。

② 川胜义雄老师《魏晋南北朝》一书曾提及,"追逐利益"是推动八王之乱的原动力。此点与冈崎文夫、谷川道雄、安田二郎诸学者的主张一脉相承。

开始着手分析政争个案。以我的私见,这一点具有划时代意义。

对政争个案进行分析的结果,就是我发现了引发政争、在整个八王之乱中推进叛乱的原动力是舆论,也就是"公"的意识。其根据是,在每次政争之前,都存在与政争关系密切、作为具体的舆论的内外批评意见。作为结果,可知政争的框架不仅有"私"对"私",还有"私"对"公"("私"←"公")。并且各次政争并非杂乱无章,它们在舆论("公")的推动下展现了方向性。

不过,舆论作为八王之乱推动力的这一论点却遭到了批判。古今中外,舆论在战争中总扮演着具有亲和性的大义名分角色。在撰写论文 C时,我与小室直树对《新战争论 "和平主义者"引发战争》[1981]一文产生了"共鸣"。

在刊行于《1982 年历史学界回顾与展望》[1983]一文中,对于论文 C,川本芳昭写道:"舆论确实在八王之乱中扮演了重要的角色,但至于能否断言它是推动动乱的原动力,我感到疑惑。"佐藤智水也在《1985 年历史学界回顾与展望》[1986]中评论论文 D 时,提及论文 C 云:"西晋末的舆论不仅未能阻止新政权的私权化,反而具有被诸王作为叛乱口实加以利用的一面。"他们都认为舆论在八王之乱中起到了一定的作用,但比较有限。

各种书评对拙著《魏晋政治社会史研究》[2012]的批评、疑问集中在"公"、舆论上。其中最具体的当数津田资久[2013]所指出的:"在这样的中央社会,'公'论应该是'舆论'。那'公'是由谁来担任,又具有怎样的正当性呢? 由个别官僚披上'公'论外衣所主张的议论,并不能保证就是名副其实的'舆论'","从对'权势'孜孜以求的风潮来看,'舆论'的主导者越来越模糊。至少从上述'浮华风靡'的社会形态来看,贵族、寒门、寒人等等,是否可以作为代表某一阶层的'舆论'推手,很难确定。此外,即使是以贯穿各阶层的、在儒教中理所当然的'公'论作为立论前提,也很难形成有效的分析指标","官民双方谈论的所谓'舆论',实际上反映的是植根于某人利害关系中的'私',且很有可能是被某些人故意捏造与宣扬的一种'私'论。这样想的话,八王之乱中为了将宗王'起义'正当化而使用的'舆论',也可以理解为与第六章所论述的'矫诏'一样,是被假称、假托、利用后的'舆论'。其中隐含着很多需要进一步深究的问题。"①

的确,正如津田资久所言,舆论的负责人、舆论的正当性等问题,还停留在抽象的阶段。若追根溯源,对于其中的论证矛盾之处,围绕舆论的史料批判过于草率、论证过于武断等方面,我必须道歉。但反过来说,回归对私欲关注、展开一元化的研究当真是不可能的吗? 如论文 C 所整理的那样,针对私权化的齐王冏,来自内外的批判多达 9 例,虽然必须经过对展现其内容的唐修《晋书》及先前史料等表达偏颇史料展开批判,但作为公权的舆论存在,这一事实本身是无法否定的。

2. 宗室诸王出镇

在此重申,虽然论文 D 已提出了"为什么宗室必然成为八王之乱的主角""为什么八王之乱始终围绕着宗王之间的政争"这些问题,最终却没有结论。不过,作为原创性观点,我发现了入辅出镇、开府的西晋宗王(具体为成都王司马颖)幕下存在两种对立模式。一种是僚属(贵族)之间因籍贯不同而产生的对立,另一种是贵族与寒门、寒人的对立。事后看来,后者的对立模式是"公"对"私",这就说明我在八王之乱中发现的"公"对"私"的模式,实际上也存在于宗王的幕府中。也正因为如此,当宗王以"公"之立场崛起时,"私"的一面就会饱受批判而逐渐没落。此外我还发现,在府主与僚属的关系存在"公"转为"私"、"私"转为"公"的中国中世模式。

3. 八王之乱与党锢之禁

就此问题,我此后没有进一步研究。不过,论文 C 提出的八王之乱与党锢之禁存在共性,我又做了进一步延展,指出秦汉帝国、魏晋帝国崩溃模式中的二段式循环:党锢之禁→八王之乱;黄巾之乱(及凉州叛乱)→永嘉

---

① 池田恭哉[2013]提出了疑问:"难道'公'和'私'是极端对立吗?"川合安[2013]则提出:"我认为'舆论'只是举兵的借口,与事情的实质关联到何种程度,还有进一步发掘、考察的余地。"又,葭森健介[1999]在拙著《晋武帝司马炎》的介绍中指出:"作为关键词的公与私,在概念上并未完全明确。"此外,关于"八王之乱"与贵族制的关联,池田恭哉[2013]在论文中写道:"以追求统一的舆论为代表的士大夫是如何形成的? 为什么这属于'贵族制'? 对此,作者并没有明确地说明,毋宁说让人感到这是一种基于先验'贵族制'的讨论。"池田是质疑论文 C 中的"贵族制"这一概念。

之乱。具体可参见《晋武帝司马炎》[1995]、《魏晋政治社会史研究》[2012]两书的结语。

四、学术遗产与遗留的问题

（一）学术遗产

上述四篇论文发表之后的 1995 年 4 月，阪神淡路大地震、地铁沙林事件爆发。拙作《晋武帝司马炎》[1995]则作为竺沙雅章、衣川强监修的白帝社《中国历史人物选》第 3 卷刊行。因史料有限，从一开始我就认为单写司马炎的个人传记不可行，于是上下扩充，叙述从司马炎祖父司马懿之其孙晋愍帝五代的历史，结果这本书就成了曹魏、西晋的历史概说。1995 年时，我的研究方向已经与八王之乱"诀别"了，但同时还继续开展有关魏晋时代其他各种主题的研究，并且本书的后半部分也保留了我就八王之乱所得出的研究成果。

杉山正明老师曾在《从游牧民角度看世界史：跨越民族与国境》[2003(1997)]一文中特意提及："以赵王司马伦举兵为契机，司马宗族内部展开大乱斗，这就是所谓的八王之乱。在此我不想一一叙述纷争的来龙去脉。因为没完没了，史实晦暗不明。其详细经过，可参见福原启郎所撰《晋武帝司马炎》[白帝社，1995 年]。"对此，我十分感激。

2012 年 3 月，《魏晋政治社会史研究》[2012]一书于京都大学学术出版会出版。其中论文 C 被收入第一部分"政治史篇"的第五章《八王之乱的本质》，论文 D 被收入第六章《西晋宗室诸王的特质——以八王之乱为线索》。① 依照谷川老师的建议，我把《魏晋政治社会史研究》作为博士学位的申请论文提交给了京都大学，并于 2013 年 3 月被授予了博士（文学）学位。

八王之乱的研究历时 5 年，我为此撰写了 2 篇论文，戏谑地说，结果就

---

① 直到 2012 年，我仍然没有把论文 D[1985]中讨论的"骖虞幡"改写为李步嘉论文[1994]中所指出的"白虎幡"。具体内容参见第三节第六部分的"4.问题点"相关部分。

是我成了八王之乱的"专家"。后来,我有一次在台北的"补习班一条街"书店中阅读中国史习题,其中一道是列举"八王"的名称。看到这个问题,我心生感慨,也正确列举出了全部八位西晋宗王的名字。

通过八王之乱的研究,一些朴素的问题,尤其是"为什么"这类问题,例如论文 C 讨论"为什么宗王反复政争"、论文 D 中讨论"为什么宗王是政争主角",成为我的固有问题意识,在魏晋时代各种主题的论文中皆有延续。不仅如此,这也成了我对他人的口头报告进行提问的固定方式。

此外,八王之乱的研究也给我带来了心理创伤,我已经无力向有外审的学术杂志投稿。也正因如此,直到今天我都在一直怀疑自己是否具有给杂志审稿的资格。当然,这种心理创伤也有八王之乱研究以外的因素。

(二)遗留的问题

如果关于八王之乱要写第五篇论文(论文 E)的话,我认为研究方向有如下可能性:

其一,将从八王之乱中提炼出的"公""私"模式①,在魏晋时代、六朝时代,乃至整个中国史研究的回溯与延伸中展开②。

其二,我想对唐长孺所提出的问题努力交出解答。③ 具体而言,是讨论东晋南朝宗王,尤其是宗王作为主角的叛乱。分析东晋南朝宗王内乱及其与八王之乱的异同、家族内乱、宗室历史等问题。川合安为《魏晋政治社会史研究》所撰书评[2013]、下仓涉《汉代的母子》[2001]都曾提到,进入六朝,"母系"后退,"父系"这种一元化的亲属观念占据统治地位,其表现为宗室(同姓父系亲属)取代外戚,成为国政运作的关键人物。魏晋开始这种

---

① 即"公"对"私"、"私"对"公"的中世样态(具体参见论文 D 第二章),以及与此样态关联的国家、社会中"公""私"的逆转现象,并由此导致的国家、社会的金字塔结构(具体参见《魏晋政治社会史研究》[2012]一书结语)。

② 沟口雄三的《中国的公与私》[1995]认为,中国公、私概念的特征,到宋代与天理、人欲概念相结合,至明末,李卓吾在肯定"私"(私欲)的基础上,认为"公"与"私"并非对立相反的,而是包括"私"在内,共同服务于更高一层的"公"的概念。在某种意义上,这一公、私概念有可能在魏晋阶段就已经提前形成了。具体可参见《魏晋政治社会史研究》[2012]一书结语。

③ 论文 D 前言引用了唐长孺提出的问题:"但是经过'八王之乱'的教训,为什么刘宋、齐、梁和北魏却没有鉴晋的'覆车'而继续任用皇子和宗室入辅出镇呢?"

"父系"一元化亲属观念的变动,应当正是六朝时期宗王得到重视的主要原因所在。

其三,将过往八王之乱研究中一贯的主流,也是我此前未曾讨论的作为八王之乱背景的种种制度(封建、军事、官职)加入研究中,撰写、发表《八王之乱的综合研究》一文。不过在现实中,我没能做到这一点,反而在受挫后心灰意冷,随波逐流地"转进"其他课题了。

在我之后,日本学界关于八王之乱先后有竹园卓夫《关于八王之乱的一则考察》[1998]、荒木均《从八王之乱到石勒》[1999]、田中一辉《晋惠帝时期政局中的贾后与诏令》[2011]、《西晋后期的皇帝与宗室诸王》[2012]等作品问世。其中,收入田中一辉《西晋时期的都城与政治》[2017]一书中的《晋惠帝时期政局中的贾后与诏令》《西晋后期的皇帝与宗室诸王》两篇文章,进一步探讨了我在论文 D 第三章中提到的"矫诏"以及皇帝本身的问题。这也使得我想重新开展八王之乱的研究。此外,八王之乱末期以成都王司马颖、河间王司马颙、东海王司马越的对立为代表的"诸势力的两极分化"模式,也非常引人注目。

另外,还有一些成果虽然未提及八王之乱本身,但列举了八王之乱时出现的"皇太弟""皇太子追赠""让位"等现象的作品,如冈部毅史《西晋皇太弟初探》[2015]、小池直子《西晋惠帝时期的皇太弟册立与羊皇后》[2017]、千田丰《唐代皇太子号与皇帝号的追赠》[2021]、千田丰《唐代的让位及其渊源》[2022]。我在被上述成果吸引的同时,也再次体会到了初次接触八王之乱这一课题时它所散发出的魅力。①

---

① 八王之乱时,皇帝始终是晋惠帝,仅仅在永宁元年(301 年)正月"让位"给赵王司马伦,属于皇室内部禅让,惠帝被尊为"太上皇"。不过,这次行为实际是篡位。在三王起义发生后,晋惠帝于同年四月复位。皇嗣方面,元康九年(299 年)十二月,皇太子司马遹被贾后废黜,但由于赵王司马伦发动政变,永康元年(300 年)五月,废太子之子临海王司马臧被册立为皇太孙,而废太子则被追谥为"愍怀"。之后,又册立了两个皇太孙。太安三年(304 年)三月,皇太孙司马覃被废,成都王司马颖被册立为皇太弟,同年十二月,豫章王司马炽(即后来的晋怀帝)被册立为皇太弟。具体参见三田辰彦:《西晋后期的皇位继承问题》[2008]。

结　语

以上回顾并总结了 20 世纪 80 年代前半期,也就是昭和六十年之前我的研究。但正如前言所述,这些内容大多基于我的记忆,大概遗漏了不少重要的事情,也恐怕有不少记错的地方。此外,诸如"为什么专攻魏晋历史""为什么致力于八王之乱的研究"等最主要的问题也还没有得到彻底解决。

在上述回顾的过程中,我时隔 40 年再次读到了藏于京都大学文学研究科图书馆的硕士论文《关于八王之乱的本质》(论文 A);认识到刊载于《东洋史研究》的《八王之乱的本质》一文指出的"推动八王之乱各次政争的因素是舆论"这一观点在学术史上具有原创性(虽然有点后知后觉);发现我的观点因论证过于草率而成了学界被批判对象;看到了我抽身八王之乱研究之后,年轻研究者就八王之乱撰写了诸多论文,给我带来了刺激与启发。其结果,我自己也有了想要以某种新框架来探讨八王之乱的想法,令人感到意外。这也算是我展开上述回顾的一点小小成果。

最后,我想简略地介绍一下我在八王之乱研究以后的学术进展,以此作为文章的结尾。1989 年 4 月,日本年号由"昭和"改元"平成",我也离开了待了长达 16 年的京都大学东洋史学研究室,就职于同样位于京都的京都外国语大学。此后,亦即成为研修员的第二年,我的研究对象虽然还属于魏晋时代,但开始从八王之乱转向了恢复肉刑的朝廷议论、长沙吴简中的刑罚、魏晋女性、魏晋墓志、晋辟雍碑等石刻资料、贾谧二十四友等文学集团、《世说新语》中的"俭啬"篇与"汰侈"篇、《钱神论》《释时论》等针砭时弊的文章、王羲之《十七帖》等书法艺术、西晋灭亡的原因等各种各样的主题,每年都不一样。具体可以参见文后所附《福原启郎论著杂文目录》。

参考文献

冈崎文夫　1932　《魏晋南北朝通史》,弘文堂书房

宫川尚志　1956　《黄巾の乱より永嘉の乱へ》,收入氏著《六朝史研

究政治・社会篇》，日本学术振兴会

越智重明　1963　《封王の制と八王の乱》，收入氏著《魏晋南朝の政治と社会》，吉川弘文馆

滨口重国　1957　《魏晋南朝の兵戸制度の研究》，收入氏著《秦漢隋唐史の研究》，东京大学出版会，1966 年

吉武辉子　1967　《あしたの OG 像》，文理书院

安田二郎　1976　《八王の乱をめぐって——人間学的考察の試み》，《名古屋大学東洋史研究報告》第 4 号，后改名为《八王の乱と東晋の外戚》，收入氏著《六朝政治史の研究》，京都大学学术出版会，2003 年

大泽阳典　1976　《西晋の政治史の二・三の問題——八王の乱の前史として》，《立命館文学》第 371・372 合并号

谷川道雄　1977　《世界帝国の形成》，讲谈社

谷川道雄　2008　《隋唐世界帝国の世界》，讲谈社

小室直树　1981　《一九八二年の歴史学界　回顧と展望》"魏晋南北朝"部分，《史学雑誌》第 92 编第 5 号

川本芳昭　1983　《一九八二年の歴史学界　回顧と展望》"魏晋南北朝"部分，《史学雑誌》第 92 编第 5 号

佐藤智水　1986　《一九八五年の歴史学界　回顧と展望》"魏晋南北朝"部分，《史学雑誌》第 95 编第 5 号

沟口雄三　1995　《中国の公と私》，研文出版

竹园卓夫　1998　《八王の乱に関する一考察》，《東北大学東洋史論集》第 7 辑

荒木　均　1999　《八王の乱から石勒へ》，《史友》第 31 号

葭森健介　1999　《西晋の武帝司馬炎の評価をめぐって——福原啓郎著〈西晋の武帝司馬炎〉によせて》，《書論》第 31 号

下仓　渉　2001　《漢代の母と子》，《東北大学東洋史論集》第 8 辑

内藤湖南研究会　2001　《内藤湖南の世界——アジア再生の思想》，河合文化教育研究所

川胜义雄 1974 《魏晋南北朝》,讲谈社,后 2003 年再版

杉山正明 1997 《遊牧民から見た世界史 民族も国境もこえて》,日本经济新闻社,后 2003 年再版

森冈 浩 2007 《難読・稀少名字大事典》,东京堂出版

三田辰彦 2008 《西晉後期の皇位継承問題》,《集刊東洋学》第 99 号

津田资久 2013 《書評〈魏晉政治社会史研究〉》,《東洋史研究》第 72 卷第 1 号

三田辰彦 2013 《書評〈魏晉政治社会史研究〉》,《集刊東洋学》第 109 号

池田恭哉 2013 《書評〈魏晉政治社会史研究〉》,《書論》第 39 号

川合 安 2013 《書評〈魏晉政治社会史研究〉》,《唐代史研究》第 16 号

冈部毅史 2015 《西晉皇太弟初探》,《東方学》第 129 辑

小池直子 2017 《西晉惠帝期における皇太弟冊立と羊皇后》,《集刊東洋学》第 85 号

田中一辉 2011 《西晉惠帝期の政治における賈后と詔》,后收入氏著《西晉時代の都城と政治》,朋友书店,2017 年

田中一辉 2012 《西晉後期における皇帝と宗室諸王》,后收入氏著《西晉時代の都城と政治》,朋友书店,2017 年

千田 丰 2019 《唐代における皇太子号と皇帝号の追贈 ―功績重視の皇太子位》,后收入氏著《唐代の皇太子制度》,京都大学学术出版会,2021 年

千田 丰 2022 《唐代の譲位とその淵源》,《唐代史研究》第 25 号

吕 思勉 1948 《两晋南北朝史》,开明书店

唐 长孺 1983 《西晋分封与宗王出镇》,收入氏著《魏晋南北朝史论拾遗》,中华书局

李 步嘉 1994 《白虎幡考辨》,《文史》第 40 辑

景有泉、李春祥　1997　《西晋"八王之乱"爆发原因研究述要》,《中国史研究动态》1997 年第 5 期

周艺、高远　2000　《西晋"八王之乱"原因新释》,《柳州师专学报》2000 年第 1 期

祝　总斌　1980　《"八王之乱"爆发原因试探》,收入氏著《材不材斋史学丛稿》,中华书局,2009 年

福原启郎论著杂文目录

1981　《八王の乱の本質について》(大会抄録),《東洋史研究》第 40 卷第 3 号

1982　《八王の乱の本質》,《東洋史研究》第 41 卷第 3 号

1985　《西晋代宗室諸王の特質 ―八王の乱を手掛りとして―》,《史林》第 68 卷第 2 号

1986　堀川哲男監修《シグマ集中ゼミ世界史》,文英堂,负责东洋史部分以及附录

1987a　《魏晋時代の肉刑復活論の意義》,《京都外国語大学 研究論叢》第 28 号

1987b　《図版・事項解説》,谷川道雄《南北朝時代の中国――異質世界の融合》,收入桦山纮一・砺波护编《500 年の世界》,周刊《朝日百科 日本の歴史》第 44 号

1988a　《魏晋時代の女性（上）》,《大学進学研究》第 53 号（第 9 卷第 5 号）

1988b　《魏晋時代の女性（下）》,《大学進学研究》第 54 号（第 9 卷第 6 号）

1989　《中国、西晋王朝における女性の墓誌》,《Mare Nostrum 地中海文化研究会研究報告》第 2 号

1991a　《西晋の貴族社会の風潮について――〈世説新語〉の検嗇篇と汰侈篇の検討を通して―》,《京都外国語大学 研究論叢》第 36 号

1991b　《研究会活動紹介》,《唐代史研究会会報》第 4 号

1992a　《〈銭神論〉の世界》,《唐代史研究会会報》第 5 号

1992b　《〈銭神論〉の分析(上)》,京都外国語大学《研究論叢》第 39 号

1992c　《王羲之の〈十七帖〉について》,《書論》第 28 号

1993a　《西晋の墓誌の意義》,収入砺波护編《中国中世の文物》,京都大学人文科学研究所

1993b　《魏晋時代の国家と社会の研究——西晋滅亡の原因に関する一研究》,《三島海雲記念財団研究報告書》平成 4 年度,第 30 号

1995a　《西晋の武帝司馬炎》,白帝社

1995b　(合撰)《人物世界史 3 東洋編》,山川出版社,负责"曹操""刘备""北魏孝文帝"条目

1996a　(合撰)《一九九五年の歴史学界 回顧と展望》,《史学雑誌》第 105 編第 5 号,负责"魏晋南北朝"部分

1996b　《あしたのOG 像》,《GAIDAIBIBLIOTHECA(図書館報)》第 133 号

1997a　《魏晋時代の肉刑復活論の意義、再論 ——延議における賛成派と反対派の論拠の分析を中心に》,《京都外国語大学 研究論叢》第 48 号

1997b　《西晋における国子学の創立に関する研究ノート(上)》,《環日本研究》第 4 号

1997c　《西晋の書家の特徴》,《書論通信》第 8 号

1998a　《西晋における国子学の創立に関する研究ノート(下)》,《環日本研究》第 5 号

1998b　《晉辟雍碑に関する一試論》,《京都外国語大学 研究論叢》第 51 号

1998c　《司馬懿に野心があったか》,収入《真・三国志》第 3 巻《諸葛孔明と秋風五丈原》,学習研究社

1998d　《中国の酒の愉しみ》,《Mare Nostrum 地中海文化研究会研

究報告》第 10 号

1999 《ゼミ開講 2 年目のとまどい》,收入《98 第 4 回 FDフォーラム報告集》,京都大学联盟

2000a 《三国魏の明帝——奢靡の皇帝の実像》,《古代文化》第 52 卷第 8 号

2000b 《王沈〈釈時論〉訳注》,《京都外国語大学 研究論叢》第 55 号

2001a 《墓誌銘の起源》,收入大修館书店《月刊しにか》2001 年 3 月号（第 12 卷第 3 号、通卷 133 号）特集《石で読む中国史 石刻・石碑が語る社会と文化》

2001b 《内藤湖南の中世貴族成立の論理——〈"支那"中古の文化〉の分析を通して》,收入内藤湖南研究会编《内藤湖南の世界——アジア再生の思想》,河合文化教育研究所

2001c 《魯褒〈銭神論〉訳注》,《京都外国語大学 研究論叢》第 57 号

2002a 《〈三国志〉時代の終焉と司馬昭》,收入《別卷その時歴史が動いた三国志英雄伝》,KTC 中央出版

2002b 《魏晋時代における九品中正制批判の議論に関する考察 訳注篇》,《京都外国語大学 研究論叢》第 59 号

2003a 《吃音の話——三国、蜀漢を滅ぼした鄧艾の逸話》,《環日本研究》第 10 号

2003b 《晋代の女性と家族の特徴に関する一考察——墓誌の分析を通して》,京都外国語大学《COSMICA》第 32 号

2003c 《中国の飲食文化の国際性》,收入奥川义尚・堀川徹・田所清克编《異文化を知るこころ——国際化と多文化理解の視座から》,世界思想社

2003d 《中国家庭史国際学術研討会参加記》,《唐代史研究》第 6 号

2003e 《内藤湖南之六朝隋唐貴族論的特徵》（中文）,收入冯天瑜主编《人文论 2002 年卷》,武汉大学出版社

2004a 《魏晋時代における九品中正制度批判の議論に関する研

究——六朝前期の貴族制社会に関する研究の一環として》,平成 11 年度
～平成 13 年度科学研究費补助金［基盤研究（C）（2）］研究《六朝前期の貴
族制社会に関する研究》成果報告書

2004b 《長沙呉簡に見える"刑"に関する初步的考察》,《長沙呉簡研
究報告》第 2 集

2004c 《书评 氣賀澤保規編著〈復刻 洛陽出土石刻時地記（郭玉堂原
著）〉——附 解説・所載墓誌碑刻目録》,《東洋史研究》第 63 卷第 2 号

2005a 《〈三国志〉余滴 1——諸葛孔明の食欲》,《GAIDAI BIBLIO-
THECA》第 168 号

2005b 《〈三国志〉余滴 2——司馬仲達と日露戦争》,《GAIDAI BIB-
LIOTHECA》第 169 号

2005c 《〈三国志〉余滴 3——明帝の煩悶》,《GAIDAI BIBLIOTHE-
CA》第 170 号

2005d （胡宝华中译）《内藤湖南关于中世贵族形成的思考方
式——通过〈"支那"中古的文化〉的分析》,内藤湖南研究会编著,马
彪、胡宝华、张学锋、李济沧中译《内藤湖南的世界——亚洲再生的思
想》,三秦出版社

2006a 《〈三国志〉余滴 4——呉の竹簡と呂岱》,《GAIDAI BIBLIO-
THECA》第 171 号

2006b （中译）《魏晋时代言及九品中正制度的论述特征》,收入牟发
松主编《社会与国家关系视野下的汉唐历史变迁》,华东师范大学出版社

2006c 《书评 渡邉義浩著〈三国政権の構造と"名士"〉》,《唐代史研
究》第 9 号

2008a 《賈謐の二十四友に所属する人士に関するデータ》,《京都外
国语大学 研究論叢》第 70 号

2008b 《〈〈"支那"史学史〉の特徴と意義——とくに第七章・第八章
の分析を通して》,《河合文化教育研究所 研究論集》第 5 集

2008c 《〈釈時論〉の世界》,《京都外国语大学 研究論叢》第 71 号

2008d　《洛陽および辟雍碑のこと》,收入《翰墨の縁——第三十回書論研究会大会記念冊》,书论研究会

2009a　《喫茶の歴史、およびそれをめぐる二三の問題》,《COSMICA》第 38 号

2009b　《晉辟雍碑の再検討——碑陰題名の分析を中心として》,收入伊藤敏雄编《魏晉南北朝史と石刻史料研究の新展開——魏晉南北朝史像の再構築に向けて》,后收入伊藤敏雄编《魏晉南北朝史と石刻史料研究の新展開——魏晉南北朝史像の再構築に向けて》,平成十八～二十年度科学研究費补助金［基盤研究（B）（1）一般］《出土史料による魏晉南北朝史像の再構築》成果报告书别册

2009c　《長沙呉簡に見える疾病の表記に関する若干の検討》,《長沙呉簡研究報告》2008 年度特刊

2009d　《賈謐の二十四友をめぐる二三の問題》,《六朝学術学会報》第 10 集

2009e　（中译）《魏晋时期文学集团的历史启示》,收入中国魏晋南北朝史学会、武汉大学三至九世纪研究所编《魏晋南北朝史研究：回顾与探索》,湖北教育出版社

2010a　《生きていた時代と尺牘から見た王羲之の素顔——その墳墓の探求を軸として》,芸术新闻社《墨》20105・6 号、第 35 卷第 3 号（通卷 204 号）

2010b　《西晉の荀岳墓誌の検討》,《京都外国语大学 研究論叢》第 75 号

2011a　《豆腐に関する歴史的考察》,《COSMICA》第 40 号

2011b　（李济沧中译）《〈释时论〉的世界》,《日本中国史研究年刊（2008 年度）》,上海古籍出版社

2011c　《日本における六朝貴族制論の展開について》,《京都外国语大学 研究論叢》第 77 号

2012a　《魏晉政治社会史研究》,京都大学学术出版会,2012 年

2012b 《魏晋時代における肉刑復活をめぐる議論の背景——廷議における賛成派と反対派の論拠の分析を中心に》,《魏晋政治社会史研究》第 1 章

2012c 《曹魏の明帝——奢靡の皇帝の実像》,《魏晋政治社会史研究》第 2 章

2012d 《西晋における国子学の創立に関する考察》,《魏晋政治社会史研究》第 3 章

2012e 《晋辟雍碑に関する考察》,《魏晋政治社会史研究》第 4 章

2012f 《西晋の貴族社会の気風に関する若干の考察——〈世説新語〉の検壺篇と汰侈篇の検討を通して》,《魏晋政治社会史研究》第 8 章

2012g 《〈銭神論〉の世界》,《魏晋政治社会史研究》第 9 章

2012h 《〈釈時論〉の世界》,《魏晋政治社会史研究》第 10 章

2012i 《"中正"官の特異性について——魏晋時代における国家と社会に関する一考察》,収入中国社会科学院历史研究所编《第三届中日学者中国古代史论坛文集》,中国社会科学出版社

2013a 《西晋の成晃墓誌について》,収入石田肇教授退休纪念事业会《金壺集——石田肇教授退休記念金石書学論叢》

2013b 《西晋の菅洛墓誌について》,《京都外国語大学・京都外国語短期大学 研究論叢》第 81 号

2013c (合撰)尾崎雄二郎・竺沙雅章・戸川芳郎編集代表:《中国文化史大事典》,大修馆书店。负责"永嘉之乱""魏(三国)""《魏志倭人传》""《魏略》""吴(三国)""《三国志》""三国时代""三国志注""司马懿""司马睿""诸葛亮""蜀(三国)""晋(西晋・东晋)""赤壁之战""八王之乱""武帝(西晋)"条目

2014a 《西晋における墓誌成立の時代的背景——張朗墓誌を例として》,《書論》第 40 号

2014b 《追悼谷川道雄先生》,《以文》第 57 号

2015a　《長沙呉簡の傷病表記の特徴》,收入伊藤敏雄・洼添庆文・关尾史郎编《湖南出土簡牘とその社会》,汲古书院

2015b　《介紹 横田恭三〈戦国秦～漢初における書体の変遷——秦漢・草隷の発生をめぐって—〉》,《書論》第 41 号

2016　《书评 川合安著〈南朝貴族制研究〉》,《六朝学術学会報》第 17 集

2017a　（参编）《国際シンポジウム「前近代中国における交通路と関津に関する環境史学的研究」報告書》

2017b　《文献に見える中国古代の“関”と“津”》,《国際シンポジウム「前近代中国における交通路と関津に関する環境史学的研究」報告書》

2020　（陆帅中译）《晋武帝司马炎》,江苏人民出版社

2021　（陆帅、刘萃峰、张紫毫中译）《魏晋政治社会史研究》,江苏人民出版社

2022a　《蕭関の機能的特徴と地理的位置についての一考察——とくに旧関関係史料の分析に重点を置いて》,收入辻正博编《中国前近代の関津と交通路》,京都大学学术出版会

2022b　《内藤湖南進講考——何故杜佑〈通典〉がテーマなのか》,河合文化教育研究所《研究論集》第 16 集

（福原启郎：京都外国语大学教授；吴菁萍：南京师范大学社会发展学院历史系硕士研究生）

How to Grasp the "Chaos of Eight Kings"

Abstract：Fukuhara Keirou, a doctor of literature from Kyoto University, Japan, is a professor at Kyoto University of Foreign Studies, where he studied under scholars such as Shimada Kyozo, Kawakatsu Yoshio, and Tanikawa Michio in the field of East Asian history. His main research direction is the history of the Jin-Southern and Northern Dynasties. His representative Chinese translation works include "Emperor Wudi of Jin Dynasty" and "Studies on Political and Social History of Jin and Southern and Northern Dynasties." This article is a research review written by Fukuhara based on his memory and a comprehensive consideration of his past research, with the "Eight Princes' Rebellion" as the main thread. The time limit is roughly the first half of the 1980s. In terms of specific content, Fukuhara reviews his long and arduous academic journey with sincerity and thought-provoking insights. In addition, he focuses on introducing the writing process of four academic papers on the theme of "Eight Princes' Rebellion," including "On the Essence of the Eight Princes' Rebellion," "The Problems within the Royal Family during the Eight Princes' Rebellion - Centered on Private Parties," "The Characteristics of the Royal Family of the Western Jin Dynasty - Traced by the Eight Princes' Rebellion," and "The Characteristics of the Royal Family of the Western Jin Dynasty - Traced by the Eight Princes' Rebellion." Regarding the "Eight Princes' Rebellion" series of studies, Fukuhara attaches his greatest achievement to the viewpoint that "Opinion is the driving force of the Eight Princes' Rebellion." At the same time, he also expresses his concern for other aspects such as "Public and Private," "Royal Family," and various systems, and hopes to explore the "Eight Princes' Rebellion" with a new framework to revitalize the theme with fresh vitality.

Keywords: The Chaos of Eight Kings; Political history of Wei and Jin Dynasties; Aristocracy; Fukuhara Keirou

唐宋黄泗浦港兴废述略

张学锋

（南京大学历史学院）

摘　要：黄泗浦港是中国长江下游重要的古代港口之一，兴盛于唐代至五代时期，但至宋代逐渐衰落。该港位于长江口的诸浦区域，因其地理位置优越，成为当时海船停泊和物资补给的重要场所。遣唐使船队多次在此停靠，包括鉴真东渡时期。然而，唐中晚期长江泥沙沉积的加剧使得江面变窄、浦口逐渐淤塞，港口功能受限。尽管吴越国曾通过"撩清军"进行清淤，但效果有限。进入北宋后，国家关注的重心转向漕运和内陆排水，黄泗浦逐步失去作为港口的意义。考古发掘表明，北宋后该地区以农业开发为主，形成新陆地。唐宋时期，长江下游的航运中心逐渐由诸浦转向更靠近海洋的青龙镇、明州等沿海港口。黄泗浦的兴衰折射了中国古代长江下游河道与港口变迁的历史，也揭示了自然地理变化对社会经济的深远影响。

关键词：黄泗浦港；唐宋时期；长江口；遣唐使；港口变迁

一、长江下游水道及可资停泊大型船只的港口

唐代诗人李白沿长江而下往姑孰（今安徽当涂）和金陵（今江苏南京）时，舟船经过天门山，写下了《望天门山》这首诗，诗云："天门中断楚江开，碧水东流至此回。两岸青山相对出，孤帆一片日边来。"天门山在什么地方？就在今天南京上游安徽省芜湖市东北的长江岸边，紧邻马鞍山市。天门山又名东、西梁山，长江东岸的东梁山与长江西岸和县境内的西梁山隔江相对如门，相去数里，谓之"天门"。长江总体上是东西流向，但鄱阳湖口以下直至今南京市西北的八卦洲，长江的走向呈西南—东北流向，

因此,长江下游的南岸历史上被称为"江东"或"江左",西岸则被称为"江西"或"江右"。

东、西梁山之间的江面并不宽,就像李白诗中所称的"天门"一样,把长江上游的浩荡来水紧紧地锁住,在这里形成了"碧水东流至此回"的景观。然而,当长江水一过天门进入长江下游平原地区,江面一下子就变得很开阔,滚滚而来的长江水在这一带肆无忌惮地流淌,不仅江面宽阔,沿江两侧的支流亦因此水量丰满,形成了许多江心洲和湖沼湿地。六朝时期,南京附近的江面上就有很多江心洲,而且有的面积还很大,大到可以在上面建造国宾馆(客馆),孙吴时期的客馆就建在南京西南江面的蔡洲上(参见图1)。

图1　六朝建康城示意图(底图制作:王骏)

南京沿江稍微往上游一点是安徽省马鞍山市,有个非常著名的景点叫采石矶,采石矶下有一条河流汇入长江,这个地方历史上叫牛渚。古代长江下游有很多自然景观,一直到唐朝,"牛渚春潮"仍是奇景之一。今天我们提到潮水上涌的景观一定会想到杭州湾的钱塘潮。从今天杭州市南郊六和塔一直到海边,是个非常典型的喇叭口海湾,从喇叭口宽广的海面上涌上来的潮水,从开始的一条线,随着钱塘江河道越来越狭窄,逐渐形成巨大的浪潮。这样的现象,在中国历史上更著名的应该发生在长江下游。春潮从长江口奔涌而上,在先南京城西的石头城形成"石城春潮",然后继续往上,直达牛渚,形成"牛渚春潮"。从天门山往下一直到长江口,长江的河道越来越宽,过了今天的镇江和扬州之间,长江河道一下子变成了喇叭口,直面大海。如果说镇江、扬州这条线以内还是长江内河的话,那么这两个点以外的就应该是大海。位于镇江、扬州这个节点与长江口之间的黄泗浦港,当然会受到长江潮汐的巨大影响。

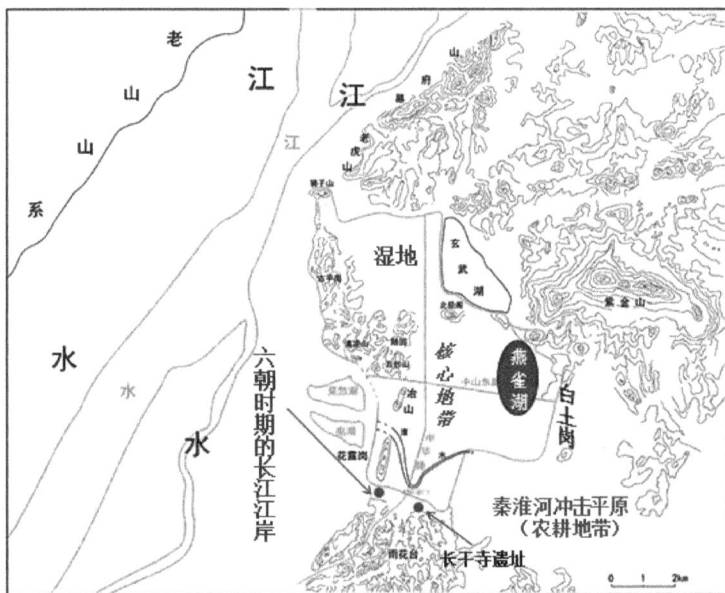

图 2　南京地形与六朝城市可利用的空间（底图制作:许志强）

2015 年在南京城南古长干里(越城天地地块)的考古发掘中,考古人员发现了汉六朝隋唐时期的长江东岸岸线。以这个点为基准,参考长江西岸考古遗址的分布,卡住两点进行了测算,这一带的江面(含江滩)约宽13.5 公里(参见图 2)。也就是说,过了天门山以后的长江,非常宽广,直连浩瀚的大海。在长干里考古工地(越城天地地块)汉六朝江岸线之外,发现了公元 10 世纪南唐时期的墓葬,说明晚唐五代时期,这里的长江江面已经逐渐变窄,这与长江中游地区因开发而造成的泥沙量猛增及长江口外大陆架的泥沙堆积渐满密切相关。上游的来沙渐渐在天门山以下的长江河道上淤积,江面变窄,众多的江心洲逐渐与旧陆连接。这一变化深刻影响到了唐宋以降长江下游水道的交通运输与港口位置的变动,位于唐宋长江口的黄泗浦港也不例外。长江水道自身的变迁,是我们考察黄泗浦港口兴废的基本出发点。

从长江口逆流而上及沿长江顺流而下的船只,在如此宽广的江面上如何停泊,这是一个很大的问题。不管是南岸还是北岸,如果没有支流港汊,船只很难直接停泊在长江岸边,必须进入长江河道的支流规避风险。历史文献的记载证实了以上的分析。文献中能够检索出来的可资利用的停泊地点,都是长江下游南北岸尤其是南岸的支流港汊,其中最著名的就是流经南京的秦淮河,三国孙吴政权之所以在秦淮河的入江口营建都城并建立石头城镇戍秦淮河入江口,利用的正是这一自然地理形势。

长江下游河道的支流往往被称作"浦"。长江下游最大的支流秦淮河,原名龙藏浦,魏晋以后才附会上了秦始皇南巡传说改称秦淮。龙藏浦往上直到牛渚,著名的有查浦、新林浦、江宁浦,龙藏浦往下,著名的有南京东郊的蟹浦、江乘浦,到了今天的镇江则有润浦。镇江往下就是历史上属于晋陵郡(常州)、吴郡(苏州)北境的江阴县和常熟县、昆山县,其中常熟、昆山二县境内留下名字的就有 36 浦,黄泗浦即为 36 浦之一(参见图 3)。36 浦全部通向大海,因此,从海上进入喇叭形长江口的船只,一定要进入其中的某一个叉浦才能靠岸停泊,这就是黄泗浦成为港口的原因。

在陆上交通相对便利、人口比较密集、内河河道比较宽阔的诸浦入江口,即所谓的"浦口",因航行的需要,会逐渐形成聚落。这样的聚落可以很大,也可以很小,但无论大小,它们的主要功能之一就是为进出江海的船只提供停泊的空间,并提供补给等服务。

长江下游历史上形成的最大聚落就是今天的南京。这个地点位于龙藏浦即秦淮河的入江口,是非常重要的据点,所以先秦时期越国灭吴后(前473 年),在秦淮河入江口的南岸建立了南京历史上第一座城池——越城。

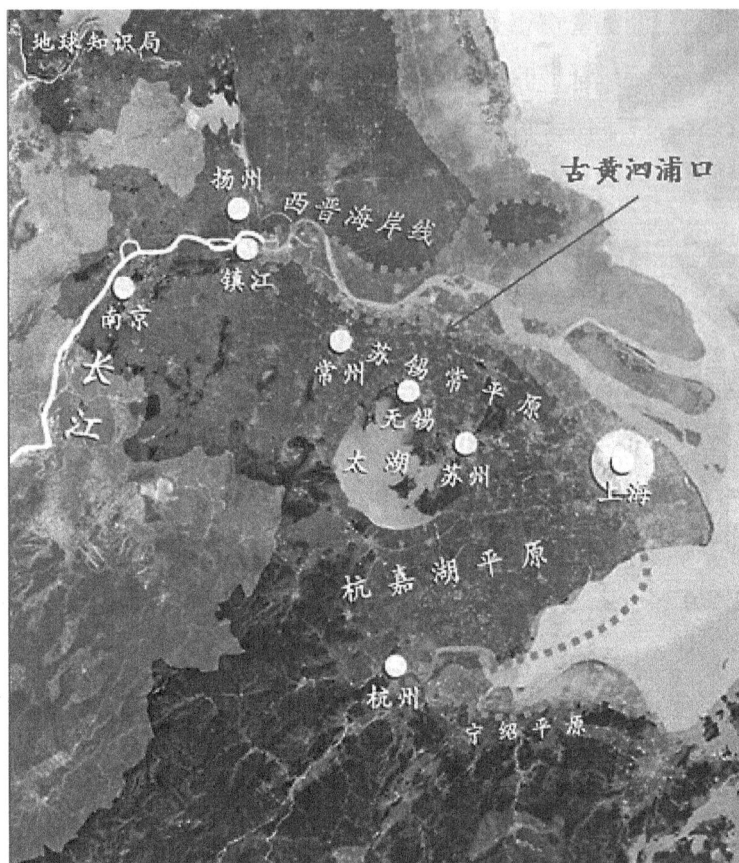

图3　黄泗浦附近长江岸线的变迁（底图制作：地球知识局）

楚灭越后，在秦淮河入江口的北岸建立了金陵邑。孙权定都南京后，在金陵邑的基础上建立了重要的防御堡垒石头城，并在石头城东侧的秦淮河北岸平地上营建都城。长江下游的地理形势决定了城市的选址，今南京市并不是唯一的例子。例如，秦统一后即在江乘浦的浦口设置江乘县（今栖霞区南京大学仙林校区至仙林湖一带），与长江北岸瓜埠山下的滁河入江口形成渡江的南北口岸。东汉末年，孙权在今镇江市区润浦入江口的北固山南坡建京口城（铁瓮城），这里后来发展成拱卫都城建康的重镇——北府。东晋在南京今金川河口的卢龙山（今狮子山）南麓建立白下城，成为拱卫都城北郊的堡垒。因此，只有把黄泗浦浦口置于这样的自然地理环境及聚落选址的原则下，或者把它放到长江下游地区特殊的交通形式中去，黄泗浦港的地位及兴废才能予以说明。

二、长江河道的变迁及其对黄泗浦港带来的影响

中国南方地区的社会与经济发展,直至唐代都是相对平缓的,整体变化不是非常明显。长江下游的江面一直很宽,魏文帝曹丕曾领兵南下,兵锋直至孙吴都城建业附近的长江北岸。魏文帝立于长江北岸,完全看不到对岸,留下了一句"天所以限南北也"便领兵北归了。是"天"定下来的,因此长江又是分割南北的"天堑"。此后,北魏太武帝拓跋焘也试图领兵统一南方,但他立于长江北岸的瓜埠山上,对长江的天堑功能发出了与魏文帝同样的感慨。西晋平吴及隋朝平定江南的陈朝,都不是直接从南京的北岸横渡长江,而是做好各种准备,从上游往下游行军,这样才实现了大型船只进入支流港汊然后顺利登岸。

然而,历史发展到了唐代,尤其安史之乱以后,北方地区藩镇割据,处于独立或半独立的状态,与之相对,大量的北方人口纷纷南迁,南方地区因此得到了大规模的开发。虽然西晋末年永嘉南渡时南迁的北人规模也不小,但当时的南方地区整体上开发程度还很低,除都城周边及太湖—杭州湾地区的三吴外,基本上还停留在点上。但经历了六朝300余年的开发,南方地区早已非秦汉时期可比,加之唐代前期100余年平静的发展,给南方地区打下了坚实的社会与经济基础,因此唐代中后期人口的南迁给南方地区各领域带来的促进是此前无可比拟的,有如虎添翼之势。所以安史之乱以后中国社会发展的一大趋势是南方的大开发,南方地区逐渐成为唐朝的经济重心,这个趋势延续到今天。

长江中上游尤其是今两湖地区,亦即唐代的山南道、江南西道,充分发挥了后发优势。土地的开发使得大量的泥沙通过支流流入长江干流,并随着江水往下游奔涌。前面提到的天门山以上,因江面相对比较狭窄,江水流速比较快,江水可以裹挟泥沙一起往下奔涌。但是,江水过了天门山以后,进入了如此宽阔的江面,泥沙就慢慢沉积下来了。地质地貌学的研究结果也表明,长江口外的东海大陆架,原本呈陡坡状往东延伸,但经数十百

万年的淤积，至六朝隋唐时期已逐渐填满，趋于平缓，无法再填充过多的泥沙。因此，大概从唐晚期开始，长江下游江面因泥沙的淤积逐渐变窄，各个支流也同样因为泥沙的淤积变得越来越窄。至唐末五代，原先宽 150 米以上的南京秦淮河下游也逐渐变得狭窄，据河口地区南唐沉船的发掘资料推算，这一带的河面宽度仅剩 90 余米。前文提到的南京古长干里（越城天地地块）汉六朝江岸线外数十米处发现的南唐墓葬，也很好地证明了江面逐渐变窄的趋势。所以，从大背景上来看，长江河道因泥沙逐渐淤塞、江面开始变窄后，给下游地区造成的影响就不难想象了。

以镇江、扬州这个节点为界，上游的诸浦都是直接流入大江的，而其下游，包括黄泗浦在内的长江口数十条支流其实都是直接面对大海的（参见图 3）。在上游来沙较少的情况下，即使是枯水期，随着潮水的涨落，大型船只可以趁着涨潮进入诸浦，寻找可资停泊的地点。但是，当江面日渐变窄以后，这些原本能够停泊海船的港口亦逐渐淤塞，最终失去了港口的功能。

长江口诸浦港口功能丧失的原因，不仅是上游来沙的增加，还与海潮的涨落有关。被长江水裹挟的泥沙，在喇叭形的长江口遇到了上涌的海潮，两者在这里形成碰撞，在上下的推力基本保持平衡时，泥沙便在这一带的长江岸边逐渐沉积。泥沙沉积的结果，抬高了诸浦口外的海床，堵塞了诸浦的入海口。以黄泗浦为例，黄泗浦口原本是比较平坦的，直通大海，但是，顺流而下的长江泥沙在海潮的推力下在黄泗浦口外慢慢沉积，抬高了黄泗浦口外的海床，黄泗浦的出海口逐渐被堵塞。这不仅不利于出海，还造成了内陆太湖水无法外泄的危机，形成内涝。因出海诸浦的堵塞而形成的内涝现象，到北宋时成为最令人头疼的问题。

这里我们可以先做一个总结：在鉴真东渡的年代，即唐玄宗天宝年间（742—756 年），因长江下游河道宽阔，镇江、扬州几乎直面大海，加之扬州是隋唐政府控制江南地区的最重要据点，长江与隋唐运河又在此交汇形成交通枢纽，天下货物齐集于此，因此扬州发展成为唐代最大的海外贸易港口，而扬州下游包括黄泗浦在内的诸浦，成为出入长江口的大型海船停泊补给的重要停靠地点。天宝时期之所以黄泗浦可以停泊遣唐使船这样的大型船队,正是因为长江河道尚未发生根本性的变化,诸浦浦口尚未被堵塞,但到了唐晚期以后,包括黄泗浦在内的诸浦,其海港的功能逐渐丧失。

关于长江下游河道变迁的问题,这里还想再延伸一下。今天,在大运河文化带建设的影响下,包括隋唐运河在内的中国大运河系统再次成为研究的热点。长江以南的运河又称"江南河"或"江南运河",江南运河从今天的杭州出发一路往北,到今天的镇江过江,过了江就是扬州。原本江面很宽,行船虽然存在着一定的风险,但船只渡江时途中没有障碍。然而,由于长江泥沙的不断沉积,镇江与扬州之间的江心洲面积越来越大,其中最大的江心洲就是著名的瓜洲。瓜洲阻挡了行船航路,因此,过江的船只只能先逆流而上,绕过瓜洲的上游洲头,然后再顺流而下,在长江北岸的扬子津进入江北运河。

渡江航道上的这种困境,在唐代前期逐渐显现,一直到唐玄宗开元年间(713—741 年),因瓜洲属江南的润州(治今镇江市)管辖,所以与鉴真基本上同时代的润州刺史齐澣,指示在瓜洲上开凿了一条南北向的运河,即伊娄河。伊娄河开通以后,渡江的船只从镇江进发,不必再绕道瓜洲上游洲头就可以直接进入伊娄河,出伊娄河后再渡江,至扬子津进入江北运河。诗人李白还为此写诗歌颂齐澣的丰功伟业。从齐澣开凿伊娄河的行动上同样可以看出,在鉴真东渡的前后,长江下游河道的变迁已经非常剧烈,这种变化,直接影响到包括黄泗浦在内的下游诸浦的港口功能。

三、遣唐使及唐日民间贸易航路上的黄泗浦

一直以来,大家在思考黄泗浦的问题时,基本上都局限在鉴真东渡的问题上。日本奈良时代留下了一部文献《唐大和上东征传》,作者真人元开,又叫淡海三船。这部文献详细记载了鉴真东渡日本及传播佛法的事迹,对研究鉴真东渡具有极高的价值。《唐大和上东征传》明确记载了鉴真乘遣唐使船最后一次东渡的经过,遣唐使船在离开唐朝回日本前停泊在黄泗浦,在这里接上了从扬州乘船而来的鉴真一行,黄泗浦因此留名青史。除此以外,现

存的唐代文献中没有出现过与黄泗浦相关的任何记载。由此亦不难看出，黄泗浦在唐代航海活动中，既是重要的港口之一，又不是特殊的港口；遣唐使船选择了黄泗浦作为最后的停泊补给地点，既有必然性，同时也具有相当的偶然性。因为苏州北境沿江海的36浦，大多数的浦口都是出入长江口的海船停泊补给的选项，黄泗浦不是唯一的选项。遣唐使船之所以停泊在黄泗浦等待鉴真一行，一个最大的可能性就是黄泗浦在36浦中几乎位于最西部，距离扬州比较近，出于迎接鉴真一行的便利才选择了黄泗浦（参见图4）。

图4　古黄泗浦今貌（网络资料）

日本派往唐朝的遣唐使次数很多，前后19次任命遣唐使，实际成行了16次，名副其实的有12次。遣唐使船队的行进路线因受东亚国际关系及造船技术等的影响并不一致。

从7世纪30年代到70年代的约40年间，即第1次到第6次遣唐使，基本上都处在唐代前期，日本遣唐使选择的航海路线是紧贴朝鲜半岛北上，这条线路被称为北路。具体说来是从今天九州福冈的博多港出发，横渡朝鲜海峡，然后沿朝鲜半岛西海岸北上，也可以上至今辽东半岛，然后横渡渤海口到今山东蓬莱一带登陆，亦可在今天的仁川一带开始横渡黄海，直抵今山东半岛成山角，即唐代登州文登县，由此经陆路赴洛阳和长安（参见图5）。这条航线大部分是沿海岸航行，比较安全，船只遇难情况较少。

公元664年，朝鲜半岛的百济国在唐和新罗联军的攻击下灭亡，669年，高句丽灭亡，朝鲜半岛进入统一新罗王朝时代。由于此前倭国与百济结成联盟抵抗唐罗联军，因此新罗统一半岛后，与日本的关系一度不甚融洽，于是遣唐使船在 7 世纪 70 年代到 8 世纪 60 年代这 100 年间，改取南岛路，即由九州南下，沿今西南诸岛的种子岛、屋久岛、奄美诸岛及琉球诸岛向西南渡海，到长江口附近登岸，然后再沿运河北上两京。这条航线主要航行于渺茫无边的大洋之上，中途可停靠的地点少，危险较大，单程需航行一个月甚至更长的时间。携带鉴真一行东渡的第 11 次遣唐使船的归途选择的就是这条南岛路。

8 世纪 70 年代以后直到日本政府停止派遣遣唐使为止，航线改取南路，即由九州博多港出发，经西南的五岛列岛径向西南，横渡黄海，在长江口的苏州、明州（今宁波）一带登陆，再由此取道运河北上。这条航线所需时间较短，一般 10 天左右即能到达，但由于也需横渡大洋，风涛之险与南岛路基本相同。但南路是在唐日官方与民间贸易商人数百年的航海实践中开辟出来的，唐晚期成为唐日航路的首选。第 16 次也是最后一次实际成行的遣唐使船归航时，从楚州（今淮安）出发，在涟水稍事修整，然后出淮河北上，在今连云港停靠休整，然后渡海回国，取的就是南路，这条路线就是晚唐中日航路的典型航路。

从上述航路中不难看出，7 世纪 70 年代以后，唐日航路大陆端的起讫点基本上是广义的长江口，尤其是以扬州、明州为目的地。之所以说是"广义"的，是因为在航海指针尚未完善的时代，主要基于天象及航海经验而定，漂着地点会随着洋流及季节风的不同而不同，但大致上都在福州与盐城之间。

也许会有人问，带走鉴真一行的第 11 次遣唐使船离开唐土前是停泊在黄泗浦的，那么，前后的遣唐使船是否也会停靠在黄泗浦修整并取得补给？关于这个问题，因为没有任何文献记载，所以目前无法回答。作为遣唐使船队曾经停泊的"黄泗浦"这个地名，只在《唐大和上东征传》里出现过一次，除此以外没有其他任何信息。之所以会有这样的问题，是因为涉及黄泗浦附近的补给能力。这一点在探讨黄泗浦港的规模及包括补给能力在内的港口功能上是非常重要的。然而，还是没有任何史料可资论证。第 11 次日本遣唐使要把鉴真带走，这是早已计划好的事，当然不能把船队浩浩荡荡开到扬州去，因为扬州官府是要追查的。可行的方法之一就是在扬州附近的江海边选择另一个港口，这个港口既要有停泊大型航海船队的可能性，又不归扬州管辖，扬州官府再查也查不到这儿，苏州官府可能根本就没有听说过鉴真要东渡的事，当然也就不可能管这个事情。

如此考虑，这一次遣唐使船返航时选择黄泗浦可能有这么几个原因：第一，黄泗浦在当时航海交通路线上并不那么著名。第二，为避开扬州官府，选择了离扬州港不算太远且人烟相对稀少的黄泗浦，且黄泗浦离苏州治所吴县较远，苏州府一旦接到消息后也需时间才能赶到。第三，因为这次回国的船队，既然已经准备从黄泗浦出航，从最终航行路线来看，出了长江口以后取的是南岛路。船队出了长江口，再出今嵊泗列岛，遣唐使船没有选择北上，而是选择了南下，第一站就到了琉球群岛，即今天日本冲绳县的那霸港。冲绳在当时还是一个人口相对稀少且尚未形成政权国家的一群岛屿。从黄泗浦出港到冲绳靠岸，这期间航行了21天。为确保这21天或比计划中更长的航海生活，遣唐使也需从开始准备回国时就在沿途的楚州、扬州囤积补给，最终在黄泗浦把补给囤积完毕。这么多的船，这么多的人，囤积的物资至少要供给一个月的生活，从这一点来说的话，黄泗浦这个地方为商船提供服务还是有一定规模的。由于没有确凿的资料可资论证，这里只能说具有"一定规模"的服务功能。这从鉴真一行出航前的一个细节亦可窥知一二。

鉴真一行在黄泗浦已经上了遣唐使的船队，但一时间又被请下了船，前后在黄泗浦一带待了20来天才上船启航，其中的原因又是什么？这问题同样也缺乏确凿的资料来论证，不过可以做一个推测，可能还是因为遣唐使风闻到了扬州或苏州官府的行动。如果鉴真一行在船上被查出来，计划必定会失败，这对将要回国的遣唐使影响不大，但鉴真恐怕就带不走了。于是先请他们下船躲避，官府如果上船检查，船上没有人也就没有证据。但扬州官府和苏州官府都没有来查，至少没有看到来查的记录。当遣唐使判断官府已经不会有什么行动，于是把鉴真一行悄悄叫上船，即刻启航出洋。

鉴真一行有 20 多人，还包括几个外国人。20 多人来到黄泗浦，加上此前先行到达的日本遣唐使船队，那段时间黄泗浦一定有别于往常。一定有人会问，鉴真一行暂时下了遣唐使船后，是不是最有可能隐匿在黄泗浦附近的寺院里，这个寺院与现在调查发掘的建筑遗址是否有关联？这个问题很有意思。作为僧侣，他们行止的空间大多应该是寺院，投宿隐匿在民间或商家的可能性不大。但隐匿在佛寺目标太大，并不是最佳选择。唐玄宗天宝年间黄泗浦附近是否建有佛寺、佛寺的规模有多大等，没有资料可证明。有，当然最好。但是，将目前调查发掘的建筑遗址就此推断为佛寺，并进一步将其视为与鉴真有关，这一点还需要谨慎。江南地区只要有较大的水面，通常就有高大茂密的芦苇荡，就像沙家浜一样。20 来人的团队，如果集中到寺庙里面去，官府来查，一定会先查寺庙。分散到民户中去，僧俗之间也有一定的界限。如果是出于躲避官府的追查，那么各自分散隐蔽到湖荡中去的可能性最大。由此推测，唐玄宗天宝年间，黄泗浦一带的开发程度并不高，我们不应该站在今人的意愿上把黄泗浦想象成摩肩接踵、人声喧嚣的"港口城市"。

正因为航路的改变，长江口包括黄泗浦在内的诸浦才成为海船进出长江口停泊补给的重要地点。换言之，在唐前期主要取道北路及唐末长江口逐渐淤塞、江面变窄以后，包括黄泗浦在内的诸浦就失去了海舶停靠补给的功能，而这项功能，在两宋时期主要被今上海青浦青龙镇这样的近海城镇及明州、泉州等沿海港口取代。鉴真东渡的唐朝天宝末年，正是南岛路被积极利用的时代，遣唐使船在长江口的黄泗浦等待鉴真一行的到来，原因就在于此。

作为航海路线上的黄泗浦，虽然只在《唐大和上东征传》中出现过一次（其他佛教文献中虽然也出现黄泗浦，但其文献来源均为《唐大和上东征传》），但并不是说就只被利用过一次。公元 838 年，即晚唐文宗开成三年，第 18 次遣唐使（实际成行的最后一次遣唐使）从日本出发后，取道南路向长江口的扬州进发，在接近中国大陆时发生了海难，但是没有全部沉没。其中一艘船漂到了今天江苏省南通的如东掘港。今江苏省长江口北岸的启东、海门、南通都是唐朝以后逐渐成陆的,原来都是长江口上的洋面或沙洲(参见图 3)。今如东市政府所在地掘港,在唐晚期就是海边的小聚落。漂到掘港的船上,随行了一位入唐求法巡礼的僧人,叫圆仁,因为他后来在唐朝辗转多年,并写下了《入唐求法巡礼行记》一书,给我们研究晚唐历史提供了丰富的资料。二战后美国第一任驻日本大使赖肖尔,除外交官这个身份外,还是一位汉学研究者。赖肖尔就把圆仁《入唐求法巡礼行记》翻译成了英文,书名就叫 *Ennin's Diary*,即《圆仁日记》。据圆仁的记载,他们一行漂到掘港后登岸,投身当地的一个佛寺,寺名国清寺。国清寺遗址前几年被发现,并进行了考古调查和发掘,或许今后会被打造成海上丝绸之路上的一个遗产点。

圆仁登陆后在国清寺休整了一些时候,雇了当地的船只沿运盐河即今天的通扬运河往扬州。为什么一定要去扬州? 首先是从长江口进来以后,扬州不仅是这个区域最大的城市,而且是唐朝最繁华、最重要的城市。其次,唐朝在这里设立了扬州大都督府,用今天的话来说就是南部军区司令部所在地。当时全国有好多军分区,但军区只有 4 个,扬州大都督府是四大军区之一。四大军区的司令都由宗室亲王担任,但亲王往往是不赴任的,由长史来负责扬州大都督府的所有军务,并兼任淮南节度使和扬州刺史。

从长江口进入大唐的"蕃客"都要到扬州去落地签证,没有扬州大都督府长使兼扬州刺史发行的"过所"即签证是不能随意行动的。遣唐使团在扬州取得签证后再沿运河北上洛阳、长安,随团而来的学问僧、留学生也从这里前往各自的名刹和两京的学校。圆仁一行到达扬州时,扬州大都督府长史、淮南节度使、扬州刺史正是晚唐著名的政治家李德裕。

圆仁一行是在长江口北岸登陆的,随后又沿运盐河西上直抵扬州,在他的记录中当然不会出现长江口南岸的黄泗诸浦。但是,在其《入唐求法巡礼行记》中并不是完全看不到黄泗诸浦的影子。唐武宗会昌五年(845年),圆仁在沿海新罗移民的帮助下积极觅便船回国,在这个过程中给我们留下了一些黄泗诸浦的痕迹。

圆仁《入唐求法巡礼行记》卷四会昌五年（845 年）七月五日记道：

> 见译语（新罗人刘慎言），有人报云："同从日本国过来船两只，到江南常州界着岸，去此间三千余里。拟卖却船，别雇唐船载物来。是恐会昌三年送圆载阇梨弟子等船，今却回钦。今欲拟差人探去。又日本国惠萼阇梨（弟）子，会昌二年礼五台山，为求五台供，就李驎德船，却归本国去，年年将供料到来。今遇国难还俗，见在楚州。"

可知日本的渡海船可以直接航行至常州界。当时常州北境是江阴县，在常熟县之西，是上文提到的沿江海 36 浦的最西部，位于黄泗浦略西。由此可知，海舶进入长江口后，入港停靠的地点不止黄泗浦一处，昆山、常熟、江阴长江南岸诸浦中，可容纳海舶处尚多。不仅日本国海舶径直入浦停泊，唐船的出航和归港亦利用诸浦。文中所见"唐船""李驎德船"，均是唐末民间的航海贸易船只，从"年年将供料到来"可见，海舶的出航、归港依然比较频繁。

《入唐求法巡礼行记》卷四会昌六年（846 年）正月又记道：

> 得楚州译语刘慎言书……又云："近得的信，李驎德船回。"兼云："日本客相随来，同寻访陶中等消息去。次如有彼国信来，即专附上。"云云……九日，得大使书云："近得南来船上人报云，日本国来人，僧一人，俗四人，见到扬州，将本国书信物等，专来访觅请益僧。"云云。

唐人李驎德船从日本归来，估计停靠的也是黄泗诸浦，相随而来的日本客人由此渡江往扬州，就像当年鉴真一行从扬州渡江来黄泗浦一样。"南来船"当为从苏州、扬州一带北上经登州往朝鲜半岛和日本去的商船。

《入唐求法巡礼行记》卷四会昌七年（847 年）六月九日记道：

> 得苏州船上唐人江长，新罗人金子白、钦良晖、金珍等书云："五月十一日，从苏州松江口发往日本国。过廿一日，到莱州界崂山，诸人商量，日本国僧人等，今在登州赤山，便拟往彼相取。"……书中又云："春大郎、神一郎等，乘明州张支信船归国也。来时消息，已发也。春大郎

> 本拟雇此船归国，大浪往广州后，神一郎将钱金付张支信迄，仍春大郎上明州船发去。春大郎儿宗健兼有此物，今在此船。"云云。又金珍等付嘱楚州总管刘慎言云："日本国僧人到彼中，即发遣交来。"云云。

从上一段的引用中可以看出，江南多个州县的江海沿岸均可出航，苏州除常熟县黄泗诸浦外，东出松江也是重要通道，这条通道与上海青浦的青龙镇遗址密切相关。往南尚有明州。唐末以后，青龙镇、明州将取代苏州北境诸浦，成为最主要的出航地点。

随着唐日之间官方往来的终结与民间贸易的发展，到9世纪中叶，求法僧人乘坐商船往来于唐日之间的事迹也越来越普遍，记载频见于史。据圆仁《入唐求法巡礼行记》的记载，日本僧人惠萼曾于开成五年（840年）前后搭乘新罗人刘慎言等人之船入唐。此后在会昌二年（842年）至四年（844年）间，惠萼及其弟子又多次乘商船往返于唐日之间，"年年将供料到来"。商船的频繁来往，也给予了僧人更加灵活多样的选择。会昌二年（842年），结束了五台山巡礼的惠萼原本计划乘坐刘慎言准备的商船从楚州（今淮安）出发返日，但是临时改变主意，决定南下"趁（乘）李驎德取明州归国"。而圆仁回国的旅程更是一波三折，大中元年（847年）二月，圆仁原计划乘坐登州大使张咏的船只自登州出发回国，却因张咏临时受命运送新罗遣唐使而未能成行。此后圆仁又想辗转明州，希望乘坐日本入唐交易使大神巳井之船回国，而途经楚州时却被告知"明州本国人早已发去"。最终只能折回登州，乘上了从苏州发来的金珍等人的商船才最终得以回到日本。圆仁最终能够回到日本，正是得益于民间海上贸易的繁荣，而苏州商船的出航地点就有可能是黄泗诸浦。

9世纪中叶，大规模的遣唐使团已经丧失了其存在的价值，而以遣唐使为代表的唐日之间的官方往来，亦为海商和僧侣为主角的民间交往所取代。这一转变标志着东亚海域交往进入了一个新的时代。而江南地区在这一变化的时代中扮演着越来越重要的角色，黄泗诸浦、松江口等地点成为东亚各国海舶往来的重要港口。

四、五代两宋时期黄泗诸浦港口功能的衰落

前文再三提到，唐代中晚期长江泥沙的沉积对河道及航线产生了深刻的影响，而且这种影响是不可逆的。但是，唐末五代人并没有意识到这是一种不可逆的自然变化现象，在相当长的时期内，为确保黄泗诸浦的航运功能依然在努力付出。

唐末五代晚期，太湖东岸自无锡往南属于吴越国领土。吴越国占据的是唐中晚期经济最为发达的江南地区，而且是江南地区中最富庶的州县，而苏州又是吴越国境内的首富。吴越国钱氏从唐末的"保境安民"到最终的"纳土归宋"，完整地将两浙之地归并于北宋统一王朝，既维护了国家的统一，也避免了战争的破坏。

南宋人龚明之在其《中吴纪闻》卷六《苏民三百年不识兵》条中称：

> 姑苏自刘、白、韦为太守时，风物雄丽，为东南之冠。乾符间，虽大盗蜂起，而武肃钱王以破黄巢，诛董昌，尽有浙东西。五代分裂，诸藩据数州自王，独钱氏常顺事中国。本朝既受命，尽籍土地府库，帅其属朝京师，遂去其国。盖自长庆以来，更七代三百年，吴人老死不见兵革。

这是江南地区长期稳定的最好写照。"顺事中国"，是吴越钱氏的基本国策。钱镠在唐末谏止董昌称帝时就说过："与其闭门作天子，与九族、百姓俱陷涂炭，岂若开门作节度使，终身富贵无忧也！"（《资治通鉴》卷二六〇唐昭宗乾宁二年正月条）表示出了立足两浙、尊奉中原的基本理念。钱镠及其后继者的立国方针，也许会被视为不思进取、缺乏雄心大志的"事大"主义，然而这正是安史之乱后两浙藩镇逐渐形成的传统。这是一种摆脱了传统帝王思想、明辨是非、顺应形势、实事求是或者说"精于计算"的处事态度。

钱氏吴越国是一个非常有眼光的政权，除基于本国的经济实力外，凭借沿海的特殊地理条件，还积极发展官私海外贸易，所以有国外学者就把吴越国视为"海洋国家"。吴越国时期，人们还非常努力地想维持黄泗诸浦的出海功能，诸浦的浦口被长江淤沙堵塞影响出海或排水时，官府就会组织人员清淤，而且是不停地清，力图保持通畅，为此，吴越国还专门设立了

一支军队，叫"撩清军"或"撩浅军"。苏州北境沿江有 36 浦，36 浦全部同时治理的可能性显然很低，而常熟县境内的福山浦、浒浦、崔浦和黄泗浦 4 浦是撩清的主要对象，亦可见黄泗浦在 36 浦中的重要地位。

为什么吴越国时期将常熟县境内的福山浦、浒浦、崔浦和黄泗浦 4 浦作为撩清的主要对象，是由这 4 浦所在的地理位置决定的。

长江河道流经常州江阴县后，直到下游的常熟福山一带，是由今江阴境内的定山、香山、长山、龙山和常熟境内的西山、同官山、殿山、福山等一系列沿江低矮山丘围成的海湾，正因为是相对风平浪静的海湾，黄泗诸浦才成为大型海船进出长江口的停泊补给之处。也正因为是风平浪静的海湾，在唐后期江水携带的泥沙与潮汐的影响下，这里才首先陷入淤塞的困境。六朝及唐前期长江南岸的岸线就是今天的张杨公路，即 G346 道路，横跨 G346 道路的黄泗浦桥基本上就是古黄泗浦的入江口，调查发掘的黄泗浦港口遗址也正好位于今张家港市鹿苑镇 G346 道路的南侧。如今，张家港北境的江岸线已经距离这个地点约 20 公里，这就是千年来长江淤沙沉积的结果（参见图 3）。今张家港所辖区域西部原属江阴县，东部大部分地区原属常熟县，1957 年才新设沙洲县，1986 年更名为张家港。从"沙洲县"这一建置名中不难看出张家港所辖区域的地理位置及形成历史。

前面已经提到，唐末五代人是意识不到长江下游的淤沙尤其是常熟西境海湾的淤沙是不可逆的，依然在惯性的延长线上对黄泗诸浦进行"撩清"。黄泗浦浦口之外形成的沙地，也不知道会涨到什么程度，只是为了出海，涨一点就清一点。

如上所述，吴越国的"撩清"是有其理由的。但是，到了吴越国"纳土归宋"后，情势为之一变。进入北宋后，政治中心在开封，江南地区由原来南唐国和吴越国的中心地区变成了北宋统一王朝的边地。立足于北方、都城设在北方的各王朝，最关心的问题是如何才能把江南的粮食物资运到政治中心来，其他的可以不管，或者说只要没有明显影响到财赋的起运，中央政府的关注度就不会太高。今天我们经常使用一个词叫"国计民生"，政治的重点是讲"国计"还是讲"民生"，或者说如何使之平衡，是非常重要的问题。

作为前朝地方军种的"撩清军"也没有了,北宋政府对这个区域所面临的问题也不太在意了,在确保漕粮的前提下,区域的发展基本靠民间自己解决。但是,要民间去发挥如此大的作用,起到国家权力统合下才能完成的事情,太难了。所以政府规模的常规"撩清"一旦终止,不断沉积的淤沙很快就会给江南地区带来危害,而这种危害已不仅仅是黄泗诸浦的出海航道问题,更严重的是黄泗诸浦同时担负的内陆排水问题。

长江口的沙依然在涨,抬高了长江河道的河床,堵塞了黄泗诸浦的浦口,内陆的水排不出去就要形成内涝。太湖号称 3.6 万顷,承接着西边的来水,必须要通过东边的诸浦才能把这么多水排到江海里去。入江入海诸浦一旦淤塞,内涝在所难免,北宋时期苏州境内长期的内涝,原因就在于此。北宋时期及南宋初年出任苏州地方长官或部门长官的范仲淹、苏东坡、赵霖、陈弥等人,都面临着苏州长期内涝的困境,努力寻找对策。至今还留下了范仲淹《上吕相并呈中丞咨目》、苏轼《进单锷吴中水利书状》、赵子潚《导水方略》、陈弥《水利议略》等疏状。除地方官员外,苏州籍士人也非常关注长期的内涝问题,并积极探索内涝的原因,寻求解决内涝的方策,如北宋朱长文即留有《治水篇》,昆山人郏亶著有《吴门水利书》,宜兴人单锷撰有《吴中水利书》等,更有许多一线的官吏长期主张并实践着内涝的整治,从结果上来看,不仅效果不佳,而且与唐末五代吴越国时期的治理相比,人们的关注方向出现了很大的变化。

北宋时期,在常熟县境的 22 浦(一说 24)中,梅李塘、白茅浦、崔浦、福山浦、黄泗浦依然号称"常熟五浦",是疏浚的重点,而许(浒)浦等其他诸浦已经淤塞,"不复为要口"。南宋前期陈弥在考察苏州内涝时亦说:"三十六浦实有四等,如茜泾、下张、崔浦、黄泗、七鸦、掘浦、奚浦、金泾八所为最要。"可见黄泗浦也在重点疏浚的常熟、昆山八浦之列。但疏浚的结果,正如陈弥所说的那样,北宋末年朝廷"尝命赵霖浚之,仅能复常熟、昆山二三浦而罢",全面疏浚黄泗诸浦已经成为不可能的事,其中最难抗拒的就是长江的积沙问题。

从陈弥的考察报告中还可以看到,江南太湖地区的内涝,除了长江涨沙等难以抗拒的自然因素,人为的开垦也是重要的因素。"大江之南濒海有三十六浦，泄浙西陂湖之水入于海，因无水患。近岁诸浦淤塞甚多，且有力之家围田支碍。"从这里，我们可以将眼光转移到宋人对诸浦清淤的关注方向上来了。

如果说唐五代对黄泗浦的清淤，目的是基于排水和确保航海通道这两方面的话，那么，宋代以后的清淤目的就只有排水一项了。从南宋人龚明之《中吴纪闻》对三吴水利的言论中不难看出，北宋论三吴水利的人虽然很多，但据龚明之的认识，在不同时期，单纯地疏通或单纯地置闸均非良策，理由是不同时期有不同时期的情况。其本人主张改进围田，使水系内外沟通，确保粮食作物的收成。这正是进入北宋以后朝廷不再关注航海通道，将唯一目的放在确保朝廷财赋收入的鲜明反映。

其实，这种认识并不是从龚明之开始的，目前所见最早论及三吴水利的著作是北宋人郏亶的《吴门水利书》。该书共四卷，虽然已经散佚，但其《苏州水利六失六得》和《治田利害七事》两篇保存至今。郏亶方案的根本在于讨论纵浦横塘的问题，即对低湿之地如何进行规划围垦。关注点已经从航海通道转移到了排水与湿地的开发利用上。与郏亶几乎同时的单锷《吴中水利书》，关注的重点则是如何保证国家漕运的正常运作。可见，北宋前期出现的水利专家，他们的关注点已经不再是怎么打通作为航海线路的黄泗诸浦了，他们的关注点在于如何开发新成陆的土地。

可以说到了北宋，黄泗诸浦这类长江下游的支流作为港口的功能已经几乎丧失。宋代以后，逐渐受人重视的是太湖的另外一条泄水通道吴淞江。吴淞江相对黄泗诸浦要宽阔得多，导引太湖水东流，在今上海入海。因此，两宋时期出海的通道转向了吴淞江，两宋元明时期人们关注的出海通道的整治也大多集中在吴淞江上，吴淞江近海的支流青龙江口形成了另一个港口城市——青龙镇，正是这种变化的结果。考古发掘证明，青龙镇主要繁荣于两宋时期，随着长江泥沙的不断堆积，海岸线继续东移，元朝以后已近衰落。于是，元明以后只能再寻新的出海通道，今长江口太仓的樊村泾、浏河港等因此登上了历史舞台。

长江下游的出海港就是这么一步一步地变化着的，黄泗浦的兴衰仅仅是这一系列变化过程中的一环。黄泗浦作为航海港口,幸亏有了《唐大和上东征传》这部书才得以为我们所知。

五、出土遗物所见黄泗浦港的兴废

前面提到 10 世纪立国于苏南浙江的吴越国,为了确保黄泗诸浦的航道和排水问题,专门设立了"撩清军"疏通河道;同时还谈到进入北宋以后,由于统一王朝的政治中心在北方,对江南地区这项事务的管理放松了,因此航运和排水都出现了问题,苏州府常年陷于内涝灾害中。以上这些问题都是有文献可征的。那么,近年来南京博物院在黄泗浦浦口的考古调查和发掘工作,是否也能说明这些变化呢?

首先,考古工作者对黄泗浦口的河道不仅进行了大面积的钻探调查,还展开了较大规模的发掘,甚至做出了整个河道的剖面。钻探结果表明,越靠近古黄泗浦口,河道就越宽阔,这一现象毫不奇怪,完全符合河道的自然形成过程。但有一个现象非常值得我们关注,就是从地层的堆积来看,最接近河床底部的一层,虽然夹杂着唐晚期五代的遗物,但大量的是宋代以后的遗物。这次的考古发掘非常有意义,它说明了唐末五代时期确实对古黄泗浦口附近进行了彻底的清淤,以至于此前河床上堆积的唐代地层全部被清除。这次大规模的清淤甚至可以考虑就是吴越国的撩清军或撩浅军进行的。这次清淤以后留下的堆积,均是宋代以后形成的。换言之,进入北宋以后,古黄泗浦口附近就再也没有像唐末五代那样进行过大规模的清淤。

从清理出来的河床剖面上也可以看出,宋元以后,古黄泗浦逐渐变窄,最终成为一条普通的排水沟渠,今名盐铁塘。流经今 G346 道路黄泗浦桥下的盐铁塘及下游的三干河,一直往东北流入今天的长江干道,周边田畴齐整,规划有序,是两宋以后逐渐形成的新陆地。从中不难看出,两宋以降对黄泗浦的整治,已不是出海航道的问题,是土地开发的问题。港口虽然废了,但往外不断伸展的黄泗浦新河道,在此后的沙洲开发中起到了重要的作用。这也是黄泗浦在宋代被列为"常熟五浦"或"最要八所"的原因。

能供大型海船停泊的唐代古黄泗浦下游到底有多宽，最好的证据就是考古发掘资料。虽然目前相关资料尚未正式发表，但在现场观察及与他处比较的基础上可以做个推论。

从南京流入长江的支流秦淮河，六朝时期在下游河段上设置24座浮桥，称二十四航，其中最著名的是都城正南的朱雀航。据唐初高僧道宣的记载，当时的朱雀航的长度尚有"百步"。这里的"步"不是随意的步，是长度单位。唐代1步相当于今制约1.45米，100步是145米，因此，秦淮河下游的宽度可以概言为150米。早年南京市考古部门曾经对秦淮河口的部分地段进行过调查发掘，据出土的10世纪南唐时期的沉船判断，当时的下游河道至少也在90—100米之间。进入宋代以后，由于长江淤沙的不断增多，加之人口的增加，秦淮河下游河道日渐逼仄，近代以后宽度就只有20米了。

可以拿南京秦淮河的事例来对比古黄泗浦。从今天的地理来看，以近来发掘的大型建筑遗址为参照，往北不远就应该是唐五代时期的海岸线，张杨公路即G346道路以北的土地全部是宋代以后逐渐形成的，可以置之不顾，古黄泗浦浦口宽度的考古探索就应该集中在大型建筑遗址的东、北侧与今黄泗浦桥以南。

鉴真东渡前后的遣唐使船队通常由3—4艘组成，每船可载150人，总人数在500人左右。2010年上海世博会期间日本据历史资料复原的遣唐使船，船长33.6米，船宽9.2米，排水量64吨(参见图5)。如此规模的遣唐使船若能顺利进港又能顺利出港，停泊期间还要不影响其他船只上下，我个人推测河面宽度至少在100米，甚至更宽。越靠近下游出口河面就应该越宽，这与考古部门提供的调查发掘资料一致。为了避免风浪，进入古黄泗浦的船只还必须上溯一段距离才能停泊，因此推测整个古黄泗浦的下游河道的宽度都应该在百米左右。

有着这样一个宽度的古黄泗浦，在长江来沙和潮汐的相互作用下，河道逐渐淤塞，浦口外的江滩逐渐成陆，大型海船的出入受到了影响。在考古发掘现场，我们可以看到横跨在古黄泗浦上的一座清代石拱桥，叫"方桥"。据方桥的跨度判断，清代的河面宽度大约在20米；在方桥北侧，考古

图 5　历史图片中的遣唐使船（上）与复原的遣唐使船（下）

人员发现了明代旧桥的东西桥墩遗址,依据桥墩遗址可以看出明代的河道比清代要宽出许多。明代桥墩遗址再往下,就是唐末五代宋元时期的河床堆积,这层堆积以下就是不包含人类活动迹象的生土。前面已经介绍过,河床的生土以上直接叠压唐末五代宋元地层,正是五代吴越国"撩清军"撩清的物证。据现场工作人员介绍,宋元时期古黄泗浦的河道宽度约 50 米,这个宽度,虽然尚能供一般船只出入,但像遣唐使船队那样的大型海船已经进不来了。因此可以判断,两宋以后,黄泗浦的远洋海船停泊的功能已经丧失。

据地方文献记载,黄泗浦附近有佛寺,名"尊胜禅院"。从佛寺命名的时代特征来看，尊胜禅院之名应该出现在五代北宋以后。考古人员在古黄泗浦西岸发现了一组大型的建筑遗址，关于这座建筑遗址的性质及其时代，可以从出土遗物方面做个推测。

建筑遗址上发现的主要遗迹有房屋、院落、水井、半地穴式的联灶等，应该是一处较大规模的建筑群。关于房屋建筑，今天我们只能看到基墙遗迹墙基与墙基之间的通道。这些墙基到底是同一个时代的还是不同时代的，目前还不是很清晰，需待考古资料全面发表后再从知识考古的层面上去探讨。从现场可以看到，房屋的基础有的是长方形的，有的是正方形的，还有回廊，回廊的尽头还有廊房。如果我们暂且把揭露后的这些建筑遗址视为同一时期的遗迹，综合这些不同形式的建筑平面，首先可以排除它是民宅，也就是一般居民的日常住宅，而是由不同形式的建筑组成的一个建筑群。

第二，发现水井毫不奇怪。长江下游地区虽然遍地都是水，但自古以来就习惯在住宅附近或宅院内挖井取水，饮用水大多来自水井。第三是灶膛。遗址中发现的灶，投柴烧造的灶膛是挖下去的，两个灶连在一起，从遗迹现象来看，灶眼的直径很大，铁锅也应该相当大。从这些现象判断，作为普通民户的可能性也不大，一定是供多人食宿的地方。因此，基于这些考古现象，发现的建筑遗址可以视为由不同形状的建筑构成的一组建筑群，加上相对比较密集的水井及灶的形式，推测是一处供众人活动的场所。

也许很多人会想到这是不是客栈，是不是大型的餐饮场所。因为这组建筑地处古黄泗浦港口，商旅往来频繁，结合太仓樊村泾元代客栈仓库的发掘，做出这样的推测不无道理。但是，这种可能性不是很大。因为这处建筑遗址上出土了不少瓦当。这对我们推测建筑遗址的性质提供了线索。

瓦当出现得也很早，先秦时期就被广泛使用了。不同时代的瓦当，当面的纹饰有很大的不同，这一点对研究瓦当的人来说是非常清楚的。此外，在建筑上能够使用瓦当的，通常说来都不是一般的民户，如果是民间私人造了好多房子，自家开个规模比较大的旅馆，用得上瓦当的可能性我觉得不是很大。从现有的资料来看，能够用上瓦当而且用得相对比较多的，通常是官府建筑,其次就是寺院建筑。寺院建筑中,瓦当还是用在主要殿宇和佛塔大殿上的,一般的偏殿或僧房用瓦当的可能性也不是很大。因此,既然这处建筑群出土了这么多瓦当,那么最大的可能性就是这是一处比较大型的官府建筑或者寺院建筑。

在这处建筑群东侧的河道里,就在前面提到的明代桥墩遗址附近发现了许多残砖,砖上残存着"皇帝万岁""众臣千秋"等模印文字,基于这些文字,我们判断其与佛塔的建造有关,可以说这些残砖原本是塔砖。

之所以看到残砖的图片后能判断出来这是塔砖,是因为我们见到过的类似东西比较多。南京曾经发掘过非常著名的北宋长干寺(后改为天禧寺)地宫,佛寺及佛塔的建造时间为北宋前期的大中祥符四年(1011年),地宫和遗址中出土了大量的文物,其中地宫出土的鎏金阿育王塔最为著名。地宫的石碑及阿育王塔的四面底座、山花蕉叶、塔面开光以及包裹供养品的丝织品上都留下了大量的文字,为我们探讨北宋长干寺及佛塔的重建提供了宝贵的资料。

阿育王塔放置在一个巨大的铁函里,铁函中除鎏金阿育王塔外,还放了好多信徒捐赠的香料、水晶等供养品,这些物品往往是用丝织品包裹起来的,通过对这些文字的整理可以看出,北宋重建长干寺时,信徒据自己的财力捐献金银宝物,这是有一定的模式的。大量有钱人可以捐出金、银、水银等打造精美的鎏金阿育王塔,在阿育王塔的各处钤刻捐赠者姓名、家庭住址、捐献品名及数量等。家中有宝物的可以捐赠宝物,用丝织品包裹起来放入盛放阿育王塔的铁函中供养,丝织品上同样墨书捐赠者姓名、家庭住址、捐献品名及数量等文字。鎏金阿育王塔的四面钤刻"皇帝万岁""众臣千秋""国泰民安""天下太平",也是当时用于造塔时的常用句。那些家中乏财又颇具清信心的民众,只能捐出数十钱供寺院烧砖建塔,寺院在接受捐赠后,会在砖上刻写"王□年舍钱叁拾□文砖拾贰□"等文字以示徵信。

通过与南京长干寺地宫及遗址出土文字的比较,我们可以断定古黄泗浦河道里出土的模印"皇帝万岁""众臣千秋"的文字砖与佛教建筑有关。

而且从考古发掘方提供的图片来看，这些文字具有北宋文字的风格，因此，不排除其与尊胜禅院之间的关系。做一个大胆的推测，北宋时期建造的佛塔到了明朝也许就倒塌了，成为一堆废墟。明朝早已不再是出海港口的黄泗浦上旧的桥倒塌了，为了建一座新的桥，在河道两侧夯筑桥墩时将附近的寺塔建筑垃圾利用了起来。因此，尊胜禅院及佛塔应该就在附近。

此外，在古黄泗浦的河道遗址上还发现了大量的唐末五代以后的瓷器残件，这是否意味着宋代以后黄泗浦依然作为对外瓷器销售的贸易港。这个问题还是要回归到河道淤塞这一点上来说明。

进入北宋以后，黄泗浦作为大型对外贸易港口的可能性越来越小，作为海船出入的港口，其功能肯定比不上唐代。然而，宋代整个体量要比唐代大得多，人口也好，商品也好，都远远超过唐朝，因此我们不能把唐跟宋进行简单的比较。

如果我们想象一幅场景的话，这可能是：唐代黄泗浦浦口周围能够停泊一批船只，也能够有一个类似今天高速公路的服务区，但周边应该是相当空旷的，缺少中心聚落；而到了宋朝，出入港口的船虽然变小了，但服务区里卖的货可能更多。由于涨沙，原本江岸线或海岸线外都逐渐成陆，吸引了一批无地农民或豪强之家前来耕垦开发，逐渐形成了很多定居点，在这样的背景下，出现了建造佛寺的需要。

毕竟到了宋代以后，这里的河面越来越窄，终至彻底废弃。虽然从出土文物来看，黄泗浦河床淤积层中也出土了较多的唐晚期长沙窑的产品，其中有一些器物还与黑石号沉船上的器物一样。研究者预测黑石号是从扬州出港的，出了扬州港，船行一日到黄泗浦靠岸也是可以的，仅仅是没有资料说明而已。这么想来，黄泗诸浦可以说是扬州这个巨大国际港口的组成部分。站在这个角度来看，黄泗诸浦的航海路线上的重要性远远比不上扬州港。宋代扬州港逐渐衰落后，黄泗浦港取代了扬州港或者宋代的黄泗浦港比扬州更繁荣等观点应该难以成立。倒不如反过来说，正是因为长江河道及政治局势的改变，作为扬州港附属设置的黄泗诸浦也随之衰落。黄泗浦古河道上出土的大量碎片瓷器,经鉴别尽管有南北几十个窑口的产品,可以说依然具有相当的吞吐量,但可以作为国内贸易或转口贸易的结果。

扬州港及黄泗诸浦的衰落,其结果是宋代大量海船来到吴淞江入海口附近的青龙镇,稍微小一点的海船,还可以溯吴淞江而上,直接驶往苏州城卸载或修理。而且,更大规模港口出现在近海的杭州,由于唐代中晚期浙东运河的全面疏通,南北的交通线不止于杭州,可以通过浙东运河波及宁波,唐开元年间新设明州(宁波)就是最好的印证。从明州沿海岸往南可以到达温州、福州、泉州,再往南就是广州,因此进入宋元以后,中国大规模的对外贸易港口,几乎全部集中到了沿海城市,逐渐形成了今天的格局,而扬州及黄泗诸浦则彻底告别了海洋时代。

(张学锋:南京大学历史学院教授)

A Brief Overview of the Rise and Fall of Huangsi
Port during the Tang and Song Dynasties

Abstract: Huangsi Port, located in the lower reaches of the Yangtze River, flourished from the Tang to the Five Dynasties period but declined in the Song Dynasty. Situated in the tributary area of the Yangtze estuary, the port served as a critical harbor for maritime vessels and resource replenishment. The Tang-era Japanese missions to China frequently stopped there, including the historic departure of monk Jianzhen. However, increasing sedimentation during the late Tang narrowed the river and silted up the port's mouth, limiting its functionality. Despite efforts by the Wuyue Kingdom's "Desilting Army," the port's decline continued. By the Song Dynasty, national priorities shifted to inland water management and grain transport, reducing the port's significance. Archaeological findings reveal that post-Song, the area became a hub for agricultural development on newly formed land. Over time, maritime trade hubs moved to coastal towns like Qinglong Town and Mingzhou, reflecting changes in economic and environmental conditions. The rise and fall of Huangsi Port illustrate the historical dynamics of the Yangtze River's estuary and the socio-economic impacts of natural and geographical changes.

Keywords: Huangsi Port; Tang-Song period; Yangtze estuary; Japanese missions; port evolution

中国古代史

出离制度：论西汉惠、吕间的"王太后"

阴健坤

（复旦大学历史地理研究中心）

摘　要：西汉惠帝二年（前 193 年），吕后亲女鲁元公主益封城阳，进而获尊"王太后"。对比张家山汉简《津关令》与《功令》所见长信詹事所辖奉邑、汤沐邑的财税、人事权属，可见鲁元公主凭借"王太后"的政治身份突破了汉初食邑的一般制度。张偃是鲁元公主、故赵王张敖子，在高后元年（前 187 年）四月鲁元太后薨后得封鲁王，继承了其母的政治遗产。汉高祖"非刘氏不王"的"白马之盟"就此告破。吕后强化关东控御、挟制齐楚的政治意图日益凸显。

关键词：汉初制度；"王太后"；张家山汉简；"白马之盟"

西汉惠帝执政期间（前 194—前 188 年），汉高祖刘邦所封诸侯王及列侯功臣集团不断受到"后党"压制，吕后权力逐渐集中。[1] 高后元年（前 187 年），吕后以"女主"的政治身份"王诸吕"，突破了高祖"白马之盟"的制度预设[2]，"后党"势力极度膨胀[3]。吕后权势扩张的过程中，伴生出当时制度所

---

[1] 谢桂华：《〈二年律令〉所见汉初政治制度》，《郑州大学学报（哲学社会科学版）》2002 年第 3 期，第 10—12 页。梁万斌：《〈津关令〉与汉初之政治地理建构》，《复旦学报（社会科学版）》2016 年第 2 期，第 46—53 页。孙家洲：《西汉前期三大政治集团的"平衡"及其破局》，《理论学刊》2019 年第 6 期，第 138—149 页。马孟龙：《东郡之置与汉初关东控御政策》，《历史研究》2021 年第 4 期，第 4—21 页。

[2] 《史记·吕太后本纪》载："太后称制，议欲立诸吕为王，问右丞相王陵。王陵曰：'高帝刑白马盟曰"非刘氏而王，天下共击之"。今王吕氏，非约也。'"又《绛侯周勃世家》载："亚夫曰：'高皇帝约"非刘氏不得王，非有功不得侯。不如约，天下共击之"。'"参见《史记》卷 9《吕太后本纪》，北京：中华书局，1959 年，第 400 页及卷 57《绛侯周勃世家》，第 2077 页。

[3] 《汉书·文帝纪》张晏注"孝惠皇后张氏薨"曰"后党于吕氏，废处北宫，故不曰崩"，即指明吕后以吕氏宗族、鲁元公主及张敖女（惠帝张皇后）、子（鲁王张偃）为主要成员，建立起"后党"政治集团。参见《汉书》卷 4《文帝纪》，北京：中华书局，1962 年，第 128 页。

不能容纳的产物——"王太后"。这一称谓首见于《史记·吕太后本纪》，对应吕后亲女鲁元公主。① 如何从制度上认识这一称号②，学界鲜有讨论。

新出 336 号汉墓竹简《功令》③为我们重新认识这项"出离制度"的"异物"创造了条件。本文结合张家山 247 号汉墓《津关令》④和《功令》文本与构成逻辑，梳理鲁元公主"王太后"称号的建立过程，分析鲁元公主薨亡后政治遗产(汤沐邑、封号)的权属关系，进而思考吕后对高祖"白马之盟"的突破和对汉初"关中—关东"地缘政治平衡形成的挑战。⑤

一、鲁元公主益封城阳与"王太后"身份的建立

鲁元公主是吕后亲女、惠帝手足，且是吕后唯二后代之一。汉七年(前 200 年)，高祖欲以鲁元公主和亲匈奴，吕后"日夜泣，曰：'妾唯太子、一女，奈何弃之匈奴'"，于是"上竟不能遣长公主"。长公主未和亲匈奴，而是以高祖长女鲁元公主的身份"为赵王敖后"。⑥《史记·吕太后本纪》载惠帝二年(前 193 年)鲁元公主益封汤沐邑事，是鲁元公主权势扩张、超出常制的开始：

> (惠帝)二年，楚元王、齐悼惠王皆来朝。十月，孝惠与齐王燕饮太后前，孝惠以为齐王兄，置上坐，如家人之礼。太后怒，乃令酌两卮酖，置前，令齐王起为寿。齐王起，孝惠亦起，取卮欲俱为寿。太后乃恐，

---

① 《史记》卷 9《吕太后本纪》，第 398 页。

② 这里讨论的制度，主要是外戚食邑制度，也涉及"白马之盟"中"刘氏王""功臣侯"的政治诏命。马孟龙最近讨论了汉初列侯食邑制度及其特征。这提示我们汉初侯国制度创立以前，食邑制度可能是联系汉初诸侯王、列侯、外戚三股政治势力的枢纽。参见马孟龙：《汉初侯国制度创立新论》，《历史研究》2023 年第 2 期，第 58—78 页。

③ 荆州博物馆编，彭浩主编：《张家山汉墓竹简(三三六号墓)》，北京：文物出版社，2022 年。

④ 彭浩、陈伟、[日]工藤元男主编：《二年律令与奏谳书——张家山二四七号汉墓出土法律文献释读》，上海：上海古籍出版社，2007 年，第 323—324 页。

⑤ 齐王刘襄起兵讨诸吕时"遗诸侯王书"，数吕后"春秋高，听诸吕擅废高帝所立，又杀三赵王，灭梁、燕、赵以王诸吕，分齐国为四。忠臣进谏，上惑乱不听"之罪，可见吕后时期控御关东政策的激进程度。参见《史记》卷 52《齐悼惠王世家》，第 2002 页。

⑥ 《史记》卷 99《刘敬叔孙通传》，第 2719 页。

自起泛孝惠卮。齐王怪之，因不敢饮，详醉去。问，知其酖，齐王恐，自
以为不得脱长安，忧。齐内史士说王曰："太后独有孝惠与鲁元公主。
今王有七十余城，而公主乃食数城。王诚以一郡上太后，为公主汤沐
邑，太后必喜，王必无忧。"于是齐王乃上城阳之郡，尊公主为王太后。
吕后喜，许之。乃置酒齐邸，乐饮，罢，归齐王。①

刘肥以高祖庶长子的身份王齐，是当时关东辖地最广的诸侯王。② 但朝见
时仍慑于吕后威权，险遭幽死，最终献郡得脱。这场博弈中，鲁元公主成了
最大的获益者。齐内史言"公主乃食数城"，其时鲁元公主汤沐邑当在鲁县
及周边几县，与齐城阳郡地相毗邻。刘向《新序》载"（齐王）上奏献十城，为
鲁元公主汤沐邑"③。可知鲁元公主益封以后，食邑扩大到十几个县，已俨
具王国的规模。更关键的是，鲁元公主原汤沐邑与城阳郡连属之后，其地
缘政治的价值格外凸显。这片区域恰在齐、楚两国之间，占据了汶水、泗水
流域的交通要道。汶水、泗水自先秦起即是关东地区水陆交通的重要通
道。《尚书·禹贡》即有"浮于汶，达于济"和"浮于淮、泗，达于河"的记
载。④ 这里不仅农业开发条件好，人口、物产丰富，更富有军事战略价值：
向北逾泰山余脉，足以动摇齐国南界的长城之备；向南则直下徐、邳，使楚
国北向门户洞开。较之于汉置东郡控御关东⑤，鲁元公主益封后的这片区
域，则像楔子一般横入于关西齐、楚两大诸侯国的肘腋之间，已然威胁到了
"关中—关东"的地缘政治平衡。⑥

---

① 《史记》卷 9《吕太后本纪》，第 398 页。
② 《史记》卷 8《高祖本纪》，第 384 页。另参见周振鹤：《西汉政区地理》，北京：商务印书馆，2017
　年，第 105—107 页。
③ 赵仲邑：《〈新序〉详注》，北京：中华书局，2017 年，第 354 页。
④ 《尚书正义》，阮元校刻：《十三经注疏》，北京：中华书局，1980 年影印本，第 148 页。
⑤ 马孟龙详述了汉凭东郡控御关东诸侯王国的意义，着重讨论了吕后复置东郡来控制通齐道
　路以挟制刘肥齐国的价值。参见马孟龙：《东郡之置与汉初关东控御政策》，《历史研究》2021
　年第 4 期，第 5—13 页。
⑥ 关于西汉政治地理结构的讨论，参见马孟龙：《从"东西对立"到"内外有别"：西汉国家政治地
　理结构演变——以〈二年律令·秩律〉〈汉书·地理志〉郡级政区排序为视角》，《社会科学》
　2024 年第 1 期，第 52—68 页。

　　益封城阳郡为汤沐邑以后，鲁元公主获"王太后"尊号。前引《史记·吕太后本纪》载"齐王乃上城阳之郡，尊公主为王太后"。东汉如淳注以为"张敖子张偃为鲁王，故公主得为太后"①。《汉书·惠帝纪》载："（惠帝）二年冬十月，齐悼惠王来朝，献城阳郡以益鲁元公主邑，尊公主为太后。"唐颜师古驳淳说，认为鲁元公主如以其子为王而称太后，并不消"齐王尊之"，故此处的"太后"是指"齐王太后"，并持论"偃因母为齐王太后而得王，非母因偃乃为太后也"。②《汉书·张耳传》亦称"尊鲁元公主为太后"③。《汉书·高五王传》与《史记》同，称"齐王献城阳郡以尊公主为王太后"④。但如、颜两说皆误。《史记·吕太后本纪》载高后元年（前 187 年）四月鲁元公主薨，其子张偃始封鲁王，⑤而鲁元公主"王太后"尊号之得在惠帝二年（前 193 年）十月，如说颠倒；颜注以"太后"为"齐王太后"，但齐王肥与鲁元公主为同父异母的兄妹，然是时吕后尚在，不会尊公主为"齐王太后"。⑥

　　今人周波从《二年律令·秩律》中考索出惠帝张皇后与吕后长信詹事并立的詹事系统⑦，这为我们辨析鲁元公主"王太后"尊号的实指提供了思路。尊号代表了一个政治身份，其背后亦有一套专门的机构维持这一身份。《汉书·百官公卿表》载：

　　　　詹事，秦官，掌皇后、太子家，有丞。……长信詹事掌皇太后宫，景帝中六年更名长信少府，平帝元始四年更名长乐少府。⑧

---

① 《史记》卷 9《吕太后本纪》，第 398 页。

② 《汉书》卷 2《惠帝纪》，第 88 页。

③ 《汉书》卷 32《张耳陈馀传》，第 1842 页。

④ 《汉书》卷 38《高五王传》，第 1988 页。

⑤ 《史记》卷 9《吕太后本纪》，第 400 页。

⑥ 梁玉绳以鲁元公主获尊"王太后"为有悖人伦的"咄咄怪事"，本质上还是认同颜注的观点，但无法解释原因。参见（清）梁玉绳著，贺次君校：《史记志疑》卷 7，北京：中华书局，1981 年，第 241 页。

⑦ 周波：《说张家山汉简〈二年律令·秩律〉的"詹事"并论汉初的太后、皇后两宫官系统》，《"中研院"史语所集刊》第 94 本第 1 分，台北："中央研究院"史语所，2023 年，第 1—58 页。

⑧ 《汉书》卷 19 上《百官公卿表上》，第 734 页。

西汉中后期詹事系统管辖对象是皇后、太子家务。① 汉初因吕后居长信宫，便有一套专设的长信詹事为她服务。外戚势力的财富和机构日常运转的用度，主要来自食邑。《百官公卿表》载："皇太后、皇后、公主所食曰邑。"②学界长期认为，这里的"邑"，指的是皇亲贵族租税所出的汤沐邑。③鲁元公主在惠帝二年（前 193 年）得尊"王太后"，其一切用度也当由其获封的汤沐邑支持。但是，鲁元公主领有的汤沐邑，应该由哪个系统配置官员呢？④

我们来看《二年律令·津关令》519 号简：

> 廿一　丞相上长信詹事书：请汤沐邑在诸侯属长信詹事者，得买骑、轻车、吏乘、置传马，比关外县。丞相、御史以闻。·制(519)⑤

彭浩先生认为，"令文所云'汤沐邑'系皇后、公主的食邑，统由长信詹事管理。《史记·吕太后本纪》记载吕后之女鲁元公主本有汤沐邑数城，齐悼惠王又上城阳郡（今山东境内）以为其汤沐邑"。又据令文中有"丞相"及齐王上城阳郡为鲁元公主汤沐邑事，指出 519 号简的"形成时间大约是惠帝时期，至迟不会晚过高后元年鲁元公主去世之时"⑥。彭浩先生的认识非常敏锐，他实际注意到了鲁元公主益封城阳后皇室贵族汤沐邑数量的突增，可能是本条令文颁行的直接原因。但尚未细辨，鲁元公主益封的汤沐

---

① 周波认为汉初应无"太子詹事"一类职官。参见周波：《说张家山 336 号汉墓竹简〈功令〉的"西宫詹事""詹事"》，武汉大学简帛研究中心等编：《新出土战国秦汉简牍文献研究论文集》，2023 年 10 月，第 233—235 页。

② 《汉书》卷 19 上《百官公卿表上》，第 742 页。

③ 周振鹤先生曾分类讨论西汉县的几种职能。参见周振鹤：《西汉县城特殊职能探讨》，复旦大学中国历史地理研究所编：《历史地理研究[1]》，上海：复旦大学出版社，1986 年，第 93 页。

④ 按《汉书·百官公卿表》载"宗正，秦官，掌亲属，有丞……公主家令、门尉皆属焉"。参见《汉书》卷 19 上《百官公卿表上》，第 730 页。但从出土文献显示的内容看，鲁元公主是汉初制度的例外。

⑤ 彭浩、陈伟、[日]工藤元男主编：《二年律令与奏谳书——张家山二四七号汉墓出土法律文献释读》，第 322 页。

⑥ 彭浩：《〈津关令〉的颁行年代与文书格式》，《郑州大学学报（哲学社会科学版）》2002 年第 3 期，第 15 页。

邑为何会归属长信詹事管辖,以及是否与获尊"王太后"的政治身份有关。

二、《功令》所见长信詹事所辖"奉邑"与"王太后"汤沐邑的属权

新出张家山 336 号汉墓竹简《功令》令九十四显示吕后"奉邑"所属少吏[1]的迁转规程:

> 九十四　丞相上长信詹事书言,令曰:御史、丞相补属尉、佐以上,二千石官补有秩、【有】秩乘车。今鲁、淮阴为奉邑,属长信詹事,其有秩、有秩乘车节(即)缺,课(课)奉邑令相补,及上令史功劳汉丞相、御史,丞相、御史迁之,皆汉远不便。请令奉邑在诸侯者,各上其有秩、有秩乘车、斗食学佴、令史功劳,及有秩、有秩乘车缺,在所国御史、丞相、郡守,御史、【丞】相、郡守千(迁)通〈补〉。[2]

本条令文形成的时代是文帝元年(前 179 年)至二年(前 178 年)二月间。[3]是时诸吕已败,鲁元公主子、鲁王张偃废为南宫侯,鲁国当除为汉郡。[4] 故文帝母薄太后可以鲁、淮阴二县为"奉邑"。[5] 令九十四中"请令"以前的部分,是本条令文颁行前实际使用的奉邑官员迁转办法,应是对吕后时期制度的继承。其所显示的复杂性值得注意。

本条令文颁行以前,长信詹事所辖奉邑的官员采取了"复合制"的迁转办法。一方面,奉邑中有秩、有秩乘车一系少吏"节(即)缺"时[6],由"奉邑令"考课本邑内官员功劳,以次补缺,而非由"二千石官"(诸侯丞相、御史或

---

① 汉代县级政区的"长吏""少吏"在制度上有明确区别。文帝以后,少吏秩级皆不及二百石。参见邹水杰:《简牍所见秦汉县属吏设置及演变》,《中国史研究》2007 年第 3 期,第 3—21 页。

② 荆州博物馆编,彭浩主编:《张家山汉墓竹简(三三六号墓)》(上),第 123 页。

③ 汪华龙:《张家山 M336 汉律令年代问题初探》,《中国人民大学学报》2024 年第 1 期,第 50—60 页。

④ 周振鹤:《西汉政区地理》,第 31 页。

⑤ 周波:《说张家山 336 号汉墓竹简〈功令〉的"西宫詹事""詹事"》,武汉大学简帛研究中心等编:《新出土战国秦汉简牍文献研究论文集》,第 230 页。

⑥ 《功令》15—19 号简显示二百石秩级以下的官吏,分别有"学佴→有秩→有秩乘车→丞尉(二百石)"和"令史→属尉佐→卒史→丞尉(二百石)"两种迁官路径。参见荆州博物馆编,彭浩主编:《张家山汉墓竹简(三三六号墓)》(上),第 98 页。

郡守)负责考课和迁转。这里需要指出的是,依据整理者的意见,原简中的"節"当作"即"字解。但对读令十二、令卅一、令卅七、令五十九等可以发现①,官吏员额的"缺"和"节缺"可能是两种不同的情况。前者是一般的情形,缺额的原因是旧官吏的迁出、本职官吏的病免或候选官吏的不足等。后者则是特别的情况,缺额的各级衙署、单位可以通过"自择补(除)"的方式在本级内部补充员额,且强调其"功多能异"、能称其职,且一般不需要上报所补官员的功劳。如令卅一和令五十九:

> 卅一　上林言,东芝(淀)、西芝(淀)啬夫皆有秩节(即)缺,内史更调它官吏补,不习其事。请得自择除官啬夫、令史以补。

> 五十九　外郎、执戟家在万年、长陵、安陵以令罢而欲为吏者,其县有秩、斗食、令史节(即)缺,以功多能宜者补之。上造以下事比簪裹,勿令为典、求盗、船人、邮人。

因此笔者认为,原简中的"節缺"应简写作"节缺",意指官吏员额"暂时性短缺"的特别情况。奉邑内暂时的缺额,不需要报请二千石官考课、迁补,而是由"奉邑令"组织考课和补员。另一方面,作为长信詹事属官的奉邑"令史"一系诸官,还需要"上功劳"至"汉丞相、御史"处听候迁补。从 24 号简可见,汉丞相、御史只负责"属尉佐以上"官员的迁转。② 根据 15—19 号简中内容所排定的秩级和迁转次序,郡县下属尉佐由令史"通课补"。令七十五特别规定,"令史年五十以上与斗食通课补有秩,勿以补属尉佐"③。但在本令当中,令史一系的"迁",由汉丞相、御史直接管理。"通课补"和"迁",在《功令》中是两类不同的迁转方式。④ 因此,原令文中以"及"为断,分别说明了"有秩、有秩乘车"和"令史"两系少吏不同的考课、迁官程序。

---

① 荆州博物馆编,彭浩主编:《张家山汉墓竹简(三三六号墓)》(上),第 107、111—112、117 页。
② 荆州博物馆编,彭浩主编:《张家山汉墓竹简(三三六号墓)》(上),第 100 页。
③ 荆州博物馆编,彭浩主编:《张家山汉墓竹简(三三六号墓)》(上),第 118 页。
④ 《功令》显示官吏迁转办法有"课……补""迁(补)/徙补""调徙""通课补""课……相补",官吏依据秩级、负责对象、年资的不同和功劳的多寡,适用于不同的迁转办法。这一点笔者拟另撰文探讨。

本条令文颁行后，不论是"有秩、有秩乘车"一系还是"令史"一系，都由奉邑所在的诸侯国、郡的"御史、丞相、郡守"负责统一考课和迁补。[①] 马孟龙曾根据《二年律令·秩律》反推了汉初诸侯"自置吏"的情况。他指出，"高帝十二年三月诏曰'而重臣之亲，或为列侯，皆令自置吏，得赋敛'。在张家山汉简《二年律令·秩律》所记录的职官名称中，不见有王国、侯国官员，说明汉高后时期王国、侯国官员并不在汉廷官僚体系之中，这与高帝十二年诏所反映的内容一致"[②]。从《功令》令九十四看，皇太后所领奉邑中的少吏，兼有"自置之吏"和"中央所置之吏"[③]的双重属性，但应因其"内廷官"的性质，不与郡县政区官员秩级同列。

此外，整理者认为"长信詹事管理的汤沐邑也称奉邑"。但对读《功令》令九十二发现，仅詹事、太子食邑称"汤沐邑"。[④] 这提示我们，本条令文中显示吕后时期长信詹事下属的"奉邑"，恰介乎于"侯邑"和"汤沐邑"两者之间。不仅奉邑内官吏的迁转同时适用"自置之吏"和"中央所置之吏"两种规程，而且奉邑的长吏置"令"，是汉初食邑制度中秩级最高的县级长吏。王献唐稽考汉列侯和皇后、公主食邑封泥的认识可为参证。他指出：

> 列侯大者食县，小者食乡、亭。食县之侯，但署侯名……其食乡、亭者，则加"乡""亭"别之……若县若乡若亭，均为侯国，不受茅土，不与民政，但令衣食租税，以户数为限，其县皆别属他郡。县境内大小不同，所食既限户数，无论遍敷全县与否，统名所食户数之区曰邑，故列侯食县亦曰食邑。
>
> ……
>
> 皇后、公主以下食邑，大有邑令，小有邑长。令、长之下，复有邑

---

① 《功令》显示，奉邑、汤沐邑中少吏迁转的人事权属由中央转归地方，这可能与文帝初清理、弱化外戚势力的政策有关。笔者拟另撰文探讨。

② 马孟龙：《汉初侯国制度创立新论》，《历史研究》2023年第2期，第65—66页。

③ 《二年律令·秩律》显示汉初县属吏乃至乡、亭主吏皆由汉中央任命。参见廖伯源：《汉初县吏之秩阶及其任命——张家山汉简研究之一》，《社会科学战线》2003年第3期，第100—107页。《功令》多见这类少吏的迁转规程，也包括奉邑、园邑和侯邑等食邑的吏员迁、补办法。

④ 荆州博物馆编，彭浩主编：《张家山汉墓竹简（三三六号墓）》（上），第122—123页。

丞，亦非验之以封泥，其制不显。①

根据马孟龙最新的研究，汉初侯国制度创立的标志是文帝二年（前178年）十月"列侯之国"诏。在此以前，列侯从性质上更接近秦代军功食邑贵族。② 但列侯食邑和外戚食邑（特别是皇太后的食邑），似不能概而论之。惠帝、吕后时期，是食邑制度遭到冲击而产生变动的开始。《史记·齐悼惠王世家》载高后元年（前187年），吕后割取齐国济南郡为"吕王奉邑"。③吕王台初封时并未直接裂土立国，而是以诸侯王的身份领有一郡之地的食税和置吏之权，类同列侯领有"侯邑"时享有的权利。《汉书·高后纪》载高后二年（前186年）丞相陈平等上书议"列侯幸得赐餐钱奉邑"事，颜师古注"奉邑，本所食邑也"。④ 从汉初"白马之盟"的政治规约看，尊吕台为吕王并加封一郡租税以为奉邑，已然是逾制之举。这实际是为裂土封王、建立吕国所做的准备。因此，吕后执政时期皇太后的"奉邑"虽然也是食邑，但在职官制度层面上可能更接近"侯邑"，不当直接归入"汤沐邑"的序列。

因此，《津关令》519号简中"汤沐邑在诸侯属长信詹事者"，并非吕后的"奉邑"，应当是鲁元公主益封城阳后十余县规模的"汤沐邑"。据此反观《史记·吕太后本纪》中齐王献郡的过程，更有益于理解鲁元公主"王太后"身份的建立。齐内史建策"以一郡上太后"，使之作为鲁元公主的汤沐邑，并未言及为鲁元公主上尊号之事。齐王献郡时，先"上城阳之郡"，后"尊公主为王太后"。故此处"以一郡上太后"，并非将齐之城阳郡从行政归属权上还给了汉中央，而只是献出了城阳郡"衣食租税"和"迁转官员"的财税权、人事权。两权奉献的对象，也非鲁元公主本人，而是吕后的长信詹事系统。如此，《津关令》519号简中才会留下"汤沐邑在诸侯属长信詹事者"的记录。因为此时长信詹事不仅管辖着吕后的"奉邑"，还管辖着鲁元公主的

① 王献唐：《临淄封泥文字》，《海岳楼金石丛编》，青岛：青岛出版社，2009年，第308—309、313页。
② 马孟龙：《汉初侯国制度创立新论》，《历史研究》2023年第2期，第69、77—78页。
③ 《史记》卷52《齐悼惠王世家》，第2000页。
④ 《汉书》卷3《高后纪》，第96页。

"汤沐邑"。当吕后获得了城阳郡十县的财税、人事权后，才能从制度上传递给同处长信詹事系统中的鲁元公主。鲁元公主也就此获尊"王太后"，名正言顺地领有这十几个汤沐邑的"衣食租税"。但汤沐邑的人事权，仍由吕后的长信詹事管辖。鲁元公主"王太后"身份的建立，是汉初制度的例外，也是吕后权力扩张、辖制诸侯王势力的重要环节。

此外，《津关令》519号简诏令颁布的年代，可以就此锁定在高后元年（前187年）吕后称制之时。鲁元公主益封城阳后，一并领有十几个汤沐邑的食税之权。高后称制后，这片区域内的汤沐邑就愈发凸显其制约齐、楚的战略价值，所以需要尽快从关中购置马匹，充作战略上的储备。① 《功令》120—121号简是高后四年（前184年）至八年（前180年）间的令文。② 根据其中"县、都中置传马百匹以上，厩啬夫秩如故。不盈百匹至廿八匹斗食，不盈廿八匹毋置厩啬夫，便如律令"的表述，仅置传马一项，每县多者可育百匹以上，少者也以二十八匹为置吏的参考标准。③ 鲁县向来是鲁地的核心区域。且《功令》令九十四显示，鲁县在为薄太后奉邑时置"奉邑令"主邑事，秩比县令。故鲁元公主所领十几个汤沐邑总共购买和养育的马匹恐不下千匹，足以为立国奠定相当数量的马匹储备。此外，"比关外县"一句请求，更显示出吕后有意消除汤沐邑不能"临民治事"的食邑性质，使其在战略物资的储备上，获得与关外县相近的资格。

三、鲁元太后的政治遗产与张偃鲁王国的始置

《史记·吕太后本纪》载："（高后元年四月）鲁元公主薨，赐谥为鲁元太后，子偃为鲁王。"④张偃是鲁元公主和故赵王张敖子，于高后元年（前187

---

① 汉初马政与马在冷兵器时代的战略价值，参见李均明：《汉简所反映的关津制度》，《历史研究》2002年第3期，第26—35页；臧知非：《张家山汉简所见汉初马政及相关问题》，《史林》2004年第6期，第69—77页。
② 汪华龙：《张家山M336汉律令年代问题初探》，《中国人民大学学报》2024年第1期，第57页。
③ 荆州博物馆编，彭浩主编：《张家山汉墓竹简（三三六号墓）》（上），第117页。
④ 《史记》卷9《吕太后本纪》，第400页。

年)得封鲁王。尽管《史记》载事甚明，但鲁元公主薨后张偃鲁王国始置的年代，还是存在一"表"和一"里"两重争议。"表"的争议，在于《史记》《汉书》所载鲁国置年稍有出入；"里"的争议，在于张偃封鲁的原因，究竟是"以母封"还是"以父封"。

《史记·汉兴以来诸侯王年表》①《汉书·张耳传》②及《汉书·地理志》③所载鲁国置年同在高后元年(前 187 年)。不过，《史记·张耳陈馀列传》载"张敖，高后六年薨。子偃为鲁元王，以母吕后女故，吕后封为鲁元王"④。周振鹤先生据此认为鲁国置年"当以传为是"，即高后六年(前 182年)。"因为是年宣平侯张敖死，方以鲁国封其子张偃。"⑤龚志伟以《津关令》书写和编订年代不当晚于高后二年(前 186 年)，证明鲁国置年当在高后元年(前 187 年)四月，是说所据在于"鲁御史、鲁中大夫、鲁谒者、鲁郎中……皆为汉朝和诸侯国专有"⑥。《二年律令》现世与其书写、编订年代的基本确定，使得"表"的争议暂告段落，但并非无懈可击。"里"的争议仍旧悬置，即张偃封鲁王究竟在鲁国始置时，还是张敖薨亡后？

周振鹤先生"以《传》为是"的原因，就是以张敖薨年为其子张偃封王之年。陈伟先生疑张偃"母死封侯，父死晋王"⑦。龚志伟认为《传》载张敖薨年属插叙，敖实际薨于高后六年(前 182 年)，同时坚持了陈伟先生的观点。⑧ 但对读前引《史记·吕太后本纪》和《史记·张耳陈馀列传》可见，司

---

① 按《史记·汉兴以来诸侯王年表》所载鲁国置年在惠帝七年(前 188 年)。但龚志伟已引王先谦说辨正为高后元年(前 187 年)。参见龚志伟：《从爵制的角度试释〈津关令〉之"鲁侯"现象》，上海社会科学院《传统中国研究集刊》编辑委员会编：《传统中国研究集刊》(九、十合辑)，上海：上海人民出版社，2012 年，第 223 页。

② 《汉书》卷 32《张耳陈馀传》，第 1842—1843 页。

③ 《汉书》卷 28 下《地理志下》，第 1637 页。

④ 《史记》卷 89《张耳陈馀列传》，第 2586 页。

⑤ 周振鹤：《西汉政区地理》，第 29 页。

⑥ 龚志伟：《从爵制的角度试释〈津关令〉之"鲁侯"现象》，上海社会科学院《传统中国研究集刊》编辑委员会编：《传统中国研究集刊》(九、十合辑)，第 224 页。

⑦ 陈伟：《张家山汉简〈津关令〉涉诸令研究》，《考古学报》2003 年第 1 期，第 41 页。

⑧ 龚志伟：《从爵制的角度试释〈津关令〉之"鲁侯"现象》，上海社会科学院《传统中国研究集刊》编辑委员会编：《传统中国研究集刊》(九、十合辑)，第 226 页。

马迁已经将张偃"以母封"鲁王的内容交代得非常清楚。《后纪》明载鲁元公主薨后"子偃为鲁王"。《传》中叙张敖"高后六年薨"后，敖事已经叙毕。接叙敖子偃事时，司马迁特意点明张偃为鲁元王是"以母为吕后女故"，因此"吕后封为鲁元王"。① 此外，《汉书·高惠高后文功臣表》载"高后二年，侯偃为鲁王。孝文元年复为侯，十五年薨。谥共"②。按此条所记张偃历经了"高后二年由侯封王"到"文帝元年自王废侯"的升与降。且"复为侯"的说法，更表明在班固的认识中，张偃封王前曾是侯。但根据前文的辨析，高后元年（前 187 年）鲁元公主薨后鲁国初置、张偃王鲁，旁处亦皆不见张偃为鲁王前封侯的记载。故《汉表》此处的记载恐不足为信。

鲁元公主薨而其子王鲁，更是吕后政治谋略中的关键环节，有其内在的必然性。惠帝在位七年后驾崩，少帝即位。"太后称制，议欲立诸吕为王"，与群臣廷争之后，"追尊郦侯父为悼武功王，欲以王诸位吕为渐"。③ 郦侯父是吕后长兄，死于楚汉战争，此时追尊王号，是为动摇高祖"白马之盟"的政治理念。高后元年（前 187 年）四月，"王太后"鲁元公主薨，"赐谥鲁元太后"。《四部备要》本《前汉书·惠帝纪》所附刘攽注于此事洞见甚明：

> 盖齐内史本谊吕后欲尊公主以渐王张氏，故劝王割郡就益鲁邑，而更号鲁元公主为鲁元太后也。太后之号虽更，鲁元之称不除，岂关为齐王母乎？又张偃以母为太后故封鲁，王太后非齐益明也。④

鲁元公主的去世，并不意味着吕后势力的削弱，反催促吕后走出了"王诸吕"的关键一步——置鲁国并以高祖外孙、故赵王子张偃为鲁王。张偃直

---

① 《史记索隐》注"谓偃以其母号而封也"。参见《史记》卷 89《张耳陈馀列传》，第 2586 页。梁玉绳《史记志疑》亦言"敖尚无恙而封偃鲁王者，继公主之后也"。参见（清）梁玉绳著，贺次君校：《史记志疑》卷 7，第 241 页。故张偃"以母封"鲁本无可疑。

② 《汉书》卷 16《高惠高后文功臣表》，第 596 页。

③ 《史记》卷 9《吕太后本纪》，第 400 页。

④ 《前汉书》卷 2《惠帝纪》，《四部备要》第 16 册，北京：中华书局、中国书店，1989 年影印本，第 40 页上栏。

至齐王讨伐诸吕时，仍"年少未之国"①。故鲁元公主汤沐邑所在的区域虽立诸侯王国之名，却被纳入"后党"的实际控制。张偃以异姓王鲁，"白马之盟"从此于事实间告破。在此之后，吕后才施行了"侯诸吕"和"王吕氏"等步步为营的政治动作。② 及至吕后崩，关东诸侯始发难谋诛诸吕。由此可见，吕后称制后"王诸吕为渐"的政治阳谋，亦有其在地缘上控御关东、削弱诸侯的部署以为伏脉。这也是吕后以外戚势力内限功臣故旧、外制高帝旁子的必然抉择。

表 1　吕后称制后"王诸吕为渐"的步骤及结果

时间	步骤	异姓王与吕氏侯的获封结果
太后称制时	议欲立诸吕为王	追封郦侯父为悼武王
高后元年（前 187 年）四月	欲以王诸吕为渐；欲侯诸吕	王张偃，侯吕种、吕平
四月后至高后二年（前 186 年）前	欲王吕氏	王吕台，侯吕禄
高后二年（前 186 年）十一月	—	王吕嘉
高后四年（前 184 年）	—	侯吕婴、吕他、吕更始、吕忿
高后六年（前 182 年）十月	—	王吕产
高后七年（前 181 年）秋后至八年（前 180 年）前	—	王吕禄
高后八年（前 180 年）三月至七月	—	侯吕荣
高后八年（前 180 年）十月	—	王吕通

注：本表所归纳史事的出处是《史记》《汉书》中相关的纪、传和表。此外根据本文的研究，张偃封王在高后元年（前 187 年）四月，但鲁王国始置年份不会早于高后二年（前 186 年）。吕台立为吕王时，先以齐济南郡为"奉邑"，后建立吕国。

表 1 显示，吕后称制以后采取了步步为营的策略，不断试探功臣、诸侯王以挑战"白马之盟"，并先后从事实和制度两个层面突破汉初政治的基本规则。其中尤其值得注意的是吕台封王和吕国实际建立之间的时间差。

① 《史记》卷 9《吕太后本纪》，第 407 页。
② 《史记》卷 9《吕太后本纪》，第 400—405 页。

这一点能够为我们理解鲁王国的始置年代提供参考。

《史记·吕太后本纪》载高后元年（前 187 年）吕台封王事云："太后风大臣，大臣请立郦侯吕台为吕王，太后许之。"①又前引《史记·齐悼惠王世家》载：

> （齐哀王）二年，高后立其兄子郦侯吕台为吕王，割齐之济南郡为吕王奉邑。②

这条材料说明，高后元年（前 187 年）吕台获封吕王时，还没有实际的封国。从食邑制度的层面看，故齐之济南郡与城阳郡的境况相类，即首先由齐国向"后党"割献郡内的财税、人事权属，使城阳、济南两郡先后成为鲁元公主的汤沐邑和吕王台的奉邑。这也就意味着，吕台虽获封吕王，但无封国而仅有奉邑。在文帝二年（前 178 年）诏行侯国制度以前，初封吕王时的吕台，只是一个"放大版"的诸侯，而非诸侯王。吕国也并非侯国，是一个"放大版"的侯邑。此外，今山东章丘洛庄汉墓是一座西汉初诸侯王级别的墓葬。根据墓葬形制及同墓所出的"吕内史印""吕大官印"等封泥资料③，学界一般认为墓主人是吕王吕台④。现在看来，发掘者稍忽视了吕国实际建立的年代，应晚于高后二年（前 186 年）十一月吕台薨亡。又因为吕国的第三任国君吕产（后徙梁王）死于"诛诸吕"时，真正能葬于吕国的只能是吕嘉。《吕太后本纪》载："（高后）六年十月，太后曰吕王嘉居处骄恣，废之，以肃王台弟吕产为吕王。"⑤吕王嘉"居处骄恣"遭废，薨后当以诸侯王制葬于吕国。故在"吕王奉邑"基础上实际建立吕国的时间，应在吕嘉封王时。

据此反观张偃鲁王国的始置年代问题，可以发现《津关令》中的"鲁侯"

---

① 《史记》卷 9《吕太后本纪》，第 401 页。

② 《史记》卷 52《齐悼惠王世家》，第 2000 页。

③ 崔大庸、房道国、孙涛：《山东章丘市洛庄汉墓陪葬坑的清理》，《考古》2004 年第 8 期，第 3—16 页。

④ 陈宗瑞：《胡汉相生——洛庄汉墓新修复两件铁质马镳的文化因素试析》，《南方文物》2023 年第 5 期，第 208 页。

⑤ 《史记》卷 9《吕太后本纪》，第 403 页。

与《吕太后本纪》中的"鲁王"并非一对不可调和的矛盾。高后元年（前187年），张偃因母鲁元公主薨获封鲁王，因其年尚幼，并未之国理政。同样地，"后党"一系的诸侯王，如吕产、吕禄皆未就国，因此只能采取遥控的方式控制封国。与就国的诸侯王不同，他们在称号和王国建制的层面上是"王"，但未曾在封国中享有实际的地位。这显示了"后党"主张自己在关东政治存在时出离制度的错位处境。鲁王张偃的情况更特殊一些。因为他的封国是从食邑制度内的汤沐邑改造而成，薛、城阳二郡的十几个县也应当如"吕王奉邑"一样，成为"鲁王奉邑"。这也表明，张偃初封时只是在尊号上称"鲁王"，但在政治的实际运行中，身份是"鲁侯"。

惠帝、吕后间鲁元公主"王太后"身份的建立及其权势扩张的过程，和吕后"王诸吕"的政治目的及手腕，共同决定了"母薨子王"的直接和必然。张偃虽未历经"先封侯，后晋爵为王"的过渡，但可能经历了"尊号"与"实封"错置的阶段。为"鲁侯"张偃服务的鲁御史、鲁中大夫、鲁谒者、鲁郎中等王国官制，和汤沐邑购马以资军事储备一样，是配合张偃封王而建置和准备的。但从食邑制度的层面看，张偃鲁王国的实际建立不会早于高后二年（前186年）。

结　语

吕后以"女主"身份专政，是由其高帝后、惠帝母的政治身份决定的。吕后"皇太后"身份的独尊，使得服务于她的长信詹事，独立并凌驾于皇亲贵族的詹事系统之上。长信詹事领有的奉邑，因其特殊的政治地位，兼有"自置之吏"和"中央所置之吏"的双重属性。鲁元公主是吕后亲女，不仅领有十数县的租税以资用费，更以"王太后"的政治身份超出了实际制度。"王太后"所领有的汤沐邑，由长信詹事管理财税权、人事权。

鲁元公主恰在高后称制时薨亡，获谥鲁元太后。其政治遗产属权的交割，成为吕后突破"白马之盟"过程中必须面对的问题。在"后党"的政治布局中，张偃王鲁不会历经"母死封侯、父死晋王"的过程。张偃是吕后外孙，其以异姓王鲁，是"白马之盟"破裂的开端，也是"王诸吕为渐"的关键环节。

但张偃鲁王国的始置可能和吕国的情形相类，皆建立在"汤沐邑/奉邑"原有财税、人事权属的基础之上，具体建国的年代稍晚于诸侯王尊号获得的时间。

汉高祖"白马之盟"的制度预设，是汉初政治的总纲。"非刘氏不王"的政治共识，不仅是对皇帝权威的尊崇，同时是对秦政的反动。刘氏封王、功臣封侯和外戚食邑的制度及其背后"关中—关东"政治秩序的平衡，在惠帝、吕后时期遭到突破和动摇。吕后称制后"王张氏""王诸吕"的举措，甚至"溢出"了原有的解释框架。本文从汉初政治制度史和政治地理的视角考察鲁元公主获封"王太后"的史事，是对汉初政治势力和秩序"预设—突破—回潮—建立"脉络的关照。

（阴健坤：复旦大学历史地理研究中心硕士研究生）

Deviating Beyond the Systems: On the Title of "Wangtaihou" during the Reign of Emperor Hui and Empress Dowager Lü of the Western Han

Abstract: In the second year of Emperor Hui of the Western Han Dynasty (193 BC), Princess Luyuan, the daughter of Empress Dowager Lü, was granted an additional fiefdom in Chengyang and was further honored with the title of "Wangtaihou"（王太后）. By comparing the financial rights and personnel rights of the fiefdoms and bathing towns under the jurisdiction of the Changxin Palace Attendant as seen in the "Statutes on Passes"（津关令） and the "Statutes on Performance"（功令） on the Zhangjiashan Han Bamboo Slips（张家山汉简）, it can be seen that Princess Luyuan, by virtue of her status as "Wangtaihou", broke through the general system of feudal fiefdoms in the early Han Dynasty. Zhang Yan was the son of Princess Luyuan and Zhang Ao, the former King of Zhao.

After the death of Princess Luyuan in the Forth month of the first year of Empress Dowager Lü's reign (187 BC), he was enfeoffed as the King of Lu, inheriting the political legacy of his mother. Thus, the "Oath of the White Horse"(白马之盟) made by Emperor Gaozu of the Han Dynasty, which stated that "none but those of the Liu family shall be made kings", was broken. The political intention of Empress Dowager Lü to strengthen her control over Guandong and hold Qi and Chu in check became increasingly prominent.

Keywords: The systems in the early Han Dynasty; Wangtaihou(王太后); Zhangjiashan Han Bamboo Slips(张家山汉简); The Oath of the White Horse(白马之盟)

北魏对蜀边州的政区设计与战略调整

——以侨益州为中心

陈璟宣

（湖南大学岳麓书院）

摘　要：侨益州等侨州早已被北魏纳入对蜀边州政区设计体系，其沿革可体现北魏边州政区设计与对蜀战略的相对调整。以正始南征为界，前期侨益州作为双头边州前后帖治于秦州、梁州，在政治象征之外还表达出过渡与预备的倾向；后期对蜀诸边州的内部调整则反映出再次趋于保守的对蜀战略。而复杂的地方族群格局与边州官员的贪残都极大动摇了北魏的统治，阻碍军事行动的展开，从而使北魏一朝在对西南方向的扩张整体上保持克制。

关键词：北魏；侨益州；政区设计；对蜀战略

我国行政区划的发展具有鲜明的可变性与承继性，并熔铸了历史、地理、政治等多方位的历史信息。对政区地理的研究可作为梳理一代地方政治脉络、纵览地方治理体系变迁的重要角度。① 而北魏时期的对蜀边州政策兼有防备南朝与怀化羌、氐、獠等西南非汉族群的重要意义，其政区变动反映着北魏西部地缘格局的发展。② 关于诸对蜀边州的政区沿革，学界目

---

① 国内政区地理研究由周振鹤先生首倡，对此有系列文章进行发覆，可参看周振鹤主编，周振鹤、李晓杰著：《中国行政区划通史·总论　先秦卷》（第2版）上编"总论"部分，上海：复旦大学出版社，2017年。

② 检《地形志》北魏永熙年间的巴蜀诸州，主要为南秦、南岐、益、东益、梁、东梁、巴等州，即本文所述对蜀边州的大体范围。但由于边境移动以及州郡更置，在不同时期这些州名与地望间的对应存在变化。本文以治所加州名的形式以示区分，对于具体属郡与地望如无必要略不赘述。

前已有较为系统的复原,但部分基础性问题仍需进一步厘清。① 而其政区变迁背后的政治作用及所反映北魏战略的调整尚待进一步考察。② 北魏侨益州经历了无实土与有实土两个阶段,其设置贯穿北魏对蜀边州政区建设的始终。本文即以侨益州为例,通过梳理侨益州政区沿革、益州刺史在州事迹等史料分析北魏一代边州政区设计的变化脉络,进一步探讨其背后的政治因素与战略调整。

一、北魏前期非实土的对蜀边州

益州是川蜀地区的核心大州,自十六国政权以来即使未能实占,也多为"务广虚名"或"备职方"而侨置。③ 北魏益州实置在正始五年(508 年),但益州州名却由来已久。如氐王杨玄就曾在始光四年(427 年)被授以"都督荆梁益宁四州诸军事、假征南大将军、梁州刺史、南秦王"④。这种虚封都督益州军事或益州牧以拉拢氐族杨氏政权的手段应沿袭自十六国时期的传统。《晋书·刘曜载记》载:

> (刘)曜大悦,署(杨)难敌为使持节、侍中、假黄钺、都督益宁南秦凉梁巴六州陇上西域诸军事、上大将军、益宁南秦三州牧、领护南氐校

---

① 相关学界研究综述参见张小稳:《近百年来魏晋至隋地方行政制度研究概况》,《中国史研究动态》2004 年第 11 期,第 12—19 页。近来由周振鹤主编,牟发松、毋有江、魏俊杰所著的《中国行政区划通史·十六国北朝卷》(第 2 版,上海:复旦大学出版社,2019 年)是目前北魏政区地理研究的代表性成果。该书中编"北魏行政区划"部分由毋有江执笔,对北魏一代疆域与州级政区的演变做了动态复原,并对各州领郡沿革进行了较系统整理,下文涉及益州等对蜀边州政区沿革内容均参考该书。

② 关于政区地理与政治地理研究旨趣的不同,可参看周振鹤:《范式的转换——从沿革地理到政区地理到政治地理的进程》,见氏著《中国历史政治地理十六讲》,北京:中华书局,2013 年,第 23—24 页(该文原题以《中国历史政治地理的回顾与展望》刊于中国台湾《白沙历史地理学报》第 3 期,2007 年;修改后以《范式的转换——沿革地理—政区地理—政治地理的进程》为题发表于《华中师范大学学报(人文社会科学版)》2013 年第 1 期)。

③ 参见胡阿祥:《十六国北朝侨州郡县与侨流人口研究引论》,《中国历史地理论丛》2009 年第 3 期,第 32—39 页(该文原以《十六国北朝侨州郡县与侨流人口研究开题》为名收入氏著《东晋南朝侨州郡县与侨流人口研究》,南京:江苏教育出版社,2008 年);范英杰:《近百年来古代北方侨置研究述评——兼论侨置对地方文化的影响》,《地方文化研究》2017 年第 6 期,第 97—103 页。

④ 《魏书》卷 4 上《世祖纪上》,北京:中华书局,1974 年,第 73 页。

尉、宁羌中郎将、武都王,子弟为公侯列将二千石者十五人。①

《苻登载记》云:

> 登以窦冲为车骑大将军、南秦州牧,杨定为大将军、益州牧,杨璧
> 为司空、梁州牧。②

《秃发乌孤载记》亦云:

> (吕)光又遣使署乌孤征南大将军、益州牧、左贤王。③

《资治通鉴》载晋安帝义熙元年(405 年):

> 七月,杨盛请降于(后)秦。秦以盛为都督益宁二州诸军事、征南
> 大将军、益州牧。④

十六国时期的前赵、前秦、仇池国等政权都曾于仇池(今甘肃西和县西南)
附近置益州名号,其设置往往与对仇池地区的争夺相关。⑤ 而出于向氏族
地方势力示好的目的,这些带有益州的封号常常由其首领世袭,使得益州
州名与仇池附近地区建立起千丝万缕的联系。太平真君三年(442 年),刘
宋入侵仇池。太武帝以皮豹子为"使持节、仇池镇将,督关右诸军"南征,在
收复仇池后"寻除都督秦雍荆梁益五州诸军事,进号征西大将军,开府、仇
池镇将、持节、公如故"⑥。但在此前,皮豹子所都督乃仅秦雍荆梁四州,则
此时益州之名的新增与仇池的收复间似乎就产生了微妙的关系。

　　至于虚设州名设置意义的变化,或可从关中都督区中州名的有无入
手。北魏后来在关中都督区内常见梁、益等州名,都可反映出北魏前期已
出现将尚未实占的荆、梁、益、宁等诸州视为一个军事地理单元的构想,并

---

① 《晋书》卷 103《刘曜载记》,北京:中华书局,1974 年,第 2691 页。

② 《晋书》卷 115《苻登载记》,第 2950 页。

③ 《晋书》卷 126《秃发乌孤载记》,第 3142 页。

④ 《资治通鉴》卷 114,晋安帝义熙元年七月,北京:中华书局,1956 年,第 3585 页。

⑤ 参见牟发松、毋有江、魏俊杰:《中国行政区划通史·十六国北朝卷》(第 2 版),第 53、372、395 页。
　但因史料所限,这些政权侨置益州是否有实土仍值得商榷,就职官名号而言更侧重于虚封。

⑥ 《魏书》卷 51《皮豹子传》,第 1130 页。

逐渐纳入对关右诸州的政区规划。① 为便于论述,兹将北魏前中期关中都督区都督诸军事就任情况列表如下:

表1　北魏前中期关右都督区方镇年表

时间	都督诸州军事者
神䴥三年(430年)	王度 都督秦泾梁益雍五州诸军事
神䴥四年(431年)	李顺 都督秦雍梁益四州诸军事
延和二年(433年)	元范 都督秦雍泾梁益五州诸军事
太平真君三年(442年)	皮豹子 督关中诸军
太平真君四年(443年)	皮豹子 都督秦雍荆梁益五州诸军事
和平元年(460年)	元良 都督秦雍泾梁益五州诸军事
皇兴二年(468年)前	李惠 都督关右诸军事
皇兴四年(470年)	—②
延兴三年(473年)	皮喜 都督秦雍荆梁益五州诸军事
太和五年(481年)前	元云 都督陕西诸军事

---

① 严耕望先生将以雍州为核心,先后包含秦、泾、梁、荆、益等州的区域称为"关右(关中)都督区"(《中国地方行政制度史·魏晋南北朝地方行政制度》下册,上海:上海古籍出版社,2007年,第437—440页),此后国内外关于都督制的研究成果已非常丰富,兹不赘述,后随文出注。

② 据《长孙子泽墓志》,蜀郡王长孙陵曾任"都督秦雍荆梁益五州诸军事、仇池镇都大将"(录文见王连龙编撰:《南北朝墓志集成》603《长孙子泽墓志》,上海:上海人民出版社,2020年,第468页),其时间大致在献文帝时期,与皮豹子父子同时[见牟发松、毋有江、魏俊杰:《中国行政区划通史·十六国北朝卷》(第2版),第1158—1159页],因断限不明暂记此注。

续表

时间	都督诸州军事者		
太和中			元平原 都督雍秦梁益 四州诸军事①
太和九年（485 年）	穆亮 都督秦梁益 三州诸军事	元澄 都督梁益荆 三州诸军事	
太和十一年（487 年）			
太和十二年（488 年）			
太和十四年（490 年）			
太和十七年（493 年）	元幹 都督关右诸军事		元英 都督梁益宁三州诸军事
太和二十年（496 年）			

制表说明：本表据《魏书》《资治通鉴》及吴廷燮《元魏方镇年表》（《二十五史补编》第 4 册，上海：开明书店，1937 年；下简称吴《表》）整理，部分有出入。因史料所限，吴《表》等对任职断限的考证多为推测，故本表仅录任职者明载事迹的时间，以记序列为主，下表同。

　　濮添庆文先生曾指出关中都督区在北魏前期以秦、雍二实土州为核心，是供给仇池镇等南境交锋前线的源头，又以秦州常与梁、益等州组合。而关中都督区相比其他都督区更多见的四州都督则是分割州郡与特别任命的结果，这是这一地区独特且重要地位的体现。② 检核上述诸都督任职人选多为宗室、外戚或代人宠臣，而出镇雍秦之宗王、亲贵往往年少，中央还会清选士人或其他干练之人辅佐。如元范、元成、元幹、元澄等出镇时，

---

① 考《魏书》本传，元平原在太和中至太和十一年（487 年）间"都督雍秦梁益四州诸军事、征南大将军、开府、雍州刺史，镇长安"；穆亮在太和九年（485 年）至太和十二年（488 年）间"除都督秦梁益三州诸军事、征南大将军、领护西戎校尉、仇池镇将"；元澄亦曾为平羌氐乱而"都督梁益荆三州诸军事"，《通鉴》系其始于永明三年（485 年），则三人所督范围与时间多有重叠，大概在太和九年（485 年）之间有所更替，暂并列。

② 日本濮添庆文先生所著、赵立新等译的《魏晋南北朝官僚制研究》第九章《北魏的都督——从军事面来看中央与地方》（东京：汲古书院，2003 年；此据由赵立新、涂宗呈、胡云薇等译中译本，上海：复旦大学出版社，2017 年，第 240—245 页）亦整理有北魏各都督区的就任情况，可供参看。

就由崔徽、穆亮等干臣作副。① 而在都督州名上,这些辅佐之臣侧重办理实务,所督州数较少,且必有实州。如崔徽就"督雍泾梁秦四州诸军事",与元范督区仅差一益州。可见宗室都督更具有宣示主权与征服领土的象征意义。

但值得注意的是,与上表所载关中都督区内出现益州州名的同时,北魏在版图东北的燕乐还曾侨置过一益州。《魏书·地形志》载:"广阳郡,延和元年置益州,真君二年改为郡。"②毋有江考该益州治燕乐,并推测此次侨置源于北魏伐北燕后的移民活动,或为实民幽州的过渡。③ 尽管该州名选取的具体原因尚不明确,但在版图的东北与西南出现州级政区的重名,不难看出此时北魏并未形成完整的州郡命名体系,其政区设计尚未成熟。

虚封与都督区内出现某州的名号还要基于具体侨州的设置。毋有江考北魏西南益州的始设不晚于太平真君六年(445 年),其所据盖以封敕文于是年为秦益二州刺史:

> 出为使持节、散骑常侍、镇西将军、开府、领护西夷校尉、秦益二州刺史,赐爵天水公,镇上邽。……金城边冏、天水梁会谋反,扇动秦益二州杂人万余户,据上邽东城,攻逼西城。④

但益州除上引"秦益二州杂人万余户",于史未见有明载其在北魏前期的实土与民户,应仍为无实土的侨州,而此后至太和年间多见任秦益二州刺史者。为便于后文叙述,现将此前历代益州刺史、都督益州军事者的对应情况补列如下:

---

① 张焯认为这是北魏中央制约都督区的措施之一(见氏作《中国历代军事制度概述(五)北朝隋代的军事制度概述》,《历史教学》1989 年第 12 期,第 14—19 页)。笔者认为这种北魏前期出镇雍秦的宗王、外戚多少而无威望,由能臣辅佐宗室的模式应更侧重于稳固该地区统治的同时锻炼宗室子弟,是为稳定地区社会而非主要防备宗室。
② 《魏书》卷 106 上《地形志上》"安州条",第 2486 页。
③ 牟发松、毋有江、魏俊杰:《中国行政区划通史·十六国北朝卷》(第 2 版),第 464—465 页。
④ 《魏书》卷 51《封敕文传》,第 1135 页。

表 2　北魏前中期益州刺史年表

时间	刺史
太平真君六年(445 年)前	封敕文 秦益二州刺史
皇兴二年(468 年)前	李惠 秦益二州刺史
皇兴四年(470 年)	吕罗汉 秦益二州刺史
延兴三年(473 年)	—①
延兴末	于洛侯 秦益二州刺史
太和元年(477 年)	
太和八年(484 年)	陆定国 秦益二州刺史
	—②

制表说明:本表据《魏书》《资治通鉴》、吴《表》及墓志相关材料整理,部分有出入,详见注释。

　　二州刺史长期由一人兼任,则北魏前中期益州应帖治秦州成为双头州。对于双头州郡的概念,吴应寿等前辈学者以东晋南朝为主要考察对象,已多有阐发。③ 胡阿祥先生将南北朝侨置双头州郡的原因进一步总结:与侨置州郡的兴废迁徙有关;临边诸州郡因土地荒残、民户寡少,故合

① 任秦益二州刺史者还有慕容带。《元郁及妻慕容氏墓志》载:"父(慕容)带……属文成皇帝巡
　　长安,征为作曹尚书,不拜,辞不获已,乃从慈旨。居公休称,除平西将军、怀朔镇都大
　　将。……寻拜使持节、平西将军、秦益二州刺史、沛郡公。"(《南北朝墓志集成》178《元郁及妻
　　慕容氏墓志》,第 132 页)但文成帝巡长安事未见史载。按北魏一朝庶姓勋贵起家年龄在 21
　　岁,北魏前期的起家年龄更早(刘军:《北魏庶姓勋贵起家制度探研——以墓志所见为基础》,
　　《人文杂志》2016 年第 4 期,第 68—78 页)。志主慕容氏死于延昌四年(515 年),享年 63 岁,
　　则其生年在兴安二年(453 年)左右,可为慕容带起家时间的参考。综合来看,慕容带任秦益
　　二州刺史时间约在文成、献文帝时期,因断限不明暂记于此注。
② 李洪之亦曾为秦益二州刺史,但任期史无明载,《资治通鉴》将其因贪刻免官系于太和八年
　　(484 年)行班禄之后(《资治通鉴》卷 136,齐武帝永明二年九月,第 4261 页)。北魏俸禄制度
　　的推行与完善用时不短,此后北魏纠查贪腐的巡行也趋于常态化。故《通鉴》系年值得商榷,
　　而吴《表》所考亦非确论,暂记于此注。
③ 参见吴应寿:《东晋南朝的双头州郡》,《历史地理研究》第 1 辑,上海:复旦大学出版社,1986
　　年,第 405—412 页。

二州、二郡立一刺史、太守；以战守需要，于边地形胜冲要之处置双头州郡；沿大江上下、近欲要地，为重其资力、籍资控御而置。[①] 而就北魏秦益二州来看，其设置应更偏向于存立州名以统御边境新占地和流民。

北魏秦州实置于太延二年（436年），治上邽，初设时领天水、略阳二郡。[②] 但据《魏书·吕罗汉传》载：

> 出为镇西将军、秦益二州刺史。时仇池氐羌反，攻逼骆谷，镇将吴保元走登百顷，请援于罗汉。罗汉帅步骑随长孙观掩击氐羌，大破之，斩其渠帅，贼众退散。……泾州民张羌郎扇惑陇东，聚众千余人，州军讨之不能制。罗汉率步骑一千击羌郎，擒之。仇池氐羌叛逆遂甚，所在蜂起，道路断绝。其贼帅蛮廉、符祈等皆受刘昱官爵、铁券。略阳公伏阿奴为都将，与罗汉赴讨，所在破之，生擒廉、祈等。秦益阻远，南连仇池，西接赤水，诸羌恃险，数为叛逆。自罗汉莅州，抚以威惠，西戎怀德，土境帖然。[③]

秦益二州的招抚范围南连仇池，西接赤水，远超天水、略阳二郡。[④] 且秦州一带为太武帝时新占，几经易手，亦多反叛，符合设置双头州以逐步安置民户、稳固统治的情况。而吕罗汉率军频繁参与仇池、泾州等地的平叛，则可见地方局势的不稳定使得此时秦益二州的州刺史强化军事职能，活动范围也更广。

这一时期值得注意的是双头州内部重名郡的共存现象。北魏曾在太平真君五年（444年）划谷泉、兰仓二县置汉阳郡，两年后划水南、平泉、平原三县置天水郡。但秦州在上邽本就有一天水郡，且在太平真君七年（446年）又分天水郡置一汉阳郡，领有阳廉、阶陵两县，转年移治新设的黄瓜

① 胡阿祥：《东晋南朝双头州郡考论》，《中国历史地理论丛》1989年第2期，第109—130页。魏俊杰考十六国政权也多有双头州郡者［牟发松、毋有江、魏俊杰：《中国行政区划通史·十六国北朝卷》（第2版）上编"十六国行政区划"］。
② 牟发松、毋有江、魏俊杰：《中国行政区划通史·十六国北朝卷》（第2版），第580页。秦州内还置有上邽镇，见严耕望：《中国地方行政制度史·魏晋南北朝地方行政制度》下册，第729页。
③ 《魏书》卷51《吕罗汉传》，第1138页。
④ 由于《地形志》关西诸州仅录永熙年间地理信息，学界对于北魏关西诸州的政区复原持审慎的态度。而就秦州而言，北魏早期作为边州的秦州应统辖有后来秦、渭二州之地以及南秦、南岐州北部的一部分，见图1。

县。① 治兰仓之汉阳郡与治水南之天水郡在南，后归入南秦州，而在北的治上邽之天水郡与治黄瓜之汉阳郡则一直作为秦州的核心地带。

　　尽管双头州中的郡县隶属难分彼此，但在一州之内同时设置两套重名的郡县系统的现象，确实令人奇怪。笔者推测这恰恰反映了北魏边州分置过程的一个侧面，即参照现有边州政区设计来分置、侨置另一套郡县体系，以便视边境的变动而分置新州。在太平真君七年（446 年）左右，北魏可能决定将秦州分裂为两个州级政区，故在南北分别补齐一直以来作为秦州重要属郡的天水、汉阳二郡。

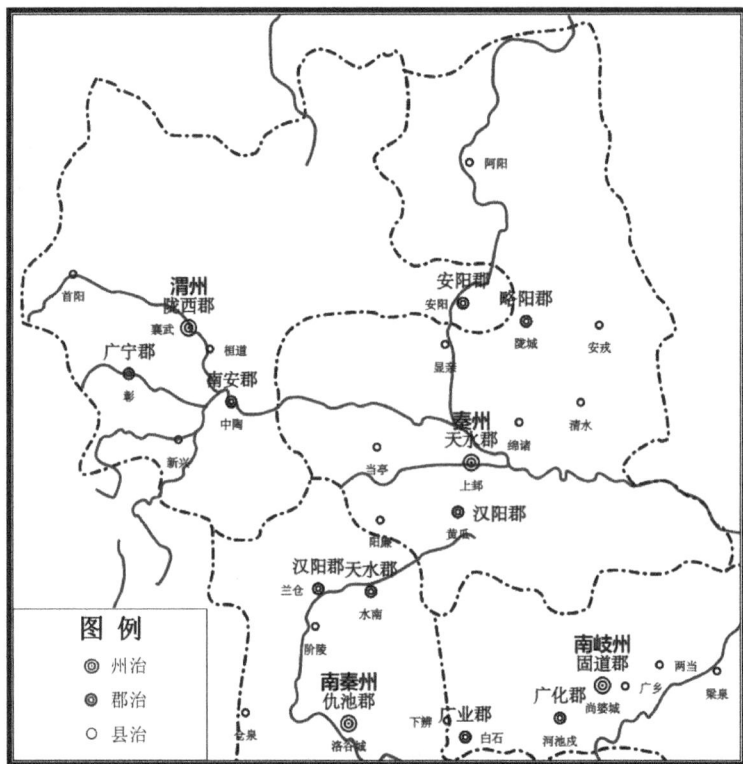

图 1　北魏永熙年间（532—534 年）秦州及邻州政区示意图

制图说明：本图以前引《中国行政区划通史·十六国北朝卷》（第 2 版）第 563 页《北魏永熙三年关西诸州政区示意图》为底图改绘。部分政区位置与水文信息参考《中国历史地图集》及李晓杰主编《水经注校笺图释·渭水流域诸篇》渭水流域分图一至七（上海：复旦大学出版社，2017 年，第 303—329 页）。

---

① 《魏书》卷 106 下《地形志下》"南秦州"条，第 2611 页。

而至于新划州郡是否就命名为侨益州，笔者认为并不能草率确定。新州很明显是复制了秦州的属郡，或许也牵涉秦州编户、流民的迁徙或官僚机构的拆分，在关联性上被称为南秦州或许更加合适。南秦作为仇池一带的指代亦由来已久，前述杨难敌、窦冲、杨玄、杨难当等羌氏首领都被授予南秦州牧或南秦王等之名，前秦等政权也曾在此置南秦州①，皮喜亦言"仇池、南秦之根本"②。除十六国以外，南朝侨州郡设置对北朝的借鉴意义也常为学者注意。③ 而自东晋以至宋齐，梁、南秦二州就常置一刺史，即为典型的一侨一实的双头州。④

另外值得一提的是太和年间的西南梁州。⑤《地形志》载治洛谷城的梁（渠）州置于太和十二年（488 年），《高祖纪》亦载是年十一月有梁州刺史临淮王提因贪纵不法徙配北镇。⑥ 在此之前，除氏王杨玄的虚封之外，北魏的官僚序列确未见有梁州刺史者。但《魏书·食货志》又在记北魏太和八年（484 年）改行班禄之后列叙了当时"贡绵绢及丝"及"以麻布充税"的州郡县，几乎囊括北魏这一时期所有州级政区，其中有秦、梁二州，而无益、南秦二州。⑦ 但由于其记载与《地形志》等其他史料出入较大，学界对于该材料所列州郡情况的系年有多种说法：毋有江据班禄一事确在太和八年（484 年），且陕、凉等州名早见于《地形志》，始置年份等认为该州郡情况确系当年，但

---

① 前秦于建元七年（371 年）置南秦州，先后有杨统、杨璧等人任刺史。相关史事可参看杨耀坤《咸安二年苻坚未陷仇池辩》（《文史》第 16 辑，1982 年，第 104 页）。

② 《魏书》卷 51《皮喜传》，第 1133 页。

③ 参见胡阿祥：《十六国北朝侨州郡县与侨流人口研究引论》，《中国历史地理论丛》2009 年第 3 期，第 32—39 页。

④ 周振鹤主编，胡阿祥、孔祥军、徐成著：《中国行政区划通史·三国两晋南朝卷》（第 2 版），上海：复旦大学出版社，2017 年，第 153—154 页。

⑤ 《地形志》载北魏末年在大梁城置有一梁州，在太和年间两梁州不共存，此冠西南梁州以示区分。

⑥ 《魏书》卷 7 下《高祖纪下》，第 164 页。

⑦ 《魏书》卷 110《食货志》，第 2852—2853 页。该则史料历来为学界重视，高敏、何德章、侯旭东等人都将其与《南齐书·魏虏传》所记河南三十八州史料进行互证［高敏：《北魏三长制与均田制的实行年代问题辨析》，《史学月刊》1992 年第 5 期；何德章：《北魏太和中州郡制改革考释》，《武汉大学学报（哲学社会科学版）》1995 年第 3 期；侯旭东：《北朝"三长制"四题》，《中国史研究》2002 年第 4 期］。

亦承认其所列州情况不可尽信①；近来张金龙详细考比诸史料，谓《食货志》所载州名应该是太和十六年（492年）所颁新律令中的规定②。暂不论具体设置年份，该梁州的政区规划应就是前述由秦益双头州划分出的新州。

　　总的来说，梁州、益州、南秦州都以不同层次与不同方式参与了仇池一带北魏的边州政区设计，在当下成为这一地区的代称，也都作为新置政区取名的备选。关右都督区中的益州之名无疑是北魏征服岷蜀的政治象征，而我们也应注意到其政区设置还包含过渡与预备的动态，只等边境局势的变化而由虚转实。而此后侨益州所帖治边州的南移也体现了这一点。

二、北魏后期对蜀边州的实置与调整

　　自太和中，秦益二州刺史的任职组合似乎不再出现，益州又有帖治于洛谷梁州的举动。《魏书》裴宣本传载：

> 出为征虏将军、益州刺史。宣善于绥抚，甚得羌戎之心。复晋寿，更置益州，改宣所莅为南秦州。③

此南秦州前身即为太和年间所置洛谷梁州。④ 张金龙就注意到了其间梁、益州名存在变化，认为裴宣所莅益州应有实土，即仇池的氐人聚居区，此时可能为加强对南梁益州民众的吸引由梁州改称益州。⑤ 而正如上文所提及，益、梁、南秦诸州名在此前都曾在这一地区的实、侨政区中出现，而自晋宋以来，这些州也常为南朝所设置，仅泛泛从吸纳流民的角度似乎难以解释具体的选用取向。

---

① 毋有江：《北魏州的建置》，《北魏政治地理研究》，北京：科学出版社，2018年，第71—78页。该文承自毋氏博论（《北魏政区地理研究》，复旦大学博士学位论文，2005年），而与其博论同年有宋妍娟硕论，观点相左（宋妍娟：《北魏州郡演变考论》，山西大学硕士学位论文，2005年）。

② 张金龙：《孝文帝中叶北魏州级行政建制考——相关历史记载的比较与辨析》，《河北学刊》2016年第6期，第51—59页。

③ 《魏书》卷45《裴骏传附裴宣传》，第1023页。修订本"复"作"后"，断作"后晋寿更置益州"［见《魏书》（修订本）校勘记，北京：中华书局，2017年，第1138页］。

④ 参见杨龙：《北朝边州设置考证三则》，《南京晓庄学院学报》2016年第2期，第22—26页。

⑤ 张金龙：《北魏政治史》第8册，兰州：甘肃教育出版社，2008年，第355—356页。

事实上,这些州名的屡出是正始南征期间的特殊情况。为便于下文叙述,兹将正始南征期间的益州任官情况列表于下:

表3　正始南征期间益州刺史与都督年表

时间	政区沿革	刺史		都督诸州军事
正始元年(504年)/ 正始二年(505年)	疑帖治梁州 治洛谷城	邢峦 梁益二州刺史		邢峦 都督征梁汉诸军事
		裴宣 益州刺史	王足 诏行益州刺史	
正始三年(506年)			羊祉 益州刺史	
正始五年/ 永平元年(508年)	割实 治晋寿	薛怀吉 益州刺史		
		傅竖眼 益州刺史		

　　制表说明:本表据《魏书》、吴《表》及学界相关考证整理,部分有出入,详见后文及注释。对于正始南征时间的界定,本表以夏侯道迁北附以及益州的实置为前后断限,见下文。

　　据《魏书·世宗纪》与邢峦本传,邢峦在正始中为梁、秦二州刺史,而《獠传》则谓"正始中,夏侯道迁举汉中内附,世宗遣尚书邢峦为梁益二州刺史以镇之"①。考邢峦受诏接应夏侯道迁内附时未见其刺史官号,而明载邢峦任梁、秦二州刺史事迹则在正始三年(506年)。如《獠传》记载无误,则可能邢峦在南征之初刺梁益二州,局势变化后于是年转刺梁秦二州。

　　与前述裴宣所在益州不同,王足、羊祉在任时间极短,可视为伐蜀过程中强调征服益州以壮声威的一种官职授予。有学者指出,自十六国以来有些政权在征讨某州前,常先任命将领为该州刺史。② 这种惯例自然也被北魏所继承。而从南征期间的任职情况来分析,裴宣与晋寿益州首任刺史薛

---

① 《魏书》卷101《獠传》,第2249页。
② 牟发松、毋有江、魏俊杰:《中国行政区划通史·十六国北朝卷》(第2版)上编"十六国行政区划"绪言,第10页。

怀吉在实置前的交替是清楚的,则这种战时的任命与正常的州郡主官任命很可能并行不悖,即裴宣与王足可能同时具有益州刺史之名。这里需要特别注意的是诏行益州刺史的王足。史载:

> 又有王足者,骁果多策略。隶邢峦伐蜀,所在克捷。诏行益州刺史。遂围涪城,蜀人大震。世宗复以羊祉为益州,足闻而引退,后遂奔萧衍。①

王足本为邢峦麾下统军,作战勇猛,屡次击破萧梁反扑,一度兵围涪城,使萧梁益州"诸郡戍降者十二三,民送编籍者五万余户"②。可以想见,宣武帝应是许诺王足在平定南朝益州后实任益州刺史。将益州刺史作为激励武将的手段还可见于后来高肇伐蜀时的淳于诞,其本传载:

> 景明中,自汉中归国。既达京师,陈伐蜀之计,世宗嘉纳之。延昌末,王师大举,除骁骑将军,假冠军将军,都督别部司马,领乡导统军。诞不愿先受荣爵,乃固让实官,止参戎号。及奉辞之日,诏遣主书赵桃弓宣旨劳勉,若克成都,即以益州许之。③

可见这种做法实属惯例。不过宣武帝在王足兵围涪城后却食言,以羊祉出任益州刺史。这也导致了王足负气退兵,后又转投萧梁,最终间接造成了南征成果没有进一步扩大。

王足身世史书无载,但王氏在羌氏之中均为大姓,笔者推断其很可能为北魏提拔的羌氏豪强。④ 与此同时,邢峦属下攻打巴西的严玄思也自号巴州刺史:

> 又巴西、南郑相离一千四百,去州迢递,恒多生动。昔在南之日,以其统缩势难,故增立巴州,镇静夷獠,梁州藉利,因而表罢。彼土民望,严、蒲、何、杨,非唯五三,族落虽在山居,而多有豪右,文学笺启,往往可

---

① 《魏书》卷 73《崔延伯传附王足传》,第 1639 页。
② 《魏书》卷 8《世宗纪》,第 201 页。
③ 《魏书》卷 71《淳于诞传》,第 1592 页。
④ 杨铭:《氐族史》,北京:商务印书馆,2014 年,第 105—106 页。

观,冠带风流,亦为不少。但以去州既远,不能仕进,至于州纲,无由厕迹。巴境民豪,便是无梁州之分,是以郁快,多生动静。比建议之始,严玄思自号巴州刺史,克城以来,仍使行事。巴西广袤一千,户余四万,若彼立州,镇摄华獠,则大帖民情。从垫江已还,不复劳征,自为国有。①

在北魏经略西南的过程中,各族汉化程度较高的土著豪强是其拉拢的主要对象,而严玄思就是巴獠大姓严氏族人。不过朝廷一直以来虽不得不凭这些土著豪强冲锋陷阵与托管统治,但对于其任用总保持防备心理或有意打压,如太和年间"氐豪杨卜,自延兴以来,从军征伐,二十一战,前来镇将,抑而不闻"②。王足与羊祉的任职变动,以及授严玄思巴州刺史的请求被驳回,都是这种任官思维的贯彻。这种防备豪强的统治思想也深刻体现在对蜀边州的政区分置上。

在其后新有的对蜀边州中,除梁、益等州外,还包含大量在这些固有州名前加方位词的州,如东益、南岐、东梁等州。这些传统边州与其对应的方位州的关系值得进一步探讨。目前学界对方位词限定州郡的关注以胡阿祥先生对南朝此类现象的研究为代表,认为其与南朝侨置该州郡后原州的收复、沦丧有关,是从地理方位上以示区别的称法。③ 而北魏所置的这些方位词限定州,虽也是出于区别命名的目的,却并不一定与占领旧州相关。如前所述,十六国北朝对蜀边州的地域划分与地名指代一脉相承,虽随时代有所变化却仍以汉晋以来的旧州为基础,这是由侨置州郡以务广虚名、宣示正统的根本目的所决定的。但这些州郡的设置并非随前朝政区亦步亦趋、全无章法,许多政区纷乱的背后隐藏着对蜀边州政区调整的蛛丝马迹。

如东益州治武兴,虽冠以"东"方,却在晋寿益州之东北偏北方向,似乎称之为北益州更合适。但据《北史》卷96《氐传》：

---

① 《魏书》卷65《邢峦传》,第1442页。
② 《魏书》卷27《穆崇传附穆亮传》,第667—668页。
③ 胡阿祥：《东晋南朝侨州郡县与侨流人口研究》,第72—73页。

> 安西将军邢峦遣建武将军傅竖眼攻武兴克之，执绍先，送于京师，遂灭其国，以为武兴镇，复改镇为东益州。①

东益州置于正始二年(505 年)邢峦平定武兴后由武兴镇改州而成，其实还早于晋寿益州的更置与洛谷南秦州的改置(508 年)。在正始二年，后来南秦州的辖地还为前文所述的梁益双头州，此时置立的东益州确实是在益州的东方，只是后来随着益州实置于南部，东益州与益州的相对位置才发生了偏差。

《地形志》载南岐州与东益州均有广业郡，此前亦多有学者关注。如杨守敬《隋书地理考证附补遗》谓："《地形》有两广业郡，一属南岐州，无属县；一属东益州，领广业、广化两县。《水经·漾水注》：'故道川南入东益州之广业郡。'在白石县东，是东益州之广业郡，更有白石县。按《魏志》郡县多有重复而实只一地者。由州改而郡县未改，郡改而县未改。《地形志》不为之详其先后置立。但各据其时缗籍书之，又或有先为本土后陷而复得者，稍有改益，亦遂以前后州郡并载之。如此，广业郡当是先属岐州，后属东益州，本一郡也，附记于此以审读《魏志》者。"②这里有两个问题，首先杨氏将实侨郡县可能在时空上并存的现象视为"重复而只实一地"稍显草率，且南岐州于孝昌年间(525—527 年)才分置，据《元和郡县图志》其下属有白石、栗亭两县。近来唐旭波检核史料补证了杨氏谬误，但继承了二广业郡为一地的观点，指出在今徽成盆地一带。③且唐旭波与张金龙都注意到了《灵征志》"(永平)三年五月己亥，南秦州广业、仇池郡大风，发屋拔树"④的记载，指出东益州之广业郡是正光元年(520 年)之前从南秦州划出的。

《魏书·节义传》载"梁州上言天水白石县人赵令安、孟兰强等，四世同居，行著乡里"⑤。符合梁州天水郡白石县的政区设置显然就是太和年间

① 《北史》卷 96《氐传》，北京：中华书局，1974 年，第 3176 页。
② 杨守敬：《隋书地理考证附补遗》，《二十五史补编》第 4 册，上海：开明书店，1937 年，第 4747 页。
③ 唐旭波：《文武成康采地说考论》，《河西学院学报》2021 年第 6 期，第 42—48 页。
④ 《魏书》卷 112 上《灵征志上》"大风"条，第 2901 页。
⑤ 《魏书》卷 87《节义传·石文德传》，第 1890 页。

设置的梁州,天水郡即上述治黄瓜的"南"天水郡。而《皮喜传》载延兴三年(473年):

> 又拜为使持节、侍中、都督秦雍荆梁益五州诸军事、本将军、开府、仇池镇将,假公如故,以其父豹子昔镇仇池有威信故也。喜至,申恩布惠,夷民大悦,酋帅强奴子等各率户归附,于是置广业、固道二郡以居之。①

固道郡即后来南岐州的治所,此广业郡应即先后属于南秦州(太和间所置梁州)、南岐州的广业郡。

但综合来看,将东益、南岐、南秦等三州中的广业郡都视为一广业郡的先后划拨略显草率。《地形志》南岐州广业郡属县阙载,对东益州广业郡地望不详的广业、广化两县却有录名。永熙年间南岐州有广业郡、广化郡,而东益州广业郡下有广业、广化两县,这种地名的对应关系应是政区调整的遗迹,故毋有江推断东益州之广业郡或为后来南岐州境内广业郡的侨郡。② 笔者认为,延兴三年(473年)置的广业郡即治白石之广业郡,自始置后一直从属于北魏设置的秦、梁、南秦边州,在其划归东益州后又在魏末划至新设南岐州,而东益州或许在所保留的一部分土地与民户的基础上设置了另一广业郡,两广业郡确属共存。

自魏末变乱以来,北魏西南边境并无拓土,其政区变化以分置为主。如东梁州,《魏书·淳于诞传》载:"(孝昌)三年,朝议以梁州安康郡阻带江山,要害之所,分置东梁州,仍以诞为镇远将军、梁州刺史。"③可见北魏分置东梁州的主要原因是其地重要的战略意义,但对分置新政区与稳固边州统治之间的关系似乎仍无法作深入的解释。可以作为类比的则是从巴州分置的南梁州。《魏书·獠传》载:

> 其后朝廷以梁益二州控摄险远,乃立巴州以统诸獠,后以巴酋严

---

① 《魏书》卷51《皮喜传》,第1132—1133页。
② 牟发松、毋有江、魏俊杰:《中国行政区划通史·十六国北朝卷》(第2版),第585页。
③ 《魏书》卷71《淳于诞传》,第1592—1593页。

> 始欣为刺史。又立隆城镇，所缩獠二十万户，彼谓北獠，岁输租布，又与外人交通贸易。巴州生獠并皆不顺，其诸头王每于时节谒见刺史而已。孝昌初，诸獠以始欣贪暴，相率反叛，攻围巴州。山南行台勉谕，即时散罢。自是獠诸头王相率诣行台者相继，（魏）子建厚劳赉之。始欣见中国多事，又失彼心，虑获罪谴。时萧衍南梁州刺史阴子春煽惑边陲，始欣谋将南叛。始欣族子恺时为隆城镇将，密知之，严设逻候，遂禽萧衍使人，并封始欣诏书、铁券、刀剑、衣冠之属，表送行台。子建乃启以镇为南梁州，恺为刺史，发使执始欣，因于南郑。遇子建见代，梁州刺史傅竖眼仍为行台。竖眼久病，其子敬绍纳始欣重赂，使得还州。始欣乃起众攻恺，屠灭之，据城南叛，萧衍将萧玩率众援接。时梁益二州并遣将讨之，攻陷巴州，执始欣，遂大破玩军。及斩玩，以傅昙表为刺史。后元罗在梁州，为所陷，自此遂绝。①

毋有江考巴州置于延昌三年（514 年），正与高肇伐蜀同期，这次置州与任巴酋严始欣为刺史可视为北魏中央配合伐蜀与统合巴獠的运作，其内在设置逻辑与邢峦此前的进表是一脉相承的。对巴州的羁縻统治随魏末变乱朝廷对南疆掌控力的下降而愈发不稳。严始欣在南梁煽动下谋取南叛，但此时巴獠内部对南北方的倾向显然也出现分歧，隆城镇镇将严恺即向北魏告密，消除了此次叛乱。

但值得注意的是隆城镇由镇改为南梁州的操作。北魏对于巴州一带的统治一直依靠严氏等土著大姓，即使出现谋反与分裂亦不能完全弃之不用，囚严始欣于南郑而不杀就是忌惮其在巴人中的威望。那么北魏出于稳固边州的需要，只能采取分裂政区，分化巴人土著中的不同利益群体以求制衡。笔者推测，将隆城镇升为南梁州而非东巴州等，很可能是由于严恺一派更效忠北魏统治，强调其受控于梁州等北魏直接掌控的边州。这种因制衡而分割政区或可为我们理解北魏后期边境州郡的分置提供新的方向。

---

① 《魏书》卷 101《獠传》，第 2249—2250 页。

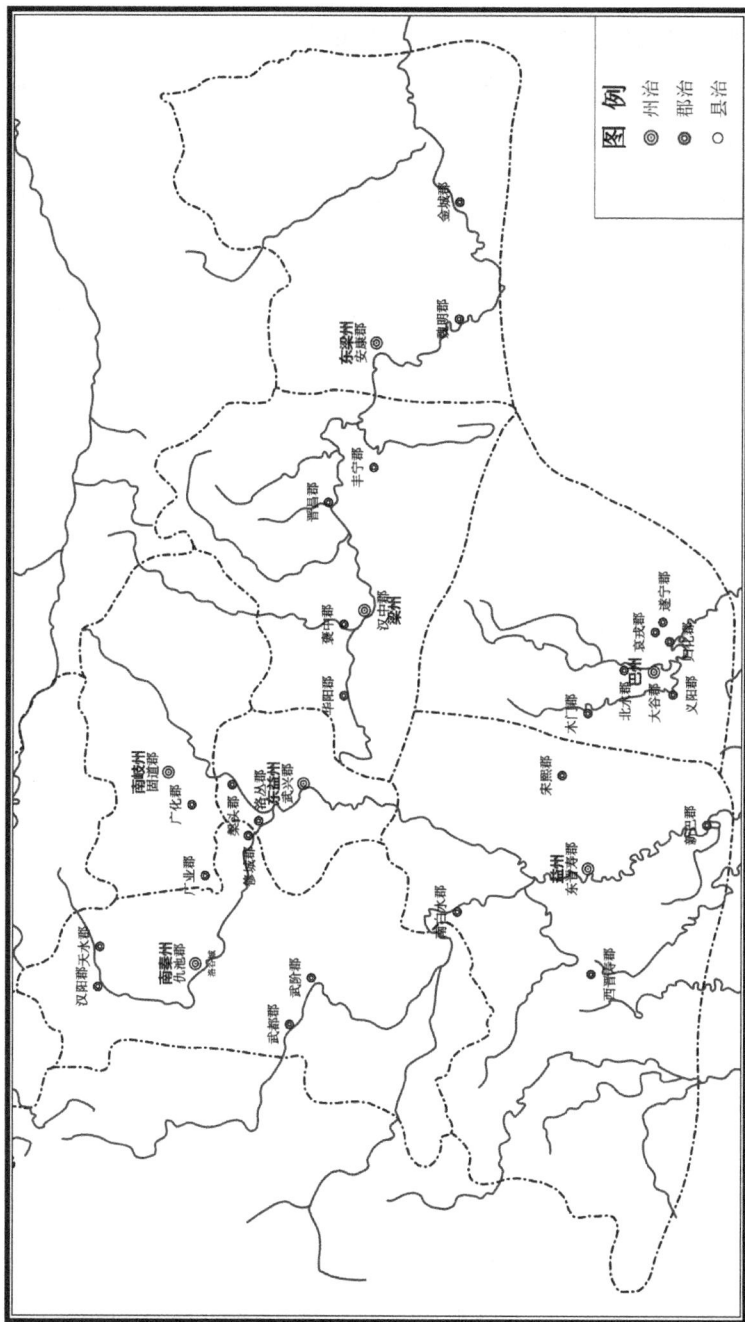

图 2　北魏永熙年间(532—534 年)正始南征后新设诸州政区示意图

制图说明：本图据《中国行政区划通史·十六国北朝卷》(第 2 版)中《北魏永熙三年关西诸州政区示意图》改绘。部分政区位置与水文信息参考《中国历史地图集》南北朝至隋代诸图。

三、边州沿革所见北魏对蜀战略调整

北魏自夺取仇池以来，至夏侯道迁北附，其间在对蜀边境的拓土并不显著，这是受地形险隘与土著抵抗等因素阻碍的结果。

在宣武帝以前，因为汉中不在境内，褒斜交通不畅，不能大规模用兵西线，攻略蜀地难有进展。而孝文帝南伐以统一南朝为最终目标，所取时机也是南朝嬗代或内乱之际。① 这也就使得北魏南伐战略侧重最能对南朝产生威胁的东部战线。萧道成践阼之初即谓"我新有天下，夷虏不识运命，必当动其蚁众，以送刘昶为辞。贼之所冲，必在寿春"②。北魏在西线的军事行动以辅助在寿春、钟离一带的用兵为目的，主要起牵制作用，其攻势也视淮南主战场的进展或国内的变化而调整。如太和十八年（494年）孝文帝第一次南伐时，命刘藻提师伐蜀，而元英也上表增兵伺机夺取汉中。这次攻势初期收获颇丰，北魏击破白马戍，兵围南征。但随着东线战事告一段落，元英所率领的西线军也被敕班师。而由于并未攻克南郑等重要战略要地，且南齐在这一带的防御力量高于北魏，这一次的西线战事并未实现真正意义上的拓土。③

检此前北魏在西南地区的经略，以镇抚夷民推行羁縻政策，以及离散部落推行编户化作为北魏境内对待地方胡族的政策主流。④ 这也使得北魏暂不考虑直接用兵西线，转向保守的招抚蚕食战略。南北朝在蜀地的边州刺史多兼顾军事威压与怀民招抚职能，争夺当地土著的支持。前述秦、益二州刺史推行胡族政策时就多"威惠"并施的记载：

---

① 关于孝文帝南征的时机选取与各方意见可参看王永平：《北魏孝文帝之南征战略及其相关争议考论》，《学术研究》2013年第3期，第105—113页。

② 《南齐书》卷25《垣崇祖传》，北京：中华书局，1972年，第461—462页。

③ 此次南征情况参见《魏书》卷19下《景穆十二王列传下·元英传》，第495—496页。

④ 见周一良：《北胡的族群问题与族群政策》，《魏晋南北朝史论集》，北京：商务印书馆，2020年，第146—220页；侯旭东：《北魏对待境内胡族的政策——从〈大代持节豳州刺史山公寺碑〉说起》，《近观中古史：侯旭东自选集》，上海：中西书局，2015年，第228—247页；颜岸青：《北朝境内之各种人及政府对待之政策——北魏时的族群分布与政策变迁》，南京大学博士学位论文，2017年；等等。

　　赤葩渴郎羌深居山谷，虽相羁縻，王人罕到。（李）洪之芟山为道，广十余步，示以军行之势，乃兴军临其境。山人惊骇。洪之将数十骑至其里间，抚其妻子，问所疾苦，因资遗之。众羌喜悦，求编课调，所入十倍于常。洪之善御戎夷，颇有威惠，而刻害之声闻于朝野。①

羌氏的不服王化增加了秦、益二州的军事压力与统治难度，致使李洪之在镇抚夷民之时被迫采取了"先兵后礼"的手段。

　　北魏的招抚战略虽有所收益，但对其内部也出现了严重的反作用。兼掌地方大权且远在边境使得此时秦益二州刺史等边州地方军政长官贪污与苛政现象屡禁不止，严重扰乱了北魏民族政策的推行，造成怀化工作难以取得更大成果。如《魏书·于洛侯传》载于洛侯为官贪残，激起略阳民王元寿反叛，尽管于洛侯受诏亲平叛乱，但事后有司纠劾仍斩洛侯以谢百姓。② 而于烈在本案后以本官行秦雍二州事，又紧急起复陆定国，显然是出于稳定局势的目的，可见于洛侯案牵涉颇广，对秦雍二州地方社会秩序震动极大。宣武帝时袁翻就曾对边州任官的弊端有所议论：

　　自比缘边州郡，官至便登；疆场统戎，阶当既用。或值秽德凡人，或遇贪家恶子，不识字民温恤之方，唯知重役残忍之法。广开戍逻，多置帅领，或用其左右姻亲，或受人货财请属，皆无防寇御贼之心，唯有通商聚敛之意。③

可见边州官员的贪腐不法由来已久，对于边州地方的统治与防御都造成了极大危害，亦助长后来土人效忠于地方官而非北魏朝廷的不良现象。后方羌氏的动乱纷纷不利于北魏在西线的大规模征伐，前述刘藻伐蜀时就出现大军已出，却因"秦人纷扰，诏藻还州，人情乃定"④的情况，这也对用兵巴

---

① 《魏书》卷89《酷吏·李洪之传》，第1919页。封敕文、吕罗汉、皮豹子、皮喜、穆亮等本传皆有其以"威惠""威信"抚民的记载。
② 《魏书》卷89《酷吏·于洛侯传》，第1917—1918页。
③ 《魏书》卷69《袁翻传》，第1538页。
④ 《魏书》卷70《刘藻传》，第1550页。

蜀的时机提出了更高的要求。

宣武帝时期的正始南征与高肇伐蜀是北魏对蜀战略转向积极的重要标志，但事实上这两次南征的动因并不相同。张金龙指出南北战争是宣武帝一朝政治生活的主题，几乎年年有战事。而又以淮河地区所在的东线为主要战场，西南一带的战事则多由羌氐政权的摇摆引发。① 而夏侯道迁以汉中北附解决了出兵道路的问题，当时齐梁嬗代的混乱局势也使大规模伐蜀拓地成为可能。宣武帝因而多次强调夏侯道迁的北附是北魏正式征服蜀地之始。② 但北魏虽抓住了此时伐蜀的时机，却显得后继无力。在王足兵围涪城之时，邢峦曾两度上表，陈述此时为一鼓作气伐蜀不可多得的良机，并再向宣武帝请求增兵二万五千，却都未被宣武帝采纳。其最重要的原因依然是后方的羌氐叛乱。《世宗纪》载正始二年（505 年）：

> 二月，梁州氐反，绝汉中运路。刺史邢峦频大破之。……四月丙寅，以仇池氐叛，诏光禄大夫杨椿假平西将军，率众以讨之。……冬十有一月戊辰朔，武兴国王杨绍先叔父集起谋反，诏光禄大夫杨椿讨之。……十有二月庚申，又诏骠骑大将军源怀慎，令讨武兴反氐。③

仇池氐与武兴氐是这一地区极具代表性的氐族势力，其向背一直是影响南北战局的关键因素。而此时后方的氐乱就牵扯了南伐军的大量精力，给交通补给造成了困难。其后邢峦的主要攻击目标也转向武兴氐，迟滞了兵锋南进。而该年八月，宣武帝又诏元英再次用兵襄沔，可见北魏仍保持着对东部战线的战略侧重，并未对巴蜀一带的战果抱有更多期待。

而在对蜀边州政区的设置上，在侨置州名以宣示正统的统治思想下，晋寿益州的始置反而意味着北魏中央对目前统治疆域的满足。正始南征中北魏主动的军事行动也确实停止于这一时间（508 年）。在益州割实的次年（509 年），宣武帝曾特别发布诏书曰：

---

① 张金龙：《北魏政治史》第 8 册，第 367—378 页。
② 《魏书》卷 71《夏侯道迁传》，第 1582—1583 页。
③ 《魏书》卷 8《世宗纪》，第 199—201 页。

　　圣人济世，随物污隆，或正或权，理无恒在。先朝以云驾甫迁，嵩基始构，河洛民庶，徙旧未安，代来新宅，尚不能就。伊阙西南，群蛮填聚；沔阳贼城，连邑作戍；蠢尔愚巴，心未纯款。故暂抑造育之仁，权缓肃奸之法。今京师天固，与昔不同。杨郢荆益，皆悉我有；保险诸蛮，罔不归附；商洛民情，诚倍往日。唯樊襄已南，仁乖道政，被拘隔化，非民之咎。而无赖之徒，轻相劫掠，屠害良善，离人父兄。衍之为酷，实亦深矣。便可放彼掠民，示其大惠，舍此残贼，未令之愆。并敕缘边州镇，自今已后，不听境外寇盗，犯者罪同境内。若州镇主将，知容不纠，坐之如律。①

这篇诏书可视为北魏中央对此前对蜀战略的总结以及战略转向的重要体现。宣武帝对此前西南地方族群心不向魏的情况有清楚的认识，且将甫一迁都后位于河洛一带的统治中心的不安定视为此前没有采取军事行动的重要原因。另外，宣武帝还对此次大举南伐的成果相当满意，尽管没有彻底占领巴蜀全境，但坐拥荆、益等侨州以宣扬正统的目的已经基本达成。而限于国力以及后方的族群问题，此时选择巩固消化既有成果，保境安民，延续绥抚战略，甚至释放掠民以缓和边境冲突确乎是更为合理的选择。

　　延昌三年（514 年），在经历十年的休养生息之后，北魏以司徒高肇为平蜀大都督，集合了傅竖眼、羊祉、奚康生、甄琛等诸多常年经略边州的宿将，多路并进，采取主动的大规模伐蜀行动。对于此次伐蜀的具体动因，《资治通鉴》谓是由于李苗、淳于诞等降臣的游说。② 而李文才则指出此时正值宣武帝末年，备受宠信的外戚高肇刚刚在政治斗争中被明升暗降，权力遭到削弱，宣武帝此时派遣高肇伐蜀很有可能是出于为他积累政治资本的目的，而高肇也早已开始笼络邢峦、羊祉等对蜀边州的官将。③ 事实上，

---

① 《魏书》卷 8《世宗纪》，第 209 页。

② 《资治通鉴》卷 147，梁武帝天监十三年，第 4608 页。

③ 李文才：《高肇伐蜀与所谓"高肇专权"》，《北朝研究》第 1 辑，北京：燕山出版社，2000 年，第 82—94 页。

此次伐蜀的时机其实并不算有利，朝堂上亦有反对声音。游肇即谓：

> 然往昔开拓，皆因城主归款，故有征无战。今之据者，虽假官号，真伪难分，或有怨于彼，不可全信。且蜀地险隘，称之自古，镇戍晏然，更无异趣，岂得虚承浮说，而动大军。①

正如游肇所言，宣武帝时东西线的拓土都得益于裴叔业、夏侯道迁等南朝边将的献地，且此时边州投效者人心浮动，南朝镇戍防守体系亦相对完备，并未见有打破边境均势的战机。故综合来看，高肇南伐无疑是宣武帝转移朝堂矛盾、重新扶植高肇的政治运作。且为了保证南伐建功，宣武帝不惜集结诸多名将，催动大军，亦可视作宣武帝对一举平定巴蜀的期待。但此次南征因宣武帝去世而被迫中断，并未能够造成更大的战果，高肇本人在回京后也迎来了清算。② 而这一次南伐的无果而终也熄灭了魏末动乱之前北魏征服岷蜀的最后一丝希望。

北魏末年的乱局使中央对边境的掌控逐渐衰弱，自然在战略上又转向保守。而长时间任用汉人或地方非汉族群镇守边州的情况逐渐增多，袁翻所论的选官问题进一步恶化。如前述巴州刺史巴酋严始欣、傅竖眼之子傅敬绍都曾趁乱反叛。③ 而边州军政官员的大权独揽也使得招抚战略下的各族土民更强调对某一边州官员的效忠与信任。如傅竖眼常年任益州刺史，广申恩惠，在告老换任元法僧后，益州氏民很快就掀起了反抗，北魏不得不将傅竖眼调回以安民愤。④ 由于元法僧等北魏宗室能力的下降与地方局势的错综复杂，北魏遣官整顿对蜀边州的操作大多失败了。在这一时期，对蜀边州又开始频繁调整政区以求稳固统治，但因北魏整体的衰落收效甚微，最终在地方羌氏叛乱与南朝反攻之下，北魏正始南征后置立的对蜀边州基本沦陷。

---

① 《魏书》卷 55《游肇传》，第 1217 页。
② 参见张金龙：《北魏政治史》第 8 册，第 43—80 页；郭硕：《高肇专权与高丽高氏的中原之路》，《社会科学战线》2018 年第 4 期，第 130—142 页。
③ 《魏书》卷 101《獠传》，第 2250 页。
④ 事见《魏书》卷 70《傅竖眼传》，第 1557—1560 页。

结　语

综上,北魏对蜀边州的政区变化与其战略的转向息息相关,前述北魏永熙年间的巴蜀诸州的设置多围绕正始南征与高肇伐蜀两个节点展开。但总的来说,绥抚非汉族群是益州、东益州刺史等边州地方官员的主要职责,与南朝的斗争也以争取中立地带的羌氐土民为主要方式。但诸多刺史的贪残不法,此起彼伏的土民叛乱都使得北魏需要耗费大量精力进行针对边州内部的镇抚。内部不稳的局势与自始至终对东部战线的高度重视,也使得北魏的对蜀战略整体上趋于保守。

在这一战略下,边州政区内部调整的趋势更令人注意。北魏前期继承了部分十六国与南朝西南政区的建置与设计思路,其对蜀边州围绕秦州与仇池一带设置,为便于招抚夷民以州郡制度为主体,由秦、梁州等实土边州或一实一虚的双头边州以统合新附民户与新拓土地。而益、梁、南秦等非实土州在虚封与都督区职官名号中的出现,不仅表现出象征统一、宣示主权的政治表态,其内部也蕴含着对未来征服岷蜀后的政区规划。随着边境局势的变化,对蜀边境有实土与无实土两种类型并存的政区设计结构逐渐丰富并落实。州名更替与同名郡并存的现象,正是边州政区设计摸索阶段的痕迹。

虽然北魏一代的西南边境无论从政区变革还是军事对抗的激烈程度上都远远不及东部,却能反映出积极进取与消极制衡两种政区设计逻辑,这正是北魏政局变迁与战略转向在边州局部地方治理上的纤毫毕现。本文仅以益州为例,就北魏对蜀边州的政区设计稍作讨论,对于这一地区政区变化和背后政治运作的关系仍有许多未及之处。相信这一议题的厘清,对于我们认识十六国北朝乃至隋唐这一时间跨度中政区规划、地方行政制度与国家战略层面的关系将大有裨益。

(陈璟宣:湖南大学岳麓书院硕士研究生)

The District Design and Strategic Adjustment
to Shu in the Northern Wei Dynasty
—— A Study Centered on Qiao Yi Zhou

Abstract：Qiao Yi zhou（侨益州）and other Qiao zhou（侨州） had long been included in the design system of the administration of the Northern Wei Dynasty，which can reflect the relative adjustment of the design of the Northern Wei Dynasty and the strategy of Shu（蜀）. The administrative design of Qiao Yi Zhoucan could be roughly divided into two stages by the southern expedition in AD 505. In the early stage，Qiao Yi Zhou belonged to the governor district of Qin Zhou（秦州）and Liang Zhou（梁州），which expressed the tendency of transition and preparation in addition to the political symbol. In the later stage，the internal adjustment of the border administration area reflected the shift of conservative strategy. However，the complex local ethnic pattern and the corruption of the border state officials greatly shook the rule of the Northern Wei and hindered the launch of military operations，thus making the Northern Wei dynasty maintain restraint in the expansion of the southwest as a whole.

Keywords：the Northern Wei Dynasty，Qiao Yi Zhou（侨益州），District design，The strategy to Shu（对蜀战略）

七至十世纪汉文文献中"九姓"概念流变的考察

覃煦好

（南京师范大学社会发展学院）

摘 要：七至十世纪汉、突厥、吐蕃各方面的史料中均出现了"九姓部族"的说法，其中尤以汉文文献中"九姓"的记载最具延续性，但其概念历经了一个变化的过程。"九姓"与铁勒紧密联系，随着时间层累，汉人对"九姓"的认知逐渐模糊，甚至产生了嫁接。"九姓"的概念有一个从群体、联盟到框架的演变过程。突厥政权的灭亡促使"九姓"作为泛称概念而出现，回纥政权的崛起导致"九姓"泛称的性质渐变为实称，并干扰了后世对"九姓"的回溯。这种变化源于不同历史时期中原王朝与边疆民族之间的关系以及政治互动，它体现了不同时段汉人对北方民族的认知，也深刻影响了史书的记录。

关键词："九姓"；铁勒；概念；民族关系

历史文献中常常会记录"他者"的存在，记录者依据风俗、语言、宗教、生产方式等因素，将异于自己的群体区别开来。① 但是，文献的记录具有时空限制性，通常仅能反映文献写就时的特定时间与地域。如果文献中的某群体因诸多原因而产生内涵变化，但指代该群体的词语仍固定不变时，后世史家沿袭使用该词便有刻舟求剑之虞。隋唐时期我国北方草原上，就有这样一个群体，该群体被汉文史料笼统称为"九姓"。从汉文文献与其他

---

① 这种区别方式通常被称为"客观特征论"，以外物来界定一族群或民族，是一种原始、直接的认知方式，至今仍在人文社科中保持影响力。与此相对的是二十世纪五六十年代兴起的主观认同论说。相关学术史可参见王明珂：《华夏边缘：历史记忆与族群认同》，上海：上海人民出版社，2020年，第65—76页。

民族的史料来看,不同时期的人们对"九姓"群体的认识有巨大差异,而"九姓"一词却一直沿用。循以上思路,便能细察"九姓"在汉文文献系统中概念的演变,进而反映文献生产过程中当时史家对史实的认知。①

回顾"九姓"相关学术史,国外学者用力甚勤。二十世纪上半叶,日本学者羽田亨注意到了这个问题。② 羽田氏认为《唐会要》史料脉络下记载的"九姓"是铁勒九姓,新旧《唐书》史料脉络下记载的"九姓"则指铁勒九姓中"回纥"部下的九姓。桥本增吉则认为两者本质是一致的,只是《唐会要》以部族名来称呼,新旧《唐书》以族长名来称呼。③ 西方研究内亚的学者如伯希和、巴科、李盖提等人,注重以语言学还原敦煌出土文献中记载的各部族,其中就"Toquz Oγuz"(意为"九姓乌古斯")对应当时哪一族群进行了长期争论。④ 综上来看,日本与西方学者的治学风格各有所长,但在"九姓"问题上都没有很好地将汉文史籍与敦煌文书联系起来。二十世纪七八十年代,森安孝夫、片山章雄在前人研究的基础之上,利用敦煌 P. t. 1283文本与《钢和泰藏卷》和田文书⑤对照汉语史籍中的"九姓"或铁勒,取得了很大进展。他们认为"九姓"才是一个实体,其他诸如"铁勒""突厥"只是强

① 本文涉及"族群""部落"与"部族"三个概念,对它们的定义如下:"族群"仅描述"具有共同世系和共同文化特征的人群",便于在大的时空背景下定位该群体;"部落"多为政治性描述,尝试说明在游牧政权下接受统治的有机单位;"部族"兼有上述二者特征,能体现该群体因某种原因凝聚成一个政治实体。相关概念研究可参见潘蛟:《"族群"及其相关概念在西方的流变》,《广西民族学院学报(哲学社会科学版)》2003 年第 5 期,第 53—61 页。

② [日]羽田亨:《九姓回鶻と Toquz Oγuz との関係を論ず》,《東洋学報》第 9 卷第 1 号,1919 年。

③ [日]桥本增吉:《九姓回鶻の問題に就いて》,《史潮》第 3 卷第 1 号,1933 年。桥本增吉的研究很重要,下文提到的片山章雄即进一步阐发了他的观点。

④ 敦煌文书大量散失国外,这一时期外国学者借此对西域进行了研究,与"九姓"相关的学者及学术著作转见哈密顿著,耿昇译:《九姓乌古斯和十姓回鹘考》,载《敦煌学辑刊》1983 年集刊,第 130—140 页。原文见《亚细亚学报》第 250 卷,1962 年,第 23—63 页。此处仅举几例说明他们语言学特色,如马夸特(Marquart)认为是"On oq(十箭)"或是射箭的人:θn(箭)uz(人),卜弼德(Boodberg)认为是阿尔泰语中"Ugur(角)"的复原词。

⑤ 《钢和泰藏卷》系二十世纪初俄国人钢和泰在北京搜寻到的敦煌卷子,记载八至十世纪西域各政权、民族的状况,学术价值较高。关于文本的介绍,详见黄盛璋:《〈钢和泰藏卷〉与西北史地研究》,《新疆社会科学》1984 年第 2 期,第 60—73 页。

化说明,尤其是在汉文史料中,"九姓突厥"这一说法是存在的,并不属于误记。① 二十世纪五十年代在西安出土的《契苾李中郎墓志》于八九十年代公布,佐证了他们的观点。② 此后,"九姓"问题渐渐淡出学界视野。

国内专门研究"九姓"或"Toquz Oγuz"的著作较少。李树辉从音韵学与民族学入手,考察乌古斯(Oγuz 音)与回纥(鹘)的形成历史与相互关系,认为回鹘是一部落联合体,其内部便包含乌古斯。③ 包文胜总结前人所得,运用拜占庭和中亚穆斯林史料,对比了"Oγuz"与"Toquz Oγuz"的关系。④

回顾学术史,可以发现对"九姓"或者"Toquz Oγuz"的问题大致已阐释清楚,前辈学者在有限的文献条件下做到了最大理解。但学界运用多方文献研究问题时,都是基于文本范围进行讨论,并没有挖掘"九姓"这一概念所处历史场景的变化,以及文本背后透露出的对这一群体的不同认识。"九姓"是一个在文本间变动的概念,其指代的对象在各时期有所不同,并且词语性质存在实质性的变化,已有的研究并未提及这一点,因而对于"九姓"的问题还可以深入探讨。

---

① ［日］森安孝夫:《チベット語史料中に現われる北方民族:DRU—GUとHOR》,《アジア・アフリカ言語文化研究》14,1977 年,第 1—48 页;［日］片山章雄:《Toquz Oγuzと「九姓」の諸問題について》,《史学雑志》第 90 编第 12 号,1981 年。尤其重要的是,片山章雄根据于阗文敦煌出土文书,证明了新旧《唐书》史料中的"九姓"是记其部长之姓氏。《钢和泰藏卷》国内相关研究可参见黄盛璋:《〈钢和泰藏卷〉与西北史地研究》,《新疆社会科学》1984 年第 2 期,第 60—73 页。

② 贺梓城:《唐王朝与边疆民族和邻国的友好关系——唐墓志铭扎记之一》,《文博》1984 年第 1 期,第 56—60 页;［日］石见清裕著,胡鸿译:《唐代北方问题与国际秩序》,上海:复旦大学出版社,2019 年,第 162—176 页。原文见周绍良、赵超主编:《唐代墓志汇编续集》,上海:上海古籍出版社,2001 年,第 593 页。

③ 李树辉:《论乌古斯和回鹘——乌古斯与回鹘研究系列之一》,《喀什师范学院学报(社会科学版)》1999 年第 4 期,第 29—39 页。另外的文章有青格乐:《"Toquz Oγuz(九姓)"历史探析》,内蒙古大学硕士学位论文,2020 年。该文认为"九姓"为部落联盟,是由若干部落组成的集团,而不是松散的临时部落集合。

④ 包文胜:《铁勒历史研究——以唐代漠北十五部为主》,内蒙古大学博士学位论文,2009 年,第 58—65 页。

一、"九姓"概念的前身及其出现

在"九姓"出现之前,史书用"铁勒"一词来指代漠北少数民族族群。但"铁勒"在隋朝几乎一出现就发生语义模糊,对应有两种不同的概念。第一种概念是泛称,指群。《隋书》认为北方有一群"铁勒",尽管其种类很多,但在诸多种族之前冠有总称:

> 铁勒之先,匈奴之苗裔也,种类最多。自西海之东,依据山谷,往往不绝。独洛河北有僕骨、同罗、韦纥、拔也古、覆罗并号俟斤,蒙陈、吐如纥、斯结、浑、斛薛等诸姓,胜兵可二万。伊吾以西,焉耆之北,傍白山,则有契弊、薄落职、乙咥、苏婆……虽姓氏各别,总谓为铁勒。①

据此可知,铁勒并不被叫作"九姓",也不是一个政权,只是出于某种原因而"总谓为铁勒。并无君长,分属东、西两突厥",他们极有可能是臣服于突厥,并且属于突厥语系的诸部落,所以隋人泛称他们为一个群。

《隋书·铁勒传》虽然只是罗列,但是精细程度非常高,②囊括诸多部族,这些部族大多也记录于唐朝的史料当中。汉人对漠北少数民族的这种观念,可通过对比突厥史料来进一步明晰。鄂尔浑碑铭所立时间为八世纪上半叶,反映突厥对诸多北方游牧族群的认识。③ 其中《暾欲谷碑》记载突厥重臣暾欲谷的生平,其西面第 7 行:

> birlä eltäriš qaɣan bol(u)yu, bäryä tabɣa čïɣ, öŋrä, qïtacïɣ yïrya

---

① 《隋书》卷 84《北狄·铁勒传》,北京:中华书局,1973 年,第 1879—1880 页。

② 《隋书·铁勒传》这一文本的重要性与特殊性,可参见包文胜:《汉文史籍所载铁勒专传和专条的辨析》,《内蒙古大学学报(人文社会科学版)》2008 年第 1 期,第 52—58 页。该文认为《隋书·铁勒传》是研究铁勒历史最主要的蓝本,其后的史料都是辗转抄录,没有补充新内容。

③ W. Radloff, *Die Alttuerkischen Inschriften der Mongolei, ZweiteFolge, 1899*（《蒙古古代突厥碑文》,第二编）；V. Thomsen, *Alttuerkische Inschriften aus der Mongolei, ZDNG, t. 78, Leipzig(1924 - 1925)*（《蒙古古代突厥碑文》）；Huseyin Namik Orkun, *Eski Turk Yazitlari, IIstanbul, 1936*（《古代突厥文献》）；E. Denisson Ross, *The Tonyukuk Inscription, BSOS London volVI, 1930 - 1932*（《暾欲谷碑研究》）,转引自耿世民:《古代突厥文碑铭研究》,北京:中央民族大学出版社,2005 年,第 94 页。

oɣuzuɣ üküš ök ölürti. ①

耿世民译作"同颉跌利施可汗（骨笃禄）一起，南边把唐人，东边把契丹人，北边把乌古斯人杀死了许多"。记述阙特勤武功的《阙特勤碑》南面第1、2 行载："你们全都聆听我的话，首先是我的诸弟和诸子，其次是我的族人和人民，右边的诸失毕（Sadapit）官，左边的诸达官梅禄官、三十姓（鞑靼）、九姓乌古斯（toquz oɣuz）诸官和人民。"②从突厥史料来看，突厥人明显能辨别各个部族及其之间的关系，阐明突厥与各个部族关系的变化。但汉文史料仅是将漠北诸部族并列，"总谓铁勒"一句说明隋人认为"铁勒"一词均能覆盖这些部族。

另外铁勒还有一专称概念，指一小部落，这种认识脱胎于当时的实际。《隋书·西域传》载："时铁勒犯塞，帝遣将军冯孝慈出敦煌以御之，孝慈战不利。铁勒遣使谢罪，请降，帝遣黄门侍郎裴矩慰抚之，讽令击吐谷浑以自效。铁勒许诺，即勒兵袭吐谷浑，大败之。"③"然伯雅先臣铁勒，而铁勒恒遣重臣在高昌国，有商胡往来者，则税之送于铁勒。"④通过史书记载来看，以上是某支部族所进行的活动，但由于认知程度不足，所以史家只能将其附会为铁勒。这种指代"部族"的概念与《隋书》铁勒专传相抵牾，未成为主流认识而零散记录于史料之间。

《旧唐书·铁勒传》也说明"铁勒"一词是泛称，并非具体的某部落。因为唐初薛延陀的强大，《旧唐书·铁勒传》几乎整篇都在记叙薛延陀的历史。⑤ 铁勒这一群体中似乎出现了上下从属关系，除薛延陀以外的铁勒诸部联合起来与之对立，史书载"而诸部铁勒素服薛延陀之众""咄摩支入国

---

① 耿世民：《古代突厥文碑铭研究》，第 95—96 页。为方便行文，拉丁语转写的语句在之后省略。
② 耿世民：《古代突厥文碑铭研究》，第 117 页。
③ 《隋书》卷 83《西域·吐谷浑传》，第 1844—1845 页。
④ 《隋书》卷 83《西域·高昌传》，第 1848 页。
⑤ 岑仲勉：《突厥集史》下册，北京：中华书局，1958 年，第 683 页。岑仲勉先生认为："《旧唐书·铁勒传》此传除首末两节外，实是薛延陀专传，盖史臣不知延陀只是铁勒一部也。"《通典》《太平寰宇记》等薛延陀都是自立传，体例比《旧唐书》更完善。

后,铁勒酋帅潜知其部落,仍持两端"①。"铁勒"泛指除薛延陀以外的漠北突厥语部族,虽与《隋书》所记均为泛称,但其概念在此时有了一定的变化。"诸部铁勒"其实暗含政治性,体现了各个部族之间由某种的连接来组成"铁勒",从而进行政治活动。

与此同时,"九姓"这一概念应运而生。同引上书:"诸部铁勒素服薛延陀之众,及咄摩支至,九姓渠帅莫不危惧。"②虽然由此来看,九姓概念与铁勒对等,但是实际情况更为复杂,因为九姓经常与其他部族名联袂出现。"勣率九姓铁勒二万骑至于天山"③"寻又领兵击九姓突厥于天山,将行"④。以上史料反映了唐王朝与少数民族的军事交涉,其史源大致来自唐鸿胪寺、兵部档案与实录中的相关记载。⑤ "九姓诸部"的说法究竟代表何种意思?《旧唐书·地理志》又载:

> 燕然州,寄在回乐县界,突厥九姓部落所处。
>
> 鸡鹿州,寄在回乐县界,突厥九姓部落所处。
>
> 鸡田州,寄在回乐县界,突厥九姓部落所处。
>
> 东皋兰州,寄在鸣沙界,九姓所处。
>
> 燕山州,在温池县界,亦九姓所处。
>
> 烛龙州,在温池界,亦九姓所处。⑥

而据《旧唐书·铁勒传》:

> (贞观)二十一年,契苾、回纥等十余部落以薛延陀亡散殆尽,乃相继归国。太宗各因其地土,择其部落,置为州府:以回纥部为瀚海都督

---

① 《旧唐书》卷199《北狄·铁勒传》,第5348页。
② 《旧唐书》卷199《北狄·铁勒传》,第5348页。
③ 《旧唐书》卷199《北狄·铁勒传》,第5348页。
④ 《旧唐书》卷83《薛仁贵传》,第2781页。《薛仁贵传》最早见记载有"九姓突厥",将"九姓"与"突厥"联系起来,容易产生混淆。
⑤ 黄永年:《唐史史料学》,北京:中华书局,2015年,第12页。
⑥ 《旧唐书》卷38《地理志一》,第1416—1417页。《旧唐书·地理志》的记载与《新唐书·地理志》的记载不同,新志将突厥遗民记为"回纥州",旧志则记载为"九姓突厥"或"九姓",显然这种记载框架是用"回纥"概念来顶替"九姓"的位置,相关论述详见第二节。

府，仆骨为金微都督府，多览葛为燕然都督府，拔野古部为幽陵都督府，同罗部为龟林都督府，思结部为卢山都督府，浑部为皋兰州，斛薛部为高阙州，奚结部为鸡鹿州，阿跌部为鸡田州，契苾部为榆溪州，思结别部为蹛林州，白霫部为寘颜州，凡一十三州。①

从安置漠北民族的羁縻州府情况来看，"九姓"这个概念也是泛称。唐人"九姓诸部"的称呼并不是具体九个，只是对突厥语系部落的概括性泛称，为虚指。"九姓"是一个联盟，由麾下各部连接在一起，使用"九姓诸部"多意指整个地域的少数民族。

以上说明的"九姓"一词的概念与性质，唐前中期的不少史料均能佐证。《旧唐书·突厥传》记载："其秋，默啜与九姓首领阿布思等战于碛北。九姓大溃，人畜多死，阿布思率众来降。四年，默啜又北讨九姓拔曳固，战于独乐河，拔曳固大败。"②《旧唐书·玄宗本纪》载："癸酉，突厥可汗默啜为九姓拔曳固所杀……其回纥、同罗、霫、勃曳固、仆固五部落来附，于大武军北安置。"③学界认为九姓作为一个实体而存在的说法是成立的。④

二十世纪五十年代在陕西省西安市东郊出土的《契苾李中郎墓志》，不仅其中出现"九姓"，更把突厥和铁勒之契苾书写在一起。⑤墓志全称《故九姓突厥契苾李中郎赠右领军卫大将军墓志文》，这种官方性质的墓志更能说明唐人因"九姓"长期与突厥发生关系，故认为他们相当程度上属同类。⑥志中称李中郎为"西北蕃突厥渠帅之子"，说明各部族渠帅依附在以突厥为首的北方游牧政权联盟内部。这样的称呼反映出唐王朝将"九姓突

---

① 《旧唐书》卷 199《北狄·铁勒传》，第 5348—5349 页。
② 《旧唐书》卷 194 上《突厥传上》，第 5173 页。
③ 《旧唐书》卷 8《玄宗本纪上》，第 176 页。
④ ［日］片山章雄：《Toquz Oγuz と「九姓」の諸問題について》，《史学雑誌》第 90 編第 12 号，1981 年，第 48 页。
⑤ 对该墓志的研究与详细情况，请参见贺梓城：《唐王朝与边疆民族和邻国的友好关系——唐墓志铭扎记之一》，《文博》1984 年第 1 期，第 56—60 页；［日］石见清裕著，胡鸿译：《唐代北方问题与国际秩序》，第 162—176 页。
⑥ ［日］石见清裕著，胡鸿译：《唐代北方问题与国际秩序》，第 172 页。

厥"或"九姓铁勒"作为一个泛称，用来指代北方草原上与突厥有联系的游牧部族，内含政治性。

综上来看，随着由隋入唐的时间推移，"铁勒"到"九姓"所指，不但性质发生变化，概念涵盖的范围也发生了改变。尽管"铁勒"与"九姓"都尝试概括北方草原诸族群，但《隋书》的记载更偏向部落性质，能够涵盖广袤的中亚草原，而到唐代前中期，"九姓"范围似乎已经缩小到内蒙古至河西走廊一带，变得具体且政治化。虽均为泛指，但两个概念由于时代的间隔层累而造成意指混乱，在性质上是不对等的，这是史书传抄讹误和现代研究产生分歧的重要原因之一。

二、回纥政权对"九姓"概念的干扰

"九姓"概念并没有就此停止变化，回纥政权进一步影响了这一过程。对比《旧唐书·铁勒传》与《旧唐书·回纥传》，两个传记所记唐前期的历史大同小异，因为回纥本身就是"铁勒"这个泛指囊括的对象之一。但是回纥建立过强大的政权，在唐中期发挥过显著作用，史书编纂者必须对其溯源。正是基于这样的回忆模式，史书刻意将回纥与其他部族剥离，甚至强调回纥在九姓中的主导，这种认知显然影响到了史书的撰写。

以回纥来回忆九姓，影响到了回纥与九姓的关系。《旧唐书·回纥传》载："回纥，其先匈奴之裔也，在后魏时，号铁勒部落……特勒始有仆骨、同罗、回纥、拔野古、覆罗，并号俟斤，后称回纥焉。"[1]《回纥传》传首"号铁勒部落"一句，将回纥拔高到与铁勒同一级别，但实际按文章第一节所示，回纥绝不能与一泛称词语等同。而"后称回纥焉"一语，更具误导性。第一，用词含糊不清，给人以回纥兼并各部落后处于上位的印象，这样的记述方式不禁让人对比前述的薛延陀。薛延陀自铁勒这个概念剥离出，相对独立，并且暗暗主导铁勒的历史。回纥也从九姓概念剥离出，引领着九姓的走向。第二，此句其实有误，仅举仆固部族为例，《旧唐书·仆固怀恩传》

---

① 《旧唐书》卷 195《回纥传》，第 5195 页。

载:"贞观二十年,铁勒九姓大首领率其部落来降,分置瀚海、燕然、金微、幽陵等九都督府于夏州……世袭都督。"①又《旧唐书·玄宗本纪》载:"癸酉,突厥可汗默啜为九姓拔曳固所杀,斩其首送于京师。……其回纥、同罗、霫、勃曳固、仆固五部落来附,于大武军北安置。"②据此可知,仆固怀恩所在的一系早已融入汉地,而另外有其他的仆固部落还散落漠北,且"五部落来附"说明回纥与仆固并不为上下隶属关系。《旧唐书·回纥传》意欲体现回纥兼并壮大的历史,但其记载有一定失实。总之,以上说明唐人在回溯回纥先世时候,已经开始模糊与九姓的关系。而关系的模糊将会给词语概念留下空白之处,产生"九姓"一词性质变化的可能性。

问题的关键在于,回纥部族本身确由九个左右的姓族组成。后世史家用回纥来回忆九姓,导致属于回纥的特征覆盖了"九姓"原本概念的特征,叠床架屋,"九姓"由泛称转化为实称。

敦煌藏文写本 P. t. 1283(2)号《北方若干国君之王统叙记》有相关记载,王尧将其第24行译作:"蕃人称为 Dru—gu 九部落,九部落联盟之首长,名之为'回鹘都督'"③;第26行记载:"门上均竖有九面幡标(牙旗)"④。史料说明了两个问题,一是在吐蕃资料中也存在泛称的"九姓","九姓"的概念应当有一定现实原因。回纥人也是 Dru—gu 的"九"部落(rus dgu 直译)。第二,说明回纥部落的九姓是真实存在的九个部落,九面牙旗正是他们的标志之一。这是一则"九姓"泛称与实称同时出现的史料,非常珍贵。

于蒙古出土的鲁尼文《苏吉碑》中出现了"十姓"的说法,白玉冬将碑文

---

① 《旧唐书》卷121《仆固怀恩传》,第3477页。

② 《旧唐书》卷8《玄宗本纪上》,第176页。

③ 王尧、陈践:《敦煌古藏文本〈北方若干国君之王统叙记〉文书》,《敦煌学辑刊》1981年集刊,第16—22页,后收入王尧编著:《王尧藏学文集 卷4 敦煌吐蕃文化译释》,北京:中国藏学出版社,2012年,第114—124页。该文将"Dru—gu"译为突厥,由于这一观点在学界尚有争议,本文暂不记录。另,该文在文书26与27行处翻译有误,根据文书的意思,"'乌护'部落胜兵六千人"应紧接上一段翻译,否则下一句"其北境为契丹部落"则失去主语而导致歧义。

④ [日]森安孝夫:《チベット語史料中に現われる北方民族:DRU—GUとHOR》,《アジア・アフリカ言語文化研究》14,1977年,第4页脚注2。

第 1 行译作："我从十姓回鹘之地，从药罗葛汗处来。"①"十姓"在学界颇有争议，它与"九姓"的关系至今没有定论，②不过从藏文写本中出现的九个部落的回纥来看，它们均在"九"上下浮动。另外碑文中又出现"药罗葛"回纥王族一氏的名称，至少说明回纥部族关于"某姓"的概念并不与汉文文献中的泛指相同。

九个姓族的说法在《旧唐书·回纥传》中也有记录：

> 开元中，回鹘渐盛……有十一都督，本九姓部落：一曰药罗葛，即可汗之姓；二曰胡咄葛；三曰咄罗勿；四曰貊歌息讫；五曰阿勿嘀；六曰葛萨；七曰斛嗢素；八曰药勿葛；九曰奚耶勿。每一部落一都督。破拔悉密，收一部落，破葛逻禄，收一部落，各置都督一人，统号十一部落。③

学者认为，该则史料的依据是代宗朝广德元年册封回纥贵族名单。④ 史书记载"回鹘渐盛"，"回鹘"系回纥更名后的名称，无论学界认为回纥更名时间是宪宗元和四年（809 年）还是德宗贞元四年（788 年）⑤，这则史料都应写于天宝年后。文中所提十一都督，由本来的回纥九姓族加二客部构成，这样记载较为清晰，没有与铁勒诸部族系统相紊乱。

但正如上文所说，回纥九个姓族的实称冲击到了"九姓"的泛称属性。《唐会要》"回纥"条（以下简称"《唐会要》条"）的记载非常典型：

> 未几，自立为九姓可汗。由是至今，兼九姓之号，因而南徙，居突厥旧地……有十一都督：九姓部落，一部落置一都督，于本族中选有人

---

① 白玉冬：《〈苏吉碑〉纪年及其记录的"十姓回鹘"》，《西域研究》2013 年第 3 期，第 106—115 页。
② 参见白玉冬：《〈苏吉碑〉纪年及其记录的"十姓回鹘"》，《西域研究》2013 年第 3 期，第 115 页。宋肃瀛认为"回纥改名回鹘，首先说明回纥汗国的政权由十姓回纥转到了九姓回鹘手中"，参见宋肃瀛：《回纥改名"回鹘"的史籍与事实考》，《民族研究》1995 年第 6 期，第 80—92 页。
③ 《旧唐书》卷 195《回纥传》，第 5198 页。
④ 吴飞：《漠北回纥兴起历程若干问题研究》，内蒙古大学博士学位论文，2020 年，第 102—103 页。
⑤ 相关学术史争论可参见刘美崧：《回纥更名回鹘考》，《江西师院学报》1980 年第 1 期，第 77—81 页；宋肃瀛：《回纥改名"回鹘"的史籍与事实考》，《民族研究》1995 年第 6 期，第 80—92 页。

望者为之；破拔悉密及葛逻禄，皆收一部落，各置都督一人。每行止战斗，以二客部落为锋。其九姓，一曰回纥，二曰仆固，三曰浑，四曰拔曳固，五曰同罗，六曰思结，七曰契苾，以上七姓部，自国初以来，著在史传。八曰阿布思，九曰骨崙屋骨恐，此二姓，天宝后始与七姓齐列。①

这样的记载模式调和了九姓与十一都督的说法，形成一种种族性框架。学者认为《唐会要》条价值最大的观点恐值得推敲。②《旧唐书·回纥传》中"九姓"部落的说法是实称，且十一都督并未与"铁勒九姓"纠缠。而《唐会要》条的记载把铁勒九姓捏合到十一都督的序列当中，在二客部不变的情况下，嫁接了铁勒九姓中著名的几个部族。这样的记载框架可以用一些细节史料来推翻，《旧唐书·铁勒传》载："至武德初，有薛延陀、契苾、回纥、都播、骨利干、多览葛、仆骨、拔野古、同罗、浑部、思结、斛薛、奚结、阿跌、白霫等，散在碛北。"③史书仅挑选了"九姓"泛称概念中具有代表意义的七个，这无法解释剩下的居于同等地位的诸部族。又见《新唐书·陈子昂传》：

> 于时，吐蕃、九姓叛，诏田扬名发金山道十姓兵④讨之……后责其尝不奉命擅破回纥，不听。子昂上疏曰：今九姓叛亡，北蕃丧乱，君长无主，回纥残破，碛北诸姓已非国有，欲掎角亡叛，唯金山诸蕃共为形势。……北当九姓，南逼吐蕃。⑤

陈子昂传中史料保存较为详尽，应属当时所记。按文中意思，是东突厥向西侵铁勒九姓故地，就快要攻至西突厥地域。⑥ 在这里陈子昂却称是"九姓"叛乱导致回纥残破，后世称回纥属于"九姓"之一的说法并不能成立。

---

① 《唐会要》卷98《回纥》，北京：中华书局，1955年，第1744页。
② 吴飞：《漠北回纥兴起历程若干问题研究》，内蒙古大学博士学位论文，2020年，第19页。
③ 《旧唐书》卷199《北狄·铁勒传》，第5343页。
④ 这里的十姓明由十部组成，《旧唐书》卷194《突厥传下》记载："俄而其国分为十部……五咄六部落居于碎叶已东，五弩失毕部落居于碎叶已西，自是都号为十姓部落。"（第5183—5184页）此"十姓"是西突厥下两大部落的最小单位，与本文所提"九姓"无关。
⑤ 《新唐书》卷107《陈子昂传》，北京：中华书局，1975年，第4072—4073页。
⑥ 关于事件的详细过程，可参见王小甫：《论安西四镇焉耆与碎叶的交替》，《北京大学学报（哲学社会科学版）》1991年第6期，第97—106页。

很明显"九姓"在这里如本文第一节所论，当泛称突厥为首的政治联盟。此外，《唐会要》条中"此二姓，天宝后始与七姓齐列"的说法，也无法成立。据《旧唐书·回纥传》中"以多览为燕然府……阿布思为蹛林州"①与《旧唐书·突厥传》中"其秋，默啜与九姓首领阿布思等战于碛北。九姓大溃，人畜多死，阿布思率众来降"②来看，阿布思族一直属于"九姓"的泛称范围之内，并不以天宝年间为界。

回纥自玄宗中后期强大起来，而"九姓"产生紊乱的节点恰也是开元天宝之际。回纥九个姓族的情况因回纥政权的崛起，影响到了史家编纂史书时的认识。史料的编纂与选择背后体现的是史家所处的社会现实，史家的知识架构代表着一种公共性认知。史家以回纥来回忆"九姓"，改变了"九姓"这一概念原本带有政治性的泛称属性，使"九姓"变为实称，成为一种种族性框架。

三、汉文文献中"九姓"的认知变化的原因

上文对"九姓"文本性概念做了梳理，得出三种不同的认知：第一，隋代尚未出现"九姓"，但其概念前身为"铁勒"，指生活在漠北的突厥语系族群；第二，唐朝前中期形成了九姓联盟，"九姓"变为政治性泛称；第三，回纥政权影响下的"九姓"框架，内含实称。这三种认识明显是随着时间推移发生的动态变化，且仔细查看会发现背后暗含的指代范围越来越小。如何处理这样的关系呢？较稳妥的方法是将这种变化置于隋唐不断变动的边地情况中考察。如此，便能细察现实中周边部族的不断变化与前一时间段史书中固定不变的记录之间的矛盾。我们认为，正是这种矛盾，导致文献记录既有修改，又囿于条件无法清楚溯源，只能稍作附会，产生了叠床架屋的误区。后人须厘清这三个阶段史料的不同特征，否则会产生歧义。

---

① 《旧唐书》卷199《北狄·铁勒传》，第5348—5349页。
② 《旧唐书》卷194上《突厥传上》，第5173页。

　　史家编纂北方草原的游牧部落史料时,往往围绕居于主导地位的那个部族展开,姚大力认为草原最高支配权是不断变动的。① "九姓"概念的变化受到了支配部族——突厥和回纥的强烈影响,也与当时王朝同北方边地的交往交通息息相关,具体来说,就是王朝与周边民族的关系。

　　首先需要关注突厥政权在其中起到的作用。《隋书·西域记》记载某一铁勒部族在北周至隋朝时历经了一次大变动,在西域建立了独立的政权。② 这种认识与北周时期其实是一脉相承的,《周书》载:"时铁勒将伐茹茹,土门率所部邀击,破之,尽降其众五万余落。"③北周将铁勒视作一个部族单位,原因是铁勒并不直接与中原王朝发生关系,系临近异民族政权柔然或突厥之外的更远者,中原王朝并不能详细了解该族群,故只能笼统称之。这种情况随着隋王朝控制东突厥发生了改变。《隋书·裴矩传》载:"时西域诸蕃,多至张掖,与中国交市。帝令矩掌其事。矩知帝方勤远略,诸商胡至者,矩诱令言其国俗山川险易,撰西域图记三卷,入朝奏之。"④隋王朝派专人至西域了解其风俗状况,这也是《隋书·铁勒传》内容如此详尽的原因之一。⑤ 以上认知情况存在差异,原因在于中原王朝是否控制了漠北。突厥政权横亘北方,在古代交通条件不发达的情况下,强大的异族政权隔断了部分信息传播通道,中原王朝无法清晰获取更多信息,这类情况通过史书的对比就能发现端倪。

　　七世纪前期,由于突厥政权的灭亡,长期臣服于突厥的铁勒诸部族与

① 姚大力:《匈奴帝国与汉匈关系的演化——早期北亚史札记》,《中华文史论丛》2021年第2期,第1—70、397页。根据姚大力的研究,看似统一体的鲜卑、柔然、突厥、回鹘等人群内部,实际上包含多至数十个保持着各自不同语言、生计方式的大型部落组织。"就此而言,外部世界看到的蒙古草原上一波接一波的'民族'变迁,不过反映了轮番强大起来,并具有不同语言文化背景的若干游牧部落,先后取得草原社会内部最高支配权的实情而已。"

② 吴玉贵:《突厥汗国与隋唐关系史研究》,北京:中国社会科学出版社,1998年,第20—24页。其记载主要零星见于《隋书》西域传记当中。

③ 《周书》卷50《异域下》,北京:中华书局,1971年,第908页。

④ 《隋书》卷67《裴矩传》,第1578页。

⑤ 包文胜:《汉文史籍所载铁勒专传和专条的辨析》,《内蒙古大学学报(人文社会科学版)》2008年第1期,第52—58页。

中原王朝开始直接联系。正如第一节所述，"九姓"一词的出现伴随着"勣率九姓铁勒二万骑至于天山"①和"寻又领兵击九姓突厥于天山，将行"②的记录。由此产生的层累问题是，面对新的治理情况，前朝既有的"铁勒"概念"自西海之东，依据山谷，往往不绝"③已经不足以支持现实的统治。唐朝需要将铁勒下属的各个族类具体化，顶替"铁勒"原有的位置。④ 此外唐朝还需要考虑怎样治理大量铁勒与突厥的遗民，以及如何处理与他们之间的关系。据《资治通鉴》："铁勒百余万户，散处北溟，远遣使人，委身内属，请同编列，并为州郡；混元以降，殊未前闻，宜备礼告庙，仍颁示普天。"⑤突厥政权被消灭后，其麾下各部族有的散落于北方，有的请求内附唐王朝，此时"九姓"这一概念应现实要求而生，唐王朝从而比隋王朝进一步意识到被控制的突厥语系部落的组成成分。⑥《旧唐书·铁勒传》载：

> 二十一年，契苾、回纥等十余部落以薛延陀亡散殆尽，乃相继归国。太宗各因其地土，择其部落，置为州府：以回纥部为瀚海都督府，仆骨为金微都督府，多览葛为燕然都督府，拔野古部为幽陵都督府，同罗部为龟林都督府，思结部为卢山都督府，浑部为皋兰州，斛薛部为高阙州，奚结部为鸡鹿州，阿跌部为鸡田州，契苾部为榆溪州，思结别部为蹛林州，白霫部为寘颜州，凡一十三州。拜其酋长为都督、刺史，给玄金鱼以为符信，又置燕然都护以统之。是岁，太宗以铁勒诸部并皆内属，诏赐京城百姓大酺三日。⑦

---

① 《旧唐书》卷 199《北狄·铁勒传》，第 5348 页。

② 《旧唐书》卷 83《薛仁贵传》，第 2781 页。

③ 《隋书》卷 84《北狄·铁勒》，第 1879—1880 页。

④ 薛延陀实是很好的例子。薛延陀崛起后史书不会再称其为"铁勒"。岑仲勉：《突厥集史》下册，第 683 页。

⑤ 《资治通鉴》卷 198《唐纪十四》太宗贞观二十年八月壬申条，北京：中华书局，1956 年，第 6239 页。关于突厥遗民的处置问题，相关研究可参见章群：《唐代降胡安置考》，《新亚学报》第 1 卷第 1 期，1955 年；[日]石见清裕著，胡鸿译：《唐代北方问题与国际秩序》，第 84—111 页。

⑥ 结合森安孝夫的研究与当时突厥碑铭的清晰认知，我们大致可以认为，突厥语系部落"九姓铁勒""九姓突厥"重点在于"九姓"，其后缀都只是唐王朝加上的名称，不应该强行对应。

⑦ 《旧唐书》卷 199《北狄·铁勒传》，第 5348—5349 页。

"九姓"概念比"铁勒"更符合实际,更适于统治与日常使用。因为在唐人观念中,漠北民族被羁縻于北方边地,能够被清晰认知,不存在一个"总谓"的概念,同时也说明,这些草原部族在唐朝前中期没有支配部族。"九姓"有时还受突厥遗民的节制,"至则天时,突厥强盛,铁勒诸部在漠北者渐为所并"①。这一时期更加合适使用"九姓"这种并列式的泛称来指代该群体,体现政治性的部族联盟特征。

这种情况随着唐中期回纥政权的崛起而发生了改变。回纥九个姓族的实称干扰了后世回溯"九姓"的概念。这种趋势,在宋人的史书加工中更加明显,对宋代史料编纂者而言,铁勒、突厥甚至回鹘政权都是很遥远的事情了。宋代并没有和这些政权产生直接的联系,对于已经消失融合的部族缺乏更加深入的了解,这使得宋人所记载的史料多有矛盾之处,并且含糊不清。②

《新唐书·回鹘传》载:

> 回纥,其先匈奴也,俗多乘高轮车,元魏时亦号高车部,或曰敕勒,讹为铁勒。其部落曰袁纥、薛延陀、契苾羽、都播、骨利干、多览葛、仆骨、拔野古、同罗、浑、思结、斛薛、奚结、阿跌、白霫,凡十有五种,皆散处碛北。……大业中,处罗可汗攻胁铁勒部,哀责其财,既又恐其怨,则集渠豪数百悉坑之,韦纥乃并仆骨、同罗、拔野古叛去,自为俟斤,称回纥。③

历经北方的动乱以及五代宋时疆域的退却,这条史料显然体现了宋人不是在编纂收录隋唐漠北民族历史,而是在进行回忆与加工。"回纥"一词的性质,一处为"讹为铁勒",一处又"叛去,自为俟斤,称回纥"。"铁勒"与"回纥"的概念在此处模糊不清,回纥似处于与"铁勒"概念同一级别的位置,又

---

① 《旧唐书》卷 199《北狄·铁勒传》,第 5349 页。
② 如本文第二节末所论,此外参见包文胜:《汉文史籍所载铁勒专传和专条的辨析》,《内蒙古大学学报(人文社会科学版)》2008 年第 1 期,第 52—58 页。包文举出了《太平寰宇记·铁勒》《册府元龟·铁勒》等宋史史料拼凑现象,多有抄错讹误之处。
③ 《新唐书》卷 217 上《回鹘传上》,第 6111 页。

似从属于"铁勒"这一大的概念。另外，更能说明问题的是《回鹘传》下文：

> 悉有九姓地。九姓者，曰药罗葛，曰胡咄葛，曰啒罗勿，曰貊歌息
> 讫，曰阿勿嘀，曰葛萨，曰斛嗢素，曰药勿葛，曰奚牙勿。药罗葛，回纥
> 姓也，与仆骨、浑、拔野古、同罗、思结、契苾六种相等夷，不列于数，后
> 破有拔悉蜜、葛逻禄，总十一姓，并置都督，号十一部落。①

同《唐会要》条，《新唐书》为了稳定"九姓"概念，也调和了两种说法。对比
来看，《唐会要》条用的是铁勒九姓加上"破拔悉密及葛逻禄凑"二者填补十
一都督，《新唐书》将回纥一姓氏与铁勒九姓挂钩。照此，羽田亨所还原的
"九姓"关系，很有可能只是宋人对"九姓"的认识。② 吴飞一定程度上揭示
了史书这一回溯框架。③

本文认为，这种有误的记载方式与中原政权对漠北的掌控有关，是一
个长期的过程，需要运用通史的眼光来观察。这种记载方式与唐人管制突
厥系遗民部落"九姓"，以及回纥民族自身有崇尚"九"的文化有关。④

结 语

与突厥系史料的"Toquz Oγuz"相比，汉文文献"九姓"概念始终呈现
出异民族旁观的视角，不似突厥那样与九姓族群直接发生关系。由吐蕃史

---

① 《新唐书》卷 217 上《回鹘传上》，第 6114 页。
② 日本学者羽田亨认为《唐会要》记为铁勒九姓，两《唐书》记为回鹘九姓，参见［日］羽田亨：《九
　 姓回鹘と Toquz Oγuz との関係を論ず》，《東洋学報》第 9 卷第 1 号，1919 年。后面诸如桥本
　 增吉与片山章雄其实也是按这个框架进行论证的，他们认为《唐会要》所记为九姓部族名，两
　 《唐书》为九姓族长名，参见［日］桥本增吉：《九姓回鹘の問題に就いて》，《史潮》第 3 卷第 1
　 号，1933 年；［日］片山章雄：《Toquz Oγuz と「九姓」の諸問題について》，《史学雑誌》第 90 編
　 第 12 号，1981 年。即使几位学者考证九姓的来源是正确的，但以上两种解释都是要重新进
　 行推敲的，因为史书的记载系统从根本上就是紊乱的，不能如此标准地进行对应，本文认为
　 在宋人建立的这样的框架上进行研究具有一定风险。
③ 吴飞：《漠北回纥兴起历程若干问题研究》，内蒙古大学博士学位论文，2020 年。
④ 阿布尔-哈齐-把阿秃儿汗著，罗贤佑译：《突厥世系》，北京：中华书局，2005 年，第 10 页。该
　 书写道："尼咱木丁在其《武功记》(Zafar Nammè) 一书的序言中说：'突厥人习惯将每件事都
　 冠以九这个数……至高无上的真主是逐步地创造了一切事物，其中任何一样也没有超过九
　 这个数。'"此外可参见本文第二节对九面牙旗的说明。

料"Dru—du rus dgu"(直译:突厥九部族),也可印证回纥与突厥长期发生关系,并说明回纥确有九个姓族。汉文文献涉及的时段较长,中间又有其他族群间隔,导致对"九姓"的认知随时间流逝转向紊乱。最初隋朝史书记录各部族分布在广大北方地区,且各部族对译的名词精准,同时还认识到铁勒是一个群。然而,随着铁勒诸部分散以及突厥在北方建立统治,唐人用"九姓"作突厥语系各部族的泛称称呼,认为"九姓某部"中的"九姓"是一个政治联盟,因而将各部按语系合为一个共同体——"铁勒"。唐中后期以后的很多文献则认为回纥是铁勒这一种族的后裔氏族,并嫁接回纥的九个姓族,来回溯九姓铁勒。质言之,先产生铁勒"九姓"的概念,再将各族群填补到这个框架里面。"九姓"渐渐变为一个实称,成为种族性框架。

在"九姓回纥"问题上,我们认为"九姓回纥"的确存在,"九姓"的实称仅指回纥部族,他们自身确有关于"九"的族群标识,因而"九姓"用在这个部族身上是妥帖的。进一步而言,"九姓回纥"的意思不是"属于九姓的回纥",而是"九个回纥部族"。

"九姓"的概念问题背后蕴含着中华民族内部的交融与碰撞。汉民族对北方"九姓"的认知是一个延续不断的变化过程,其背后折射出不同时间段中原王朝与北方少数民族交流程度的深浅及方式的异同,与民族关系紧密相连。尤其是与强大的北方游牧政权对峙时期,中原王朝因与游牧政权之间的隔阂,无法与游牧政权麾下的小部落直接接触以获取信息,导致此时段的史料更加模棱两可甚至出现错误,其中尤以宋代关于"九姓"的史料最具主观性。

综上来看,汉文文献中"九姓"这一概念的变化具有时空性。造成同词不同意的原因是在北方政局的变化下,中原王朝对北方民族认知的变化,以及释读历史文本的偏差。同时,这个概念兼具更深刻的含义,"九姓"一词经长期历史沉淀而内含复杂,勾勒出的是中华民族共同体意识及其凝聚力的形成。

(覃煦好:南京师范大学社会发展学院历史系硕士研究生)

Study on the Change of the Concept of "Nine Names" in Chinese Literature from the 7th to the 10th Century

Abstract: Historical records from the 7th to the 10th centuries, including sources from the Han Chinese, Turks, and Tibetans, all mention the "Nine Clans" or "Nine Tribal Groups." Among these, Han Chinese texts exhibit the most enduring records of the "Nine Clans," although the concept evolved over time. Initially, the "Nine Clans" were closely associated with the Tiele tribes. Over time, however, Han Chinese understanding of the "Nine Clans" became increasingly ambiguous, even leading to conceptual blending and reinterpretation. The meaning of "Nine Clans" underwent a transformation from denoting specific groups and alliances to a broader structural framework. The fall of the Turkic Khaganate led to the emergence of the "Nine Clans" as a generic term, while the rise of the Uyghur Khaganate shifted it from a generic to a specific designation, complicating later historical retrospection. This evolution stemmed from the interactions and changing relationships between the Central Plains dynasties and frontier ethnic groups, reflecting shifts in Han Chinese perceptions of northern peoples and significantly shaping the recording methods and content of historical texts.

Keywords: "Nine Clans"; Tiele; concept; ethnic relations

中国近现代史

"泽周枯骨"：近代上海四明公所助葬事业管理研究*

鹿　瑶

（南京师范大学社会发展学院）

摘　要：近代以来，四明公所不断完善助葬事业各个环节的管理规范以适应现实需要，并在保人身份选择上衍生出与徽商救助体系不同的标准：不仅需要"熟人"身份，还需对公所纳有捐款。除对助葬事业内部进行有效管理，四明公所董事还积极运用社会资源以应对近代变局，尤以抗战时期为重。抗日战争爆发后，四明公所积极协调法租界当局与国民政府以解决运柩难题和保护寄柩安全，同时将助葬事业的重心转为赊材一项以适应战时情况。四明公所对助葬事业实现有效管理，能够整合旅沪宁波群体的实力，是宁波商帮的崛起逻辑之一。

关键词：寄柩；运柩回籍；赊材；管理；上海四明公所

在传统中国，对于旅居异地的商人来说，如何实现"落叶归根"是一个重要问题。为此，旅外商人凭借乡缘纽带创立同乡组织以处理身后之事。其中，上海四明公所"系宁波侨寓上海之商民公置，向来在沪最称强悍者"①，是近代上海地区唯一有能力提供全套助葬服务的同乡组织②。

从学理上来讲，这些同乡组织提供的助葬服务属于社会慈善事业的一

---

* 本文系江苏省研究生科研创新计划项目"近代上海地区同乡组织助葬事业研究——以四明公所为例"（KYCX22_1498）阶段性成果。

① 《致总署　论上海法界击毙华人》（同治十三年三月二十五日），顾廷龙、戴逸主编：《李鸿章全集》（信函三），合肥：安徽教育出版社，2008年，第28页。

② ［法］安克强著，刘喆译：《镰刀与城市——以上海为例的死亡社会史研究》，上海：上海社会科学院出版社，2022年，第41页。

部分，对此，梁其姿与夫马进等学者已有相当成果。① 具体到同乡会馆举办的助葬事业，学界多以旅居杭州、上海等地的徽商、粤商为中心，对于被李鸿章称为"向来在沪最称强悍者"的甬商在上海创办的四明公所关照不足②，即便有所研究，也多从中外关系史角度进行考察，以两次四明公所案为论述中心③，而从社会史角度进行研究的学者多聚焦四明公所在晚清时期的表现而疏于描绘民国时期，对其助葬事业在整个近代时期管理体制的演进缺乏系统研究④。

　　鉴于此，本文拟在前人研究基础上，运用上海档案馆馆藏档案、日本东洋文库与上海当地碑刻、近代报刊以及四明公所董事的个人文件，主要就近代四明公所的日常管理规范与变局中的董事因应进行讨论，从动静两个角度呈现完整的助葬事业管理图景，发掘四明公所的生存逻辑，为认识近代旅沪宁波群体提供一个侧面，以求对死亡社会史、慈善史以及人际关系史的研究略有增益。

---

① 如梁元生：《慈惠与市政：清末上海的"堂"》，《史林》2000 年第 2 期；[日]夫马进著，伍跃等译：《中国善会善堂史研究》，北京：商务印书馆，2005 年；梁其姿：《施善与教化：明清时期的慈善组织》，北京：北京师范大学出版社，2013 年。

② 范金民：《清代徽州商帮的慈善设施——以江南为中心》，《中国史研究》1999 年第 4 期，第 144—153 页；刘家富：《近代旅沪徽商的"乡土之链"——徽宁会馆述论》，《江苏社会科学》2010 年第 3 期，第 222—228 页；王日根、徐萍：《晚清杭州徽商所建新安惟善堂研究》，《安徽大学学报（哲学社会科学版）》2013 年第 6 期，第 90—97 页；王振忠：《万安停榇处：一处徽州慈善设施的重要遗存》，《寻根》2015 年第 3 期，第 60—65 页；张小坡：《清代江南与徽州之间的运棺网络及其协作机制——以善堂为中心》，《清华大学学报（哲学社会科学版）》2018 年第 5 期，第 74—86 页。

③ 涉及第二次四明公所案的研究，如苏智良：《试论 1898 年四明公所事件的历史作用》，《学术月刊》1991 年第 6 期；吴健熙：《对第二次四明公所事件中诸现象之考察》，《史林》2001 年第 4 期；傅亮：《刘坤一与第二次四明公所事件交涉》，《近代中国》第 24 辑；葛夫平：《第二次四明公所案与上海法租界的扩界》，《历史研究》2017 年第 1 期。而有关第一次四明公所案的成果不多，如何品：《第一次四明公所血案档案史料选编》，《档案与史学》1997 年第 1 期；曹胜梅：《四明公所事件之根源——四明公所地产权问题试析》，《档案春秋》2002 年第 4 期。显然第一次四明公所案的相关史事存在进一步厘清的必要，对此笔者已专文另述。

④ [日]帆刈浩之：《清末上海四明公所の"運棺ネットワーク"の形成：近代中国社会における同郷結合について》，《社会経済史学》第 59 卷第 6 期，1994 年，第 725—756 页；何新会：《晚清上海四明公所初探》，《中共郑州市委党校学报》2007 年第 6 期；[法]安克强著，刘喆译：《镰刀与城市——以上海为例的死亡社会史研究》，第 35—78 页。

一、四明公所的日常管理

为旅沪宁波人提供助葬服务，首先需要设计、建立及保持四明公所的组织结构，并以此统筹具体的助葬事业。公所成立早期，旅沪宁波人不多，公所需要处理的事务并不繁杂。公所根据捐款数量选出董事，依照惯例遇事集会商议，负责维护公所运营。道光二十四年（1844年），董事谢绍心、方椿为将公所"编入官图"而厘定章程，公所组织结构才初具规范。① 在20世纪以前，公所组织结构并未有多大变化。步入20世纪，旅沪宁波人数已达30万，为处理日益纷繁的事务，四明公所吸收近代社团理念，订立章程强化公所的组织规范。②

四明公所决策机构是由董事会和公义联合会共同组成。董事会有议定各事及执行之权，以值年董事为代表行使权力，由创办人后裔及原有董事组合而成，额定九人，无须改选，缺额时由董事会内部公推。公义联合会以"保存物产、监察事务为职志"，推定司月董事查账，对董事会进行监督和制衡，其由各同乡团体、各业行号及热心捐助经费者组成，需年年改选。③董事会的产生方式符合传统社会管理公共产业的一贯取向，公义联合会的诞生又为公所注入了近代民主色彩，两者构成了四明公所的决策机构，使四明公所作出的决策逐渐科学化。

四明公所董事会的形成机制与沪上其他同乡组织较为不同。上海台州公所董事额定15人，由捐款人选举。董事任期3年，连选得连任。④ 上海徽宁会馆在晚清时设歙、休、婺、黟、绩、宁五邑一郡，轮流司事一年，共同选择殷实之家，经办各项收支银钱出入，每年清明结算，每季度邀请各邑司

① 葛恩元：《上海四明公所大事记》，上海市档案馆藏，档案号 Y4-1-762，第2页。
② 《上海四明公所己未年修订章程》，《四明公所章程录》，上海市档案馆藏，档案号 Q118-2-1，第1页。
③ 《上海四明公所己未年修订章程》，《四明公所章程录》，上海市档案馆藏，档案号 Q118-2-1，第1—2页。
④ 《上海台州公所章程、办法、委员名册》，上海市档案馆藏，档案号 Q118-7-11，第1页。

事查核,民国时大体仍延续此制,董事三年一任,由原有董事选任。① 上海山东会馆于 1903 年创办,实行董监会制,各董、监事由会员大会或会员代表大会选出,成立董事会、监事会。②

四明公所不似沪上其他同乡组织多实行选举制,"创办人后裔"一层背后有其独特的历史渊源。道光十一年(1831 年)因刘丽川起义焚毁上海县城,四明公所两次重修几乎全赖镇海柏墅方家的资力,方家掌握公所的主要领导权也在情理之中。方家人员世袭担任公所董事,将四明公所当作方家的一份家族产业进行管理,实行长房继承制的原则。如继承方亨簧的方椿,继承方亨宁的方仁照,均非他们的儿子,而是长房方亨学的第二子和第四子。方继善虽是方仁照的长子,但是仁字辈长房方仁和早死无嗣,方仁照已由二房继承为长房,方积钰则是方继善的儿子。③

四明公所还需聘请专员负责各项助葬服务的管理。公所设经理一人、司账二人,二者由董事会和公义联合会共同任命。经理下设司事、役,无定数,由经理酌用,受经理指挥并对经理负责。经理以下各员须有保人作保,按月开支薪俸,不准私自挂宕,倘有亏欠银钱,则由保人赔偿。④ 在管理人员选出后,还需制定助葬事业各个环节的具体管理规范。四明公所经营的助葬事业主要包括赊材、安瘗、棺柩寄停、运送棺柩回籍以及义葬几项,以下按照传统丧葬流程对其逐一考察。

其一是赊材。棺木是丧家的第一要件,或有贫苦人家,或因新丧未能提前筹措、棺材铺趁机大肆要价,致使无棺可瘗。四明公所经营的赊材业务是在一定区域范围内免费或以优惠价格向同乡中贫乏者提供棺木,至于赊材区域之大小则与公所财力有关。1914 年公所赊材放界"东至华顺码

① 《道光三十年庚戌十月公议增订章程》,李琳琦、梁仁志整理:《徽商会馆公所征信录汇编》,北京:人民出版社,2016 年,第 1216 页;《徽宁会馆情况简介》,上海市档案馆藏,档案号 Q118 - 1 - 5 - 27。
② 《山东会馆情况简介》,上海市档案馆藏,档案号 Q118 - 1 - 5 - 12。
③ 参见方煜东:《镇海柏墅方氏家族研究》,杭州:浙江大学出版社,2015 年,第 250—251 页。
④ 《上海四明公所己未年修订章程》,《四明公所章程录》,上海市档案馆藏,档案号 Q118 - 2 - 1,第 3—4 页。

头、南至高昌司庙、西至王家库、北至川河浜,惟浦东不去"①。四明公所章程也规定:"每捐助洋 100 元者,每年可以票取赊材 1 具,捐数多寡以此类推,但一年之后,如未领足相对应的数目,不得于次年接续计算。"②可见,捐款的多少决定了赊材范围的大小,同时领取棺木需满足两个条件:一是身份应为旅沪宁波人;二是为四明公所提供捐款。尽管晚清时四明公所的赊材事业远不如民国发达,但这一管理理念基本未变。相对于面向社会大众的善堂,四明公所此举在于尽可能地压缩施棺对象的规模,以利益交换的形式获取助葬资金,从而维护公所的长久发展。

其二是安殓。在取得棺木之后为逝者安殓治丧,须有场地。考虑到部分贫苦同乡生活空间有限,公所本部即可供给治丧,但须由董事及同乡有捐款者备函知会方可借用。③ 四明公所南北两大寄柩所自创设亦设有殡殓处。南厂设有"吉祥厅""息影庐"和"大招厅",北厂有"吉祥厅"和"大招厅"。④ 安殓之处别为三等,"吉祥厅"每日须纳 10 元捐费,"息影庐"与"大招厅"免费。"息影庐"供贫苦同乡使用,"大招厅"专为"死非正命者"提供。⑤ 在借用公所时,为防火起见,即使是建醮祭祀,也不可点燃汽油灯,水手均安会曾因此与公所经理沈洪赉激起冲突。⑥ 为协调双方,公所决议装设电灯以供治丧之用,酌收电灯费用。如有捐助经费过万者,则永远免除电灯费。⑦ 提供各种级别的祭祀场地有助于最大化吸纳捐款,同时也制

---

① 《四明公所报告赊材向例界限规条》,《申报》,1914 年 5 月 20 日,第 3 版。

② 《上海四明公所己未年修订章程》,《四明公所章程录》,上海市档案馆藏,档案号 Q118-2-1,第 5 页。

③ 《四明公所声明》,《申报》,1907 年 11 月 7 日,第 1 版。

④ 葛恩元:《上海四明公所南厂建置记》(1924 年 3 月),日本东洋文库藏上海四明公所碑刻拓本,索取号 II-16-C-1539;葛恩元:《上海四明公所北厂建置记》(1924 年 3 月),日本东洋文库藏上海四明公所碑刻拓本,索取号 II-16-C-1540。

⑤ 《上海四明公所重订南厂章程》,《四明公所章程录》,上海市档案馆藏,档案号 Q118-2-1,第 13—15 页。

⑥ 《四明公所水手均安会等同人检举四明公所沈洪赉劣迹和沈洪赉反对理由的函》,上海市档案馆藏,档案号 Q118-2-6,第 1—5 页。

⑦ 《三月十六日董事会会议录》(1917 年),《四明公所议事录》(1915 年至 1919 年),上海市档案馆藏,档案号 Q118-2-45,第 24 页。

定严密的使用规范确保公所资产安全。

其三是寄枢。成殓之后，须寻一可靠之地暂时停放棺枢，以待运枢回籍。依靠同乡纽带，将棺枢停放四明公所南北东三大寄枢所显然是较好的选择。公所因肩负重任，若对同乡棺枢管理不善，不仅会遭同乡责难，甚至可能惹上官司。那么，公所是如何管理的呢？早在公所四大建筑告成之前，光绪三十一年（1905 年）公所董事因进厂棺枢加增，"恐后紊乱或生意外留难情形"，为便于查究，特议定章程，勒石以为记。① 15 年后公所订立的章程基本以其为基础，仅于细节之处略加完善。为避免重复叙述，故以后来章程为例进行考察。因南厂与北厂章程基本相同，且南厂建筑规模远大于北厂和东厂，兹以四明公所南厂为例，将其员役情况制表如下。

表 1　上海四明公所南厂员役情况

员役	受谁管辖	职能
庶务长（1 人）	经理	专驻南厂，担任照章应办一切事务。
司账（1 人）	经理	商承庶务长，担任厂内应收捐项及开支项目；检点存厂各项器具杂物，分别录账，月底报告公所查核；另备寄枢堂簿，将馆厅所报每日进出棺枢主人性别、停寄号码进行登记销号，逐日交公所更番查对。
厂使（4 人）	庶务长	招待来宾；照管福字、禄字殡所；兼司一切杂务，如清洗水龙等。
茶房（2 人）	庶务长	茶水招待来宾。
门役（2 人）	庶务长	专司看守前后大门；晚六时关前门，晚十时关后门。
馆丁（无定额）	庶务长	可携家眷住厂，专管棺材木料事务；凡遇棺枢进厂、出厂，应立即查明棺枢主人的性别以及寄枢号码，查对执照凭据，报明司账登簿销号；照管三四等厂，每晚夏令六时，冬令五时关锁；每日至少四人值日，执役二人值夜巡更；打扫公弄与护树拔草等。

资料来源：《上海四明公所重订南厂章程》《四明公所章程录》，上海市档案馆藏，档案号 Q118‐2‐1，第 13—15 页。

由上可见，庶务长总管厂内一切事务，而司账作为庶务长的助手，承担

---

① 《四明公所凡材进厂章程碑》（光绪三十一年十一月），日本东洋文库藏上海四明公所碑刻拓本，索取号 II‐16‐C‐1488。

文书工作,共同对经理负责。厂使、茶房、门役以及馆丁则受庶务长指挥,
负责管理厂内的具体事务。其中厂使和茶坊主要负责厂内的礼仪接待以
及高等级的寄柩所的照看工作,门役和馆丁负责安保、木料、卫生以及低等
级的寄柩所的照看工作。

　　那么寄柩的具体规则如何呢? 首先,四明公所对接受棺柩的区域进行
划分。以苏州河为界,苏州河以南的棺柩进南厂,以北的棺柩进北厂。如
有自愿指定者各从其便。① 其次,棺柩进厂必须凭有捐款之团体、商号或
者董事加盖的印章以及具保声明,并标注亡人姓名、年岁、职业及其"本县
界址"。② 至于妇女的棺柩,须注明丈夫的籍贯、姓名与地址。若有非宁波
人士冒名诡寄,一经发现即日迁出,并重罚担保之人。在棺柩进厂时,馆丁须
对棺柩进行查核,报明司账进行登记。再次,为迎合不同社会阶层人群的需
要以及尽可能地获取助葬资金,公所殡舍分为四个等级,分别为福字厅、禄
字堂、寿字舍、普通统厂,另设殇厂(为夭亡儿童所设,免费)。南厂有福字厅
四所,曰松、柏、桐、椿;禄字堂八所,曰崇道、尚德、徵文、焕章、纪勋、成名、敬
事以及勤业;寿字舍十所,曰仁、义、礼、智、信、温、良、恭、俭、让;普通统厂四
十所以及殇厂三所,"自为差等"。③ 兹将各个等级的殡舍概况制表如下。

表 2　上海四明公所南厂四种等级殡舍概况

名称	容量	年捐	开门费	转票费	是否可以包间
福字厅	2 具	洋 60 元	洋 2 元	洋 1 元	是
禄字堂	4 具	洋 16 元	洋 1 元	洋 5 角	否
寿字舍	不分	洋 6 元	洋 6 角	洋 3 角	否
普通统厂	不分	免费	洋 2 角	洋 2 元	否

　　资料来源:《上海四明公所重订南厂章程》,《四明公所章程录》,上海市档案馆藏,档案
号 Q118-2-1,第 14 页。

---

① 《上海四明公所北厂寄柩规则》,《四明公所章程录》,上海市档案馆藏,档案号 Q118-2-1,第 25 页。
② 光绪年间只需有加盖宁波人商号图章的凭票,并不要求捐款。后沈洪赍经理公所事,重新募
　集一文愿时,五家叶氏商号坚决不纳一文捐,于是有公所现今实行之规定。《四明公所经理
　沈洪赍修订章程并劝同乡踊跃捐款》,《新闻报》,1909 年 11 月 27 日,第 3 版。
③ 葛恩元:《上海四明公所南厂建置记》(1924 年 3 月),日本东洋文库藏上海四明公所碑刻拓
　本,索取号 Ⅱ-16-C-1539。

　　由上表可以看出，公所收取的寄柩费用包括年捐、开门费以及转票费三项。其中年捐的数额决定了寄柩所的等级，以福字厅为最高等殡舍，提供包间服务，条件最为优越；禄字堂虽不提供包间服务，但最大容量为 4 具，条件相对于寿字舍和普通厂来说也算不错。因寿字舍与普通厂所需捐费较少，且没有容量限制，应是底层民众的首选。开门费的缴纳是中国传统丧葬仪式中不可或缺的一种风俗习惯。至于转票费，即是停柩到期所需缴纳的手续费。公所采用半商业化的方式提供不同等级的寄柩服务，不仅为公所提供了一定数量的助葬资金，利于公所的长久发展，还相当程度上保全了丧主的体面。

　　以上四等殡舍均以一年为期，期满之后续纳各个等级对应的捐费可续在厂停柩一年，如不及时办理手续转期换票即按照章程移入普通统厂与普通寄柩一律办理。对于普通统厂的寄柩，一年期满即办理出厂转票手续，运回甬公所，期再满则葬于义山。孩骨则不然，南厂有三间厂屋供寄孩棺，每具只需葬费 200 文。清明后进厂以冬至为期，冬至后进厂以清明为期，期限到时，即行落葬于上海公所孩冢，不得展延。① 此外，在厂寄停的棺柩尽可能遵循男女有别的原则，并按照籍贯进行分类，有助于规范管理棺柩。②

　　其四是运柩回籍。寄柩期满出厂时先排号送至大招厅，次日统一运回宁波。③ 运柩回甬每年分清明、冬至两期，运输采用轮船与帆船结合的方式，由四明公所经理随时察看情形，"酌量妥办"。④ 光绪二十七年（1901年）公所董事袁咏笙、费鸿生与招商、太古两轮船公司商定，分载柩 400 具，占运柩数的三分之二，⑤剩下三分之一仍用帆船运回，走内河航道。杭州

---

① 《沪上四明公所启》，《申报》，1904 年 12 月 2 日，第 12 版。

② 葛恩元：《上海四明公所大事记》，上海市档案馆藏，档案号 Y4‐1‐762，第 1 页。

③ 《上海四明公所重订南厂章程》，《四明公所章程录》，上海市档案馆藏，档案号 Q118‐2‐1，第 14—15 页。

④ 《上海四明公所修订章程》，《上海四明公所廿八年征信录》，上海市档案馆藏，档案号 Y4‐1‐765，第 2—3 页。

⑤ 葛恩元：《上海四明公所大事记》，上海市档案馆藏，档案号 Y4‐1‐762，第 11 页。

至宁波其间水路不便，为确保灵柩安全，公所模仿绍兴会馆引进老闸船运柩。① 自此公所运送棺柩的效率得到提高，安全性也有所保障。在棺柩运至宁波后，未必能即刻前往丧主原籍。于是公所在宁波本地创设甬公所，以资中转。甬公所殡舍分为三等，分甲等殡厂、乙等殡厂和普通殡厂，每具棺柩分别缴纳洋 4 元、2 元以及 2 角。此三等殡舍同样以一年为期，逾期不转票则代为埋葬。② 这一举措目的在于避免棺柩堆积，也可获取收入维持日常运营。

值得注意的是，旅居外埠各地的宁波人因上海四明公所规模浩大，组织严密，也将棺柩托付公所。③ 公所为此在甬公所添造八间厂房，专为接受温州、昆新、南京、汉口等地同乡之柩，并制定规范：捐助葬费者，其柩附入甬公所之后，"与申柩一律办理"。若有棺柩运至上海，须至宁绍码头与四明公所接洽。除周日外，如即能报关，当托宁绍轮船装甬，否则须至次日装运。每具棺柩需缴纳驳船、轮船、扛力、开门费、酒水费、葬费、界石费等各项费用，若并未接受某项，则无须纳之。棺柩入厂之时，需向账房缴费、领取收条，并抄明该柩号码、籍贯、姓名单，供甬公所备案，方便日后亲属前来认领改葬。④

对于已经运至甬公所的棺柩，若有亲属来领，公所提供扛抬服务。规定每具开门费钱 280 文，而扛夫的工钱则根据距离远近增减。前江、中河以及后江下河每名分别计大钱 80 文、60 文和 40 文。每具棺柩须 6 名扛夫扛抬，赊材则由 4 名。若是已经领取公所提供的补助，免去开门费，前江、中河以及后江下河每名分别计大钱 60 文、50 文和 30 文。⑤

---

① 《沪上四明公所告白》，《申报》，1904 年 5 月 30 日，第 5 版。

② 《上海四明公所重订南厂章程》，《四明公所章程录》，上海市档案馆藏，档案号 Q118 - 2 - 1，第 14 页。

③ 详见王志龙、鹿瑶：《旅沪商人如何应对死亡：上海四明公所助葬体系的构建》，《社会史研究》2023 年第 1 期，第 112—132 页。

④ 《四明公所接应灵柩章程碑》（宣统三年），日本东洋文库藏上海四明公所碑文拓本，索取号 II - 16 - C - 1503。

⑤ 《四明公所启事公告》，《申报》，1903 年 8 月 4 日，第 9 版。

至于那些没有亲属及时来领的棺枢,四明公所只待棺枢到期后代葬义山。作为公共墓地,葬法尤其重要。具体来说,葬法遵循原则如下:其一是葬分男女。葬处先以山冈割分界址,男性葬于左山头,女性葬于右山头,各不相混。其二是葬分县籍。除定海同乡的棺枢自行运回外,鄞县、慈溪、镇海、奉化以及象山五邑同乡的棺枢,每年以千字文中十字为号,如天地元黄宇五字为五邑男冢的号码,宙洪荒日月五字为五邑女冢的号码。比如鄞县男枢有 50 具,则称为天字一至五十号,又或者慈溪女枢有 20 具,则称为洪字一至二十号。其三是冢分行列。葬法以五具为一堆,自上而下,依次排列。若一县之枢葬毕,则开沟一道以示区别。其四是勒石标记。每冢各立石碣一方,镌刻籍贯字号、姓名,并另外记埋葬时间于葬簿之上,以供核对。其五是留葬与补葬。若是某邑枢数多出,则留待次年下葬;若是已葬之枢由家属起掘以至于留有空穴,则顺次补葬,并载明葬簿。① 四明公所对义山的管理既符合传统的丧葬观念,又使冢地井井有条,秩序井然。男女分葬与用千字文编号是传统礼俗的应有之义,按县籍分字号埋葬并勒石载明账簿更有助于亡者家属意欲迁葬时准确找到亲属的墓穴,不至于误挖他家棺枢酿成惨祸。

亲属日后欲起掘已葬之棺时,须由甬公所动身前往小隐山起掘,最后仍要到甬公所门前交卸,由公所负责运输。公所规定往来船费计洋 1 元 5角,山头下小工掘费以及下河扛夫工钱计洋 1 元,又告土(起掘已葬之棺所需完成的仪式)计洋 4 角。如仍进厂暂寄,须加洋 2 角。如要运送回籍,则按照路途远近另行商议。若是有贫困之家实在无力承担,可向公所说明情由,由人作保,得领资费洋 2 元。对于实际所收的费用,公所开列账单,加盖图章,避免有人多报少用,使乡人误以为运费高昂,损害公所声誉。② 之后公所加大慈善力度,"凡有十分贫寒枢属或者女流而乏人力及种种万难等因,可备的确一信寄至甬公所账房,并附材票报名住址、交卸何人接受",

---

① 《陶辉庭报告四明公所书》,《申报》,1920 年 12 月 19 日,第 11 版。
② 《四明公所启事公告》,《申报》,1903 年 8 月 4 日,第 9 版。

由甬公所保送,不取分文。不过所送地段"惟慈邑山北至河头市止,若遇过山隔岭之处,概不能送"。① 将先前上海四明公所本部棺柩的"保送"特权扩大到甬公所,尽管保送范围有限,一定程度上却也体现了四明公所慈善事业的发展。

在棺柩进出厂、运柩回籍、起掘改葬各个环节中都需要扛夫"身体力行",而不少扛夫系上海本地人充任,屡向丧家强索巨额扛费,甚至以中途停放为要挟,贫苦者更属受累。为此公所董事制定整顿方法四条:(1) 拟定扛夫给价单,严格照单收取费用,若再有勒索情事则惟财务处主任试问;(2) 登报宣布新订扛力价目并通告同乡,如遇额外加索等事,则向公所报告严惩;(3) 在售材凭票上刊印木戳,载明"照单取费不准额外所取分文,扛夫如有违纪,请以电话或书面报告即便查究";(4) 责成经理严于督查,若仍有此类情事,须立即将涉事扛夫撤换。② 鉴于传统社会扛夫"索费"的陋习,整治和规范扛夫群体实有必要,对于保护棺柩及维护丧家权益意义重大。

近代以来,四明公所不断完善对助葬事业各个环节的管理规范,种种细则处于不断变动之中。然而在这一变动过程之中,四明公所最基本的管理理念未曾改变,即无论是雇佣职员,抑或是享受助葬服务,均需有保人作保方可有效。这一规范贯穿四明公所发展的始终,成为保障四明公所发展的关键手段。

二、变局中的危机因应

四明公所地处上海法租界内,其面临的危机既来自上海法租界当局,以两次四明公所血案为核心,同时又受抗日战争的影响,公所运营失序。为维护发展,公所董事必须灵活运用其社会资源以应对危局。

---

① 《四明公所接应灵柩章程碑》(宣统三年),日本东洋文库藏上海四明公所碑文拓本,索取号 II-16-C-1503。

② 《一月十七日董事会会议录》(1944年),《四明公所议事录》(1943年至1946年),上海市档案馆藏,档案号 Q118-2-35,第36页。

同治十三年（1874 年），法租界公董局执意要在四明公所义冢上开筑马路，公所董事在屡与之协商未果后，便决议广发传单，号召乡人以暴力手段维护公所。董事葛绳孝通晓法文，并与法国驻沪领事等官员建立起良好友谊，还曾入李鸿章幕府。凭此，葛氏在此案爆发前后多方奔走疏通，李鸿章更对此案施加影响，①最终公所义冢免于筑路，也挫败了法方的觊觎之心。② 光绪二十四年（1898 年），法人又欲征收公所地产，试图以此为由扩大上海法租界。公所严董、方董与经理沈洪赍力主罢市，凭借长生会与马夫集全会等旅沪宁波群体之力席卷上海滩。③ 同时，据时任上海道台的蔡钧透露，公所董事沈敦和禀请刘坤一以上海南市、徐家汇和浦东三地为条件换取四明公所的保留，并与德国驻沪总领事私议扩充租界事宜。④ 最终此案以法租界扩充、四明公所仍得保全结案。可见，当法方欲侵占四明公所地产时，公所董事最主要也最为有效的策略即是集合华人群体之力进行抗议，将事态升级。而中外官员为平息事态，往往尽量保全四明公所地产。在两次四明公所血案后，法租界当局投鼠忌器，再也未敢觊觎四明公所地产。步入民国，四明公所面临的危机主要源于抗日战争对上海地区的破坏，如何在战时环境下稳定公所的经济来源、保证助葬事业的安全运转成为四明公所必须解决的关键问题。

自八一三沪战爆发后，南北市四郊及内地各处居民纷纷向租界安全区域迁移，致两租界内人口暴增，旋即发生疫疬，死者众多，但战时环境对四明公所以及各同乡组织的助葬事业造成了极大阻碍。因战时交通管制，客死沪上宁波人的棺枢只得暂于"法租界维尔蒙路国恩寺前面四明公所空旷

---

① 曾国藩处理天津教案时，李鸿章便向曾国藩举荐葛绳孝一人，以为与法方熟络之用。在第一次四明公所案后，葛绳孝四处奔走，向李鸿章请援也在情理之中。《复曾相》（同治九年六月初五日），顾廷龙、戴逸主编：《李鸿章全集》（信函二），第 73 页。

② 关于此案详情笔者已专文《第一次四明公所案与中法交涉（1874—1878）》另述，该文曾在安徽大学第 17 届学史论坛发表。

③ 《四明公所总经理沈洪赍启事碑》（1912 年），日本东洋文库藏上海四明公所碑刻拓本，索取号 Ⅱ - 16 - C - 1509。

④ 张晓川：《摒挡须仗舌辩——蔡钧与晚清地方对外交涉》，《中华文史论丛》2020 年第 2 期，第 141—142 页。

冢地上搭棚暂厝"，南市陷落三个半月后，各地水路交通尚未畅通，宁波镇海口亦被日军封锁。① 因棺材的密封性质，以致有夹带军火的嫌疑，日军曾多次劈开棺木查验，这又加大了旅沪宁波人运柩回籍的难度。②

公所本部房屋也被其他机关和难民占据，助葬相关的工作更难以开展。四明公所与宁波旅沪同乡会合作组织难民收容所，四明公所为"第一收容所"，人数最多时有 3 000 余人，致使公所房屋"无再可容纳之隙地"。待闸北沦陷、南市战情紧张之时，枫林桥外交大楼之伤兵总站借用公所关帝殿、土地堂为伤兵分发站，红十字会救护人员借用地藏殿。不久上海西郊、南市相继沦陷，伤兵分发站亦"随之结束"。嗣以国际救济会来借关帝殿为难民收容所，游民习勤所租借土地堂，西区救火会亦借住公所，"纷扰尤非笔墨所能形容"。公所为使难民迁出，屡催屡约书面口头，约费数十次之多，忍无可忍，几致断水断电。③ 办公场地被占用对公所的助葬事业造成了不小的阻碍。

四明公所寄柩厂房的情况也不容乐观。公所东南北三厂随着战事发展相继沦陷，被迫暂停接收灵柩。④ 受战火波及，沪上同乡会馆不同程度地遭到打击，四明公所各分厂积存的棺柩受损情况也相当严重："南厂成名二等殡房中炮弹、38 号统厂中炮弹屋坍、39 号孩厂中炮弹屋坍、吉祥厅、寝室、厨房遭火毁，松字、椿字入堂棺柩已被日军开棺。东厂三等入堂中炸弹毁柩 10 余具，尸骸凌乱，无可辨认。女柩大部均被开启，共数有 50—60 具。统厂间亦中炮弹，毁柩 10 余具，被开启者亦有数具。房屋除土地堂外几乎全被拆毁。北厂围墙有三处被开，可通行汽车。三等入堂房屋两间倒坍，厂门全部大开。十余棺柩损坏，器具大部分被窃，装修亦有移动。"⑤在

---

① 《春令天气渐热积棺发泄秽气问题重大》，《时报》，1938 年 3 月 13 日，第 4 版。

② 《棺材内军火》，《申报》，1932 年 2 月 28 日，第 2 版。

③ 《常年大会记录》(1938 年)，《四明公所议事录》(1937 年至 1940 年)，上海市档案馆藏，档案号 Q118‐2‐38，第 39—40 页。

④ 长江：《宁波同乡慈善工作的中心：上海四明公所》，《上海宁波公报》1940 年二周年纪念特刊，第 54 页。

⑤ 《常年大会记录》(1938 年)，《四明公所议事录》(1937 年至 1940 年)，上海市档案馆藏，档案号 Q118‐2‐38，第 41 页。

此情况下旅沪宁波人心生胆怯，多不敢再将棺柩寄存公所。南厂一年来
"无进柩可言"，仅有住在南市附近的同乡"寥寥几具而已"。① 北厂临近日
人坟山，日人管理者云其欲强制拆除北厂房屋，虽无确实情报，但北厂空地
上装有大炮一尊，旁边装有高射炮 4 尊，北厂北面周姓住宅已为日本司令
部。面对日人的武力威胁，公所只得让北厂附近的宁波同乡自行处理相关
事宜。② 东厂方面虽打算先修筑普通厂房 5 间一埭，以及修理四周围墙供
新故同乡停柩，但厂房规模太小无济全局。③

由上可见，抗战爆发后四明公所在闸北、南市以及浦东的三大寄柩所
皆属战区之中，该片区域交通堵塞，棺柩运输十分困难，因而租界内宁波人
的棺柩无法运出法租界至以上三厂寄停，只能堆积在法租界维尔蒙路的四
明公所本部 20 余亩空地上，积棺 3 000 余具。④ 四明公所面临的寄柩和运
柩压力本已繁重，孰料法租界当局以妨害公共卫生为由，屡次催促公所将
积存的棺柩迁出，并称逾期不迁者立即作火化处理。⑤ 当时的国人很难接
受火化这一有违传统丧葬观念的尸体处理方式，既为同乡考虑，又迫于法
租界当局的压力，将棺柩运回甬公所是唯一办法，如何在战时交通管制的
情况下打通棺柩运输线成为四明公所面临的最大难题。

欲打通棺柩运输线，必须满足两个条件：一是鉴于法国驻沪领事曾有
命令禁止一切尸体通过法租界，故必须向法租界公董局接洽；二是宁波镇
海口被封锁，必须有国民政府相关官员牵线。四明公所董事虞洽卿凭借其
自身人脉与社会地位，成功解决这一难题。首先，虞洽卿多次致函法租界

---

① 《常年大会记录》(1940 年)，《四明公所议事录》(1937 年至 1940 年)，上海市档案馆藏，档案号
　Q118 - 2 - 38，第 95 页。
② 《五月三十日董事会会议录》(1939 年)，《四明公所议事录》(1937 年至 1940 年)，上海市档案
　馆藏，档案号 Q118 - 2 - 38，第 66 页。
③ 《三月二十六日董事会会议录》(1939 年)，《四明公所议事录》(1937 年至 1940 年)，上海市档
　案馆藏，档案号 Q118 - 2 - 38，第 63 页。
④ 长江：《宁波同乡慈善工作的中心：上海四明公所》，《上海宁波公报》1940 年二周年纪念特刊，
　第 54 页。
⑤ 《法领事致四明公所函》(1938 年 7 月 22 日)，《四明公所外交函》，上海市档案馆藏，档案号
　Q118 - 2 - 16，第 30 页。

公董局，请求发给通行执照。经过协商，法租界公董局虽同意其要求，但开出七项附加条件：(1) 此次准许纯属特别通融，至 9 月 30 日为止，今后不能以此法为先例；(2) 所运棺枢须是免费寄停于此地的棺木；(3) 公所须以书面形式通知本局，答应所留空地必须留停法租界最近之棺材；(4) 每辆运枢卡车须领通行证一张；(5) 向法界卫生局领通行证之时必须报明船名、开船时间、上船地点、卡车路线、往返次数、开工和收工的时间以及棺材总数等信息；(6) 每次只可装 12 只棺材，由稽查员查验；(7) 每张通行证仅可使用一次，将棺枢从卡车运上船后即由卫生稽查员收回。①

此后需设法开放宁波镇海口，打通沪甬航线。虞洽卿先电致宁波当地的官员，"恳准予雇轮船装同乡灵枢回甬靠埠起卸，听候查验，运毕即行停止"②。宁波方面回称沪甬航线遮断系奉蒋介石之命，"此间未敢擅专"，希望四明公所方面缓议此事。③ 但运枢一事无法从缓，虞洽卿便直接与当时身在汉口的蒋介石取得联系，恳请蒋介石"俯念同胞死无葬身之地"，请其允准运枢轮船得在镇海各口进出，并作出保证以打消蒋之疑虑，"倘防资金外流，当负责与各商接洽，只能土货出口，决不装货赴甬"④。之后蒋回称"可暂予通融"，并重申"惟运输应限于土产出口及存沪灵枢运回，对货物运输入口则绝对禁止"。此后公所专雇谋福轮（新宁绍所改）、德平轮（宁兴轮所改），悬挂外国旗帜分批装运棺枢回甬。⑤ 至此，四明公所董事虞洽卿多方奔走，在战时环境下暂时纾解了四明公所面临的运枢难题。

---

① 《法租界公董局致四明公所函》(1938 年 11 月 10 日)，《四明公所外交函》，上海市档案馆藏，档案号 Q118 - 2 - 16，第 31 页。

② 《宁波译送王司令余局长陈县长钧鉴》，《四月四日董事会会议录》(1938 年)，《四明公所议事录》(1937 年至 1940 年)，上海市档案馆藏，档案号 Q118 - 2 - 38，第 30 页。

③ 《四月四日董事会会议录》(1938 年)，《四明公所议事录》(1937 年至 1940 年)，上海市档案馆藏，档案号 Q118 - 2 - 38，第 31 页。

④ 《汉口蒋委员长钧鉴》，《四月四日董事会会议录》(1938 年)，《四明公所议事录》(1937 年至 1940 年)，上海市档案馆藏，档案号 Q118 - 2 - 38，第 31 页。

⑤ 公所数十年来装枢回甬，年达五六千具，历来均有新宁绍、宁兴轮两轮装运，且减轻运费。《四月四日董事会会议录》(1938 年)，《四明公所议事录》(1937 年至 1940 年)，上海市档案馆藏，档案号 Q118 - 2 - 38，第 32 页。

然而好景不长，镇海口开放持续一个月左右后重新关闭，法租界当局颁布的通行证到期后，法方亦"不允转期"，导致"从此棺枢不有进出"①，公所的运枢事业基本陷于停滞状态。旅沪宁波人"稍有力者各自安顿殡仪馆或寄枢所，无力者唯有托同仁辅元堂和普善山庄掩埋而已"②。寄枢事业虽趋于停顿，但各厂仍存有不少同乡棺木。为保护四明公所各厂存放的同乡棺木，四明公所董事向担任伪上海市市长的宁波人傅筱庵疏通关系，凭借乡缘纽带"商请保护存枢"。③ 日伪上海特别市政府随即训令上海市警察局对四明公所的存枢加以保护。④ 四明公所动用社会关系缓解运枢压力，并尽可能地保护寄枢厂房的安全，相较于沪上其他同乡组织，更积极有效地抵御住了抗战爆发带来的外部危机。然而，如何维持公所内部的运转仍需合理筹划。

战时筹集捐款不易，寄枢与运枢事业陷于停顿，收入微薄，如欲维持公所发展必须开源节流，积极转变助葬事业的重心。鉴于各厂工作人员几乎无事可做，公所表示"各厂人员除必要者应留用外，如非必要者自 7 月份起留职停薪，俟开放时仍行录用"⑤。鉴于寄枢与运枢事业无法正常运转，公所适时将助葬事业重心调至赊材一项。⑥

赊材事业的核心在于木料。八一三事变初期，木材市场较为平静，而随着战事推进，航运阻滞，木材来源减少。又因外汇刺激，木材市价激增七八倍，尚且有价无货。在木料供应短缺的同时，上海孤岛的死亡率也在直

---

① 《常年大会记录》(1939 年)，《四明公所议事录》(1937 年至 1940 年)，上海市档案馆藏，档案号 Q118 - 2 - 38，第 69 页。
② 《常年大会记录》(1940 年)，《四明公所议事录》(1937 年至 1940 年)，上海市档案馆藏，档案号 Q118 - 2 - 38，第 95—96 页。
③ 《上海四明公所关于商请保护存枢给筱庵乡长的函》(1939 年 10 月 6 日)，上海市档案馆藏，档案号 R1 - 3 - 190 - 32。
④ 《日伪上海特别市政府关于饬警察局保护上海四明公所存枢的训令、笺函》(1939 年 10 月 18 日)，上海市档案馆藏，档案号 R1 - 3 - 190 - 36。
⑤ 《五月三十日董事会会议录》(1939 年)，《四明公所议事录》(1937 年至 1940 年)，上海市档案馆藏，档案号 Q118 - 2 - 38，第 65 页。
⑥ 孙善根编注：《秦润卿日记》上册，香港：凌天出版社，2015 年，第 266 页。

线上升。战事三年消耗棺木86 000余具。照此情形发展下去，上海地区死亡人口则有无棺可殓的危险。这不仅不符合传统的丧葬观念，对于公共卫生事业亦有损害。①

在上海木料奇缺的大背景下，四明公所虽凭借庞大的资金来源，购置、存储大量木料，但到1940年也即将告罄。为此，公所董事、钱业巨子秦润卿用其钱庄为公所垫款20万元，并以公所培德和宁德两处地产的房租收入作为抵押，发行30万元公债以购置木料。按照每具棺材成本200元计算，可供给3 000具棺木。② 可由于死难人口极多，1941年公所赊出棺木1 200具，每具成本250元，价值30万元，"幸赖有20万捐款，否则将难以为继"。1942年1月至9月售出赊材、半赊材以及下等材4 500具，照去年木价并做工费用共亏66万之多，"若照现今之价更须加亏4倍"③。此后随着物价飞涨，公所每月至少要贴补一二十万元，公所董事不得不召开会议讨论公所的经济问题，加募捐款以及提高房租、地租和卖材价格。④1942年4月，公所开始募集赊材特捐，至该年年底共计募到赊材特捐、中储卷104万元有余，赊材捐表面上数额巨大，但实际上仍不足用。除因木料价格飞涨，公所赊出的棺木数量与日俱增，自1938年至1942年，公所分别赊出棺木1 237具、831具、938具、1 264具、1 733具，分别占当年售出棺木总数的23.14％、18.96％、15.75％、22.47％、26.41％。公所赊出的棺木多以成本的一半售甚至免费发给贫苦同乡，"系亏本生意"⑤。至1944年夏，木料进价下跌，公所的经济状况才有所好转。⑥

随着战事平缓，四明公所各大厂房陆续回归正常。1942年上半年夏间，公所开始将各厂积存棺柩装运回籍，除浦东外，"所有浦西方面，凡居住华租两界

---

① 多九公：《孤岛棺材荒》，《奋报》，1940年5月26日，第4版。
② 孙善根编注：《秦润卿日记》上册，第230、278页。
③ 孙善根编注：《秦润卿日记》上册，第300、321页。
④ 孙善根编注：《秦润卿日记》下册，第14、49页。
⑤ 《常年大会记录》(1943年)，《四明公所议事录》(1943年至1946年)，上海市档案馆藏，档案号Q118 - 2 - 35，第6页。
⑥ 孙善根编注：《秦润卿日记》下册，第55页。

之同乡遗体"均可驱车前往南市方面殡仪馆成殓,再进南厂停放,每月进柩 400 具左右。北厂方面只可领出不可运进。① 这表明四明公所的寄柩与运柩事业逐渐复兴。随着抗战结束,公所助葬事业的结构回归到战前状态。

然而解放战争打响后,苏北难民大量涌入上海租界,著名的"寄柩所风潮"爆发。由于租界内人口众多,住房紧张,难民们纷纷涌入寄柩所,与"死人"争地,各大寄柩所均未能幸免于难。1948 年 7 月,四明公所北厂被难民"借住",公所董事秦润卿特约刘鸿生、张继光、方椒伯以及俞佐廷拜访上海市警察局局长俞叔平,请其设法疏散难民,后者"当允照办",并表示"如此次走出后,当雇请愿警六名,常以保护"。此后,公所董事又宴请上海市参议员顾竹轩商议北厂难民事宜。② 就此次风潮来说,四明公所与其他同乡组织一道,纷纷动用各层社会关系与上海市政府枢疏通,尽管成效有限,但公所董事所做出的努力应值得肯定。③

四明公所尽管竭力应对各类乱局,发展存续 150 余年,但在丧葬革新的时代洪流下,经营的助葬事业终归不适应时代发展,最终于人民政府大力推行火葬后逐渐退出历史舞台。

相较于和平年代,四明公所董事在抗战时期积极动用社会资源以解决寄柩和运柩难题,以应对外部挑战;又适时调整助葬事业的重心,将之落在赊材事业上,形成了战时助葬事业的特殊格局。这表明四明公所董事对助葬事业的管理并非仅仅停留在各项运营规范的制定上,还能根据社会环境积极做出转变,实现对助葬事业的有效管理。

结 语

四明公所坚守中国传统的公产由富者管理的理念,又借鉴近代社团民

---

① 《常年大会记录》(1943 年),《四明公所议事录》(1943 年至 1946 年),上海市档案馆藏,档案号 Q118 - 2 - 35,第 7 页。

② 孙善根编注:《秦润卿日记》下册,第 229、255 页。

③ 有关此次寄柩所风潮的诸多面向,请参见阮清华:《"保产"还是"安民"——从"寄柩所风波"看内战时期上海市政府的两难》,《华东师范大学学报(哲学社会科学版)》2011 年第 4 期。

主观念用以规范其组织架构,促进决策的规范化和科学化,实现了中国传统文化与西方现代化经验的有机融合,这也是近代沪上各社会团体最为关键的生存逻辑。

　　然而在发展过程中,四明公所经营的助葬事业也展现其独特之处,主要体现在保人身份的形成条件上。传统中国的商业贸易大多需要保人担保,就亲疏关系来说,保人要具备一层"熟人"身份,这在徽商所建同乡组织的救助体系中即有所体现。① 起初宁波商人也照此理念制定公所规范,后来四明公所管辖下的五家叶氏商号拒不纳捐,甚至扬言"宁愿以资金另立公所",因此公所不得不再添一条"有捐款"的标准。② 这既是对五家叶氏商号的反击,以免其他同乡援以为例,也出于为公所提供尽可能多的助葬资金的考量。四明公所虽对各项助葬服务收费且捐款带有强制性,但这并不意味着四明公所的慈善性质打了折扣。四明公所对资金需求愈强烈,表明其对旅沪宁波人的救助力度更大。一个慈善组织要想实现长久发展,必须尽可能地开源节流以及采用商业化的运营模式。

　　对于四明公所而言,无论是制定严密的运营规范,还是积极应对来自外部的挑战和危机,都是为了实现"泽周枯骨"的目标。民国时建立的宁波旅沪同乡会专注于救助生者,主要为旅沪同乡介绍工作以及争取各项权益。鉴于宁波旅沪同乡会亦需经费支持,无疑分散了旅沪宁波人的财力。四明公所与其虽有竞争,但更多的是近代宁波帮崛起逻辑的一体两面:四明公所主"救死",宁波旅沪同乡会主"救生"。二者有力地整合了旅沪宁波群体的力量,构成了近代宁波商帮崛起的重要逻辑。

（鹿瑶：南京师范大学社会发展学院历史系硕士研究生）

---

① 郭睿君:《异乡的"熟人"——清代徽人同乡组织救助体系中的保人》,《史学月刊》2022 年第 4 期,第 28—34 页。
② 《四明公所经理沈洪赉修订章程并劝同乡踊跃捐款》,《新闻报》,1909 年 11 月 27 日,第 3 版。

"Burying the Dead": A Study on the Management of
Burials in Modern Shanghai Siming Office

Abstract: In modern times, the Siming Gongsuo has continuously improved the management of the funeral service to meet the practical needs, and derived different standards from the Huizhou merchants in the identity of the guarantor: not only the identity of "acquaintances", but also the donation to the Siming Gongsuo. What's more, the leaders of the Siming Gongsuo also made use of their resources to cope with external changes, especially during the Anti-Japanese War. At that time, they tried to coordinate with the French Concession and the Nanjing National Government to transport coffins and protect them. In addition, they turned to concentrate on the coffin distribution to adapt to the wartime. It is the effective management made by the Siming Gongsuo that boost the rise of Ningbo Gang.

Keywords: Coffin Deposit; Coffin Transport; Coffin Distribution; Management; The Siming Gongsuo in Shanghai

1927—1937 年南京国民政府对太湖匪患的治理[*]

许梦阳

（南京审计大学法学院）

摘　要：太湖匪患自古有之，国民政府建政之初，湖匪活动更加猖獗。匪徒利用江浙省界反复流窜，时聚时散，逃避打击。湖匪以抢劫轮船、绑架勒索、抢夺枪械、劫掠沿湖茧业为手段，给江浙地方社会造成严重危害。国民政府数次出兵剿匪，并以江浙联防及培植民间武装为主要治理方式，且在全国抗战前夕防范湖匪与日本帝国主义勾结。军队大规模剿匪的方式，起效快却难保长治久安。江浙地方政府为防备匪患，消耗了大量人力物力，仍成效不彰。南京国民政府十年间治理太湖匪患，虽有一定成效但极其被动。

关键词：南京国民政府；太湖流域；湖匪；区域治理

太湖地处江苏、浙江两省之间，水网密布港汊纵横，匪患自古有之。近代以降，时局动荡，太湖流域的湖匪更加横行作乱，对社会安全及经济发展造成了严重危害。晚清至民国的政府，在治理太湖匪患问题上备受困扰。前辈学者从不同的角度切入，对于湖匪问题及其治理进行剖析，有较为丰富的成果。[①] 学界对于民国太湖匪患的研究，主要围绕"乱"与"治"以还原

---

[*] 本文系教育部人文社会科学重点研究基地重大项目"南京国民政府时期江浙基层治理的能力与实态研究(1927—1937)"(22JJD770037)阶段性成果。

[①] 相关研究主要有刘平：《清末民初的太湖匪民》，《近代史研究》1992 年第 1 期；同友：《略论抗战前后太湖土匪的分化和演变》，《江苏教育学院学报(社会科学版)》1995 年第 3 期；胡勇军：《1927—1937 年吴县湖匪活动及时空分布研究》，《中国历史地理论丛》2014 年第 4 期；胡勇军：《国家权力渗透与苏州乡村治理(1927—1937)》，上海师范大学博士学位论文，2015 年；胡勇军：《水乡、山地与明清以来江南地区盗匪的活动空间研究——以长兴、吴兴两县为例》，《中国历史地理论丛》2017 年第 2 期；郝芹、封锋：《民国时期苏州冬防制度评析(1927—1937)》，《档案与建设》2017 年第 2 期；等等。

历史事件的本身,随着新史料的不断发现,对该问题的研究值得进一步深化、细化。从社会危害治理的角度观之,太湖作为不同行政区域交界之处,匪患问题是跨区治理的典型难题。本文以南京国民政府时期江苏、浙江两省共治太湖匪患为视角,对档案、报刊、方志等史料进行爬梳与分析,力求将这一问题厘清。

一、匪患对地方社会的危害

湖匪往往盘踞各行政区的交界处,在多地来回流窜,逃避打击的同时,控制交通要隘。1927 年秋,地处江浙皖交界的安吉,匪患异常严重。数千匪徒依附北洋军残部,占据水陆关卡,对当地造成危害。安吉当地军警总数不过百人,完全无力与匪伙作战。当年 9 月,湖匪在安吉城中留下标语"住瓦屋的人是欠我的,住茅屋的人是种我的田,有人来投军,每日两块钱"①,足见湖匪之猖狂。1929 年,大股湖匪窜扰苏浙辖境,均身着军装,并持有利械。② 操河南口音的数百匪徒从阳澄湖、淀山湖等处进入太湖,引发江浙两省的不安,即使两省都出动兵舰搜捕,最终却不知湖匪行踪。③ 1929 年年底,国民政府派出陆军、空军及水警围剿盘踞无锡、常州交界处雪堰桥的湖匪。该股匪徒在劫掠多个江浙沿湖市镇,并与军警交火数次之后,大部逃入安徽广德境内。④ 湖匪行踪诡秘难以追剿,严重影响太湖流域的社会安定。

太湖匪徒并非长期聚众横行,反而时常分散隐蔽,且善于利用合法身份作为掩护。1927 年 9 月,著名的吴大金匪伙在松江泗泾镇、无锡北望亭及常熟归政乡烧杀抢掠。警方在北望亭附近茶馆内抓获盐船帮伙李成义,李作为湖匪的暗探,时常向匪伙传递消息。湖匪在探知沿湖市镇防备薄弱

---

① 《土匪弥漫之浙属安吉》,《申报》,1927 年 10 月 28 日,第 7 版。
② 《苏浙水警会剿湖匪》,《无锡商报》,1929 年 8 月 15 日,第 2 版。
③ 《浙省防堵湖匪》,《今天新报》,1929 年 8 月 15 日,第 6 版。
④ 《太湖中大帮湖匪业已击散》,《国民导报》,1930 年 2 月 13 日,第 2 版。

时，便大规模聚集匪众实施抢劫，江湖黑话称之为"起帮"。① 湖匪每次起帮，由小股汇成大群，且活动范围更广泛。1928 年年底，吴大金在太湖再度起帮，聚集了安徽、海州、河南、浦东、江北等不同匪伙。吴匪为安徽合肥人，曾是盐枭及游杂武装军官②，通过长江水路到达太湖，先在苏州沿岸劫掠，待江苏军警围剿后，又逃往浙江湖州、嘉兴一带作案③，舆论称之为"横行江浙皖著名匪首"④。吴大金每次作案成功后，往往携带赃物与肉票前往上海租界藏匿，故其最终被法租界巡捕房抓获。⑤ 1927 年至 1929 年，吴匪频繁往来江、浙、沪、皖之间，先后起帮数次，抢劫绑架无数，仅抢得的黄金就有近百斤。吴匪数次被军警招安藏身军队，犯案后也经常被地方武装包庇藏匿，其匪踪遍布太湖沿岸数十市镇。⑥ 吴的党羽最多时，有 4 000 余人，还被北洋军阀张宗昌的残余势力收买，委以旅长之职。⑦ 吴大金作为湖匪的典型，在太湖及长江南北横行数年，依托各种身份进行伪装，四处流窜逃避追剿，不仅危害社会治安，还与军阀勾结，对地方经济与政治造成严重破坏。

　　湖匪在太湖抢劫过往船只，对沿岸各处造成极大的危害。1930 年夏，由东山开往苏州的大陆、飞虎两艘小轮，先后被湖匪洗劫。⑧ 当水警出动兵舰追击湖匪，并发现其踪迹时，竟然被匪徒划小舟从四面包围，除掳走乘客数十人外，水警驻东山的大队长王武升等也被绑架，大量军械被抢走，随后匪帮迅速向浙江方向逃窜。⑨ 无锡、吴江、吴县三地联合出动水陆军队围剿，经侦知此次湖匪起帮，由海州、河南与浦东三帮合并，并勒索 50 万元

① 《湖匪洗劫案续闻》，《时事新报》(上海)，1927 年 9 月 30 日，第 3 版。
② 《太湖著匪吴大金供词》，《申报》，1929 年 6 月 3 日，第 11 版。
③ 《太湖匪窜入浙境》，《民国日报》，1928 年 12 月 11 日，第 3 版。
④ 《著匪吴大金子在吴江伏法详情》，《时报》，1929 年 6 月 22 日，第 4 版。
⑤ 《金姓肉票幸得出险》，《申报》，1929 年 5 月 27 日，第 11 版。
⑥ 《太湖匪首吴大金之历史》，《时报》，1929 年 6 月 3 日，第 2 版。
⑦ 《吴大金等罪状宣布》，《时报》，1929 年 6 月 25 日，第 4 版。
⑧ 《湖匪劫轮案》，《大公报》(无锡)，1930 年 7 月 26 日，第 2 版。
⑨ 《湖匪劫轮案(二)》，《大公报》(无锡)，1930 年 7 月 27 日，第 2 版。

巨款。① 湖匪利用港汊丛生为掩护，大部裹挟人质藏在浙江，小股在吴江境内。② 由于湖滩地区水浅草深，军舰无法航行，军警只能利用民船搜寻湖匪。② 军警剿匪的成效甚微，几乎没有发现湖匪的踪迹，反而湖匪不断向官方勒索恐吓。当局被迫只得与湖匪进行谈判，还派人携带西瓜、香烟等物前往匪窟还价。③ 在谈判破裂后，军警开始进攻围剿，才最终将大部人质救出。④ 1931 年冬，由太湖东山开往苏州的轮船飞云号被湖匪劫持，十余人因无钱被释放，另有小学校长傅仲德等 7 人被绑架，勒索数十万元。⑤ 因议价未成，肉票傅仲德被迫投湖身死⑥，此事在当时引发较大震动。湖匪劫船杀人越货绑架，对交通及商业破坏极大，太湖流域行船人人恐慌。

　　绑架索赎，是湖匪最为惯用的手段之一。溯诸史料，1928 年至 1932 年间，绑架案件最为频繁。通常在洗劫市镇之后，湖匪均会绑走人质若干。1928 年 3 月，湖匪袭击苏州尹山乡后，一户陆姓人家被绑走男女共 5 人，其中 2 名年轻女性以 1.5 万元被赎回，而陆家账房先生的索价为 1 500 元，仅因短少 200 元即被枪杀。⑦ 由此可知，年轻女性往往赎金更高，且湖匪毫无信义滥杀无辜。湖匪的绑架手段是多样的，首先在当地会有卧底打探消息，并有专人负责谈判索赎。⑧ 湖匪绑架的目标明确，有时甚至会对同一目标反复下手。1928 年 9 月，上海金山古玩商李氏父子，数月内先后被绑，其父因被灌大量镇静药水而毙命，其子被索 5 000 元赎回。⑨ 湖匪还善于伪装，1928 年 5 月，昆山安亭镇富户王骏生，被身着军警制服者十余人以捉拿"共党"为名绑架。⑩ 除进入陆地市镇绑架外，湖匪也善于在行船途

① 《湖匪劫轮案（六）》，《大公报》（无锡），1930 年 7 月 31 日，第 2 版。
② 《湖匪劫轮案（七）》，《大公报》（无锡），1930 年 8 月 2 日，第 2 版。
③ 《湖匪劫轮案（九）》，《大公报》（无锡），1930 年 8 月 3 日，第 2 版。
④ 《湖匪劫轮案王队长呈报经过》，《民报》（无锡），1930 年 8 月 10 日，第 2 版。
⑤ 《湖匪劫绑飞云轮客谈》，《申报》，1931 年 11 月 4 日，第 12 版。
⑥ 《枪决湖匪李振鹏》，《申报》，1933 年 7 月 30 日，第 10 版。
⑦ 《苏乡湖匪横行》，《申报》，1928 年 3 月 16 日，第 9 版。
⑧ 《西湖北高峰之神签》，《申报》，1928 年 8 月 6 日，第 18 版。
⑨ 《古玩商李小圃被绑》，《申报》，1928 年 9 月 14 日，第 12 版。
⑩ 《安亭绑票案》，《申报》，1928 年 5 月 29 日，第 10 版。

中绑架。1928 年 10 月,松江商人李正雄行船贩货至嘉兴元荡,被埋伏的湖匪连人带货掳走,并索要 1 万元赎金。① 相较于抢劫财产,绑架更令太湖流域民众恐惧。南京国民政府统治十年间,因绑架而殒命者,不计其数。

湖匪常年作乱,对地方丝织业破坏甚重。太湖流域物产丰富,盛产蚕丝等物,以此为经济的支柱。每年春夏,大量客商抵达太湖收购蚕茧,运往上海等地的工厂加工。1930 年春,湖匪在湖州地区非常猖獗。由于匪情严重,沿湖一带的蚕农纷纷将预留的蚕种丢弃,并相互告诫不敢繁育春蚕,以至于整个湖州地区蚕丝产量大为减少。② 由于湖州地区对湖匪的恐慌,收购商人及茧行均不敢在境内交易,旧湖属六邑茧业公所无奈之下发布公告,要求外来客商前往必须先行报备,由军警专乘护送。即便如此,商人前来者仍旧寥寥无几③,对经济的影响不言而喻。江苏、浙江每逢茧汛,重兵护商已为成规,两省军警在出动大批人马在湖上护茧的同时,往往城中空虚,湖匪趁虚而入袭击城市也时有发生。1928 年春,大批湖匪趁苏州水陆军警出城之际,从郭巷、尹山等地混入城中。据称有 400 余人携带枪械,腰间缠红丝带为记,藏于各处旅社,意图在城中为非作歹。④ 整个太湖流域茧业经济长期受湖匪威胁,尽管每年茧市开张之前,江浙两省均发布安民公告,并出动兵力巡逻围剿⑤,仍旧难以完全保障茧业交易的安全。

二、国民政府对匪患的治理措施

溯源历史,晚清及民国北京政府针对太湖匪患,主要采取江浙联防的模式。晚清江浙两省均在两江总督的治下,一体清剿较为便利。民国肇始,湖州土匪蜂起,当地驻军无力应对,便向上海借师助剿,肃清匪患。⑥

---

① 《元荡劫船掳人案》,《申报》,1928 年 10 月 19 日,第 10 版。
② 《湖属蚕汛受匪氛影响》,《申报》,1930 年 4 月 23 日,第 18 版。
③ 《旧湖属六邑茧业公所紧要通告》,《申报》,1930 年 4 月 6 日,第 7 版。
④ 《湖匪猖獗请兵痛剿》,《申报》,1928 年 5 月 30 日,第 10 版。
⑤ 《水警会剿湖匪》,《锡报》,1932 年 5 月 13 日,第 1 版。
⑥ 《沪军征剿湖匪记》,《新闻报》,1912 年 2 月 2 日,第 1 版。

1913 年,浙江都督朱瑞致电江苏都督程德全,请求借道宜兴等地剿匪,并邀请江苏军队从苏州、无锡等处出兵,再由两省水警负责日常警戒防范等。① 北洋军阀混战之时,由于江浙战争等,两省联合剿匪中断。江浙战争结束后,两省联防剿匪再次被提出。② 1926 年年底,江苏水警厅与浙江内河水警厅达成协议,若湖匪越境,应"不分畛域……两省水警官长均得率同部署,越界追剿,并互相策应"③。

　　国民政府成立伊始,太湖匪患就引起了高层的注意。蒋介石曾命令江浙两省政府,督促兴建南京至杭州间之公路,旨在使太湖之滨水陆衔接便捷,更容易消除匪患。④ 当局还以苏州为基地,派出水陆军警赶赴太湖各要隘,实施联合行动以围剿湖匪。⑤ 江苏省政府咨浙江省政府文中指出,湖匪"行使其杀人越货之手段,不安于苏,即遁而之浙,不安于浙,又遁而之苏,驱避既易,剿抚两难"。因此,两省达成协议,依照以前将设联合剿匪的成案,由两省水警无分界线,严予剿办。⑥ 两省约定,浙江驻大钱、葭湾、乌镇等处水警分别与江苏驻东山、震泽、严墓等处水警会哨。⑦

　　1928 年 9 月,钱大钧从淞沪警备司令转任江南剿匪司令,并从上海移防苏州、无锡、常州一带。⑧ 钱氏面对记者采访,指出太湖附近匪患猖獗,移驻苏州之后,将尽力清除匪患。⑨ 1928 年 12 月,江苏南部各县长官汇集剿匪司令部,召开冬防联席会议。鉴于江南地区早有冬防的习俗,正值匪患严重之时,各县代表共同制定保卫团组织条例等,希望联合力量,解决长期以来的湖匪问题。⑩ 南京国民政府初期设置专门机构,以军事力量为主

---

① 《苏浙会剿湖匪之计划》,《新闻报》,1913 年 9 月 5 日,第 2 版。
② 《江浙联防协剿股匪》,《锡报》,1925 年 9 月 14 日,第 2 版。
③ 《苏浙会剿湖匪之咨商》,《无锡报》,1926 年 11 月 1 日,第 2 版。
④ 《兴筑京杭路蒋令克日进行便肃清湖匪》,《京报》,1928 年 11 月 21 日,第 5 版。
⑤ 《水陆军队痛剿湖匪》,《民国日报》,1927 年 5 月 24 日,第 2 版。
⑥ 《水警会剿湖匪之先声》,《工商日报》,1928 年 4 月 9 日,第 3 版。
⑦ 《江浙水警联防湖匪》,《中央日报》,1928 年 4 月 13 日,第 5 版。
⑧ 《钱大钧奉令移防兼任江南剿匪司令》,《时事新报》(上海),1928 年 9 月 8 日,第 10 版。
⑨ 《钱司令谈话》,《民国日报》,1928 年 9 月 6 日,第 9 版。
⑩ 《江南冬防会议第二日情形》,《时事新报》(上海),1928 年 12 月 26 日,第 4 版。

导,警察、民团武装为辅助的跨区域联合剿匪活动,较之于北洋军阀对太湖匪患的治理,的确规模更大且一定程度上遏制了匪患的蔓延。

剿匪司令部制定的《江南剿匪计划》指出,"各区内之水陆公安警察保安队民团等,关于剿匪事宜,得由该区最高军事长官随时指挥调遣。两区毗连,遇有匪警时,应由两区剿匪部队互相会合协同防剿。每遇匪警,一面将情形报部,及通知各毗邻区域,一面负责痛剿,以不失机宜为要"①,等等。钱大钧召集江浙两省官员,提出地方机关、水陆警队、地方自卫团体等机构团结一致,宣传民众、严查户口、清查枪支、搜索匪踪,"以江苏、浙江水上公安队之一部分,与环湖各县之驻军及自卫团体,协同分区搜剿,俾一举而根本廓清之"②。

钱大钧率部剿匪后,太湖流域仅获得了短暂的平静,1929 年冬,匪焰迅速复炽。1930 年 2 月 4 日,蒋介石任中央军第五师副师长胡祖玉为太湖剿匪总指挥,令胡麾下所部由津浦路南段开苏州进行剿匪。③ 组建江南剿匪司令部的意图,主要是消灭江南地区共产党领导的工农武装,兼顾剿灭太湖流域湖匪。而剿匪总指挥部的成立,则直指太湖匪患。参与剿匪的正规军有第五师十四旅及一五五旅,加之地方保安团、两省警察大队、江浙水警舰只共计百余艘、飞机数架,总兵力达到了 2 万余人,其规模前所未有。④

胡祖玉在上海召集江浙两省军、警、政相关人员展开讨论,制订剿匪计划,并且迅速按照计划分配兵力、封锁港口、进军剿匪。⑤ 与以往剿匪不同,此次采取大规模兵力全线封锁太湖,再分兵东西太湖进行搜索。从阳澄湖、淀山湖、漏湖等外围水域开始分割包围,力求歼敌于水面。对于水陆

---

① 昌度:《江南剿匪司令部制定江南剿匪计划》,《军事杂志》(南京)1929 年第 7 期,第 8 页。
② 《江浙防剿太湖土匪之计划》,《申报》,1928 年 12 月 7 日,第 8 版。
③ 《蒋中正另任胡祖玉为太湖剿匪总指挥》(1930 年 2 月 4 日),"国史馆"藏,蒋介石档案,典藏号 002 - 060100 - 00026 - 035。
④ 《湖匪猖獗之近讯》,《湖州月刊》1930 年 2 月,第 3 卷第 7 号,第 53 页。
⑤ 《太湖剿匪会议》,《时事新报》(上海),1930 年 2 月 11 日,第 9 版。

交通要道以重兵把守，防止湖匪逃脱，同时以飞机进行侦查，准确定位匪伙。在设备方面，指挥部主张采用机枪、火炮、轰炸机、水雷等重武器，直接歼灭匪徒。① 太湖剿匪指挥部在各处张贴布告，向湖匪发出通牒恩威并用，指出"擒获或杀戮匪首来归者，能率部来归者，携械来归者，脱离匪伙前来告密，或能做向导者，均有重赏。改过自新，前来自首者，赦无罪"。同时向江浙两省征集剿匪方案，指出"一切清剿方法及路径，加有深知灼见，并希时赐南针，以匡不逮"②。胡祖玉率军剿匪，虽未能完全根除匪患，但大规模匪情在此后相对减少。

太湖流域各县，蚕丝业都较为发达。每年春季蚕茧上市，大量中外客商携款汇集，极易发生盗抢案件。所以每逢茧市开业，太湖沿岸各县都如临大敌。历年收茧之前，均由江浙皖茧业总公所向省府提请，要求驻江水警舰队进入太湖护茧。尽管如此，仍旧"盗匪充斥黎里……虽经水陆警队严引防剿，无如匪徒众多，此孥彼窜，难期肃清"③。国民政府为维护太湖流域经济安全及社会稳定，常年消耗巨大人力物力确保春季茧市的正常运营。每年 5 月 20 日至 7 月 20 日为茧市保护期，仅江苏省就设有 120 艘水警巡船，与各地茧业公所配合分驻各乡，负责押运收茧款项，并护送茧丝离境。④ 国民政府的护商军事行动，一定程度上起到了维护基层社会治安与经济环境的作用。

培植地方武装联防湖匪，也是国民政府主要的举措之一。鉴于正规军队力量的不足，国民政府支持在两省基层组织自卫队并鼓励商团等民间武装联防湖匪。1928 年，青浦县所属淀山湖区域匪事猖獗，当地士绅在时任淞沪警备司令钱大钧的许可下，筹集巨额款项赴上海购进枪支 30 余支、子

---

① 《军警将实行封锁太湖然后再派队入湖围剿》，《民国日报》，1930 年 4 月 5 日，第 5 版。
② 《剿匪部诫匪众》，《时事新报》（上海），1930 年 4 月 6 日，第 5 版。
③ 《吴江县茧业公所关于电请省水警舰队保护茧市致县政府呈》（1929 年 5 月 15 日），吴江区档案馆藏，案卷号 8·1·2831。
④ 《江苏省农矿厅关于保护茧市并印发保护办法令致各县饬属遵办致吴江县政府训令》（1930 年 5 月 21 日），吴江区档案馆藏，案卷号 8·1·2831。

弹 6 000 余发,武装地方保卫团及公安队。① 苏州地区的商团武装,有较为悠久的历史。作为富庶之区,地方士绅及商人非常乐意筹措经费组织护商武装。湖匪的横行,严重影响地区商业的发展,故此商团经常与匪徒交火。1929 年 4、5 月间,苏州商团派队辅助军警在斜塘、甪直等处围剿湖匪②,曾取得一定的战绩。客观言之,商团武装作为警戒巡哨,对于监视湖匪、协防警报发挥了积极的作用。1935 年,国民政府曾想解散苏州等地商团武装,引发了苏属各县的强烈反对,吴县桐柏油饼业公会称:"苏州警力单薄,壮丁队尚未训练,遽然撤销商团,商民惊恐万分。"吴县县长吴企云也认为,"刻届冬防,本县警力单薄,且临近太湖,湖匪时常出没,诚恐不测"。在多方呼吁之下,商团武装才暂时得以保留。③

日本帝国主义对江南地区的觊觎,也使国民政府对太湖匪患问题更加重视。一·二八事变之后,首都迁洛,国民政府对江浙地方治安的关注突然减弱,太湖湖匪死灰复燃。当年 5 月,浙江省主席鲁涤平致电蒋介石称,"前饬与江苏省会剿湖匪,经电商顾祝同在案,现闻湖匪势渐猖獗请准令独立三十六旅会剿"④。几乎同时,国民政府军事委员会发布《抗日作战军后方军运总处组织大纲》,指出要保障太湖流域水路运输畅通,致力肃清匪患才能更好调度军队及物资进行抗日作战。⑤

全国抗战爆发前后,国民政府认识到湖匪难题若被日本帝国主义利用,将从原本的社会治安问题,发展成为国家安全的重大隐患。1936 年 7 月,上海市市长吴铁城致电蒋介石称,日本大使馆陆军武官室佐方少佐,其实隶属于特务机关,申请乘汽车由沪赴镇江及太湖,极有可能与太湖水匪秘密接

---

① 《青浦县在沪购办防匪械弹》,《申报》,1928 年 9 月 7 日,第 16 版。

② 章开沅编:《商团斜塘支部致团本部函》(1929 年 4 月 21 日),《苏州商团档案汇编》(下),成都:巴蜀书社,2008 年,第 856 页。

③ 章开沅编:《吴县县政府训令》(1935 年 12 月 26 日),《苏州商团档案汇编》(上),第 419 页。

④ 《鲁涤平电蒋中正》(1932 年 5 月 20 日),"国史馆"藏,蒋介石档案,典藏号 002 - 090300 - 00047 - 084。

⑤ 《抗日作战军后方军运总处组织大纲》(1932 年 4 月),"国史馆"藏,蒋介石档案,典藏号 002 - 110300 - 00014 - 009。

触，"显系假游历为名窥探我防务，当以所经路线非属市区范围婉辞推却"①。同年 10 月，吴再次密报蒋称："太湖匪首王栋材受日本接济手枪、子弹，闻将往江浙交界之长白荡一带有所活动。"②军政部部长何应钦也致电蒋介石，要求寻找机会整合太湖水上武力，将湖匪武装招安为抗日所用。③ 1937 年中日在上海恶战之时，戴笠致电顾祝同称："沪战时苏浙行动委员会，派吴玉清赴太湖一带，调查敌方在彼处活动之情形，并当地土匪等之动态。"戴笠希望收编湖匪武装，以开展对日游击作战。④ 尽管部分湖匪以民族大义为重参加抗日⑤，但被利用成为日本帝国主义的向导先遣者，亦不在少数⑥。

三、国民政府对匪患的治理困境

国民政府的两次重兵剿匪，看似对治理匪患立竿见影，却难以完全根除。1928 年 6 月，随着江浙两省会剿协定的达成，苏州、无锡等处水警联合南下，对南太湖地区的匪巢进行扫荡。⑦ 值得注意的是，几乎同时浙江长兴县七处保卫团共百余人武装，受湖匪郭老四蛊惑，携械入湖为寇，随即劫掠江苏吴江等处。⑧ 湖匪起初纠集 500 余众行凶，吴江水道因此封锁。与苏州、无锡水警遭遇，在吴江被击溃后，湖匪又流窜宜兴等处。除苏州、无锡、常州水警联合行动外，宜兴商团也参与剿匪。⑨ 在江苏大肆行劫后，该匪股又回马杀往湖州，长兴县城因此风声鹤唳，重兆镇遭到洗劫。⑩ 被

① 《吴铁城电蒋中正婉拒日本使馆佐方武官以游历太湖之名来窥探中国防务情况》（1936 年 7 月 19 日），"国史馆"藏，蒋介石档案，典藏号 002 - 090200 - 00021 - 086。
② 《吴铁城电蒋中正称汉奸刘汝田等人伪装身份分赴各县侦探情报及日方接济太湖匪首王栋材械弹似拟派至江浙边界活动等》（1936 年 10 月 7 日），"国史馆"藏，蒋介石档案，典藏号 002 - 090200 - 00020 - 354。
③ 《何应钦等电蒋中正整理太湖水上武力》（1936 年 9 月 17 日），"国史馆"藏，蒋介石档案，典藏号 002 - 080200 - 00476 - 134。
④ 《戴笠电顾祝同沪战时苏浙行动委员会曾派吴玉清赴太湖一带调查敌方活动》（1937 年 10 月 15 日），"国史馆"藏，戴笠史料，典藏号 144 - 010104 - 0004 - 035。
⑤ 顾凤诚：《中国抗战形势图解》，武汉：光明书局，1938 年，第 83 页。
⑥ 徐特立：《徐特立文存》第 2 卷，广州：广东教育出版社，1995 年，第 67 页。
⑦ 《水警分三路剿匪》，《申报》，1928 年 6 月 8 日，第 10 版。
⑧ 《浙湖保卫团自召灭亡竟投湖匪》，《时事新报》（上海），1928 年 6 月 18 日，第 6 版。
⑨ 《水警与湖匪激战》，《时事新报》（上海），1928 年 6 月 20 日，第 3 版。
⑩ 《长兴严防湖匪》，《时报》，1928 年 6 月 24 日，第 4 版。

击溃的湖匪又啸聚 300 余人进犯东太湖,江苏当局立即通知浙江水警,两省联合出动巡防舰 6 艘、木船 200 余只、军警近 700 人进剿。① 除江苏、浙江外,安徽水警也参与战斗,不料匪势猖獗,将安徽军警某团缴械后裹挟入伙,在平望、横扇一带肆虐。② 至此,湖匪共有长兴、宜兴、广德三股共计 800 余人,又有投入匪伙的安徽军人近千,"匪方编制一如军队,且旗帜军械均全"③。江浙两省多次联合进剿,匪徒不减反增,还将周边民间武装乃至正规军警拉入匪伙。1928 年 6 月的数次剿匪战斗,江浙两省共击毙匪徒不足百人,抓捕不过十余人。太湖沿岸江浙市镇损失惨重,却未消灭湖匪的大部,因为他们很快化整为零,四处躲藏。

1928 年至 1930 年,苏南地区剿灭湖匪的行动,看似一直保持着较为高压的态势。一方面,湖匪在江苏界内的活动受限,另一方面,浙江沿湖地区军事力量部署弱于江苏,使得浙江御匪的压力骤增。1929 年年底,湖匪 300 余人,分乘船只 20 余艘,蜂拥入乌镇四栅同时抢劫。水警队和警察所均以匪众不敢出击。丰泰、汇源、葆昌三家点当铺及宜昌绸庄等大商户被洗劫一空,全镇损失达到 30 万银元之巨。湖匪打死警察与民众多人,并绑架多人为"肉票"。1931 年 4 月 20 日下午,湖匪百余人分抢掠石湾镇,不仅洗劫商店大户,还抢走崇德、桐乡两公安分局和水警队的枪械 25 支,击伤警察及居民 10 余人。面对盗匪肆意掳掠,湖州警方破案效率极低,1931 年当地共发生湖匪劫案 22 起,仅破案 2 起。较之于江苏,浙江当局的防务松弛、治理不当,致使湖匪长期肆虐。④

1930 年 2 月,军方及江浙两省共拟《剿办湖匪计划大纲》规定,原本计划在浙江派驻多于江苏的兵力,以孙常钧为指挥官,和胡祖玉驻扎江苏的部队配合作战。⑤ 在之后的实际行动中,浙江沿湖地区并未派驻成建制正

① 《苏浙水警会剿湖匪》,《新闻报》,1928 年 6 月 24 日,第 4 版。
② 《苏浙水警会剿湖匪四志》,《新闻报》,1928 年 6 月 28 日,第 9 版。
③ 《水警大举剿湖匪》,《民国日报》,1928 年 6 月 28 日,第 6 版。
④ 马新正:《桐乡县志》,上海:上海书店出版社,1996 年,第 975 页。
⑤ 《总部规定剿办湖匪计划大纲》,《军事杂志》(南京)1930 年第 23 期,第 218—219 页。

规军队剿匪，参战水陆警队数量也少于江苏，并且剿匪费用，也根据两省临湖七县分为苏五浙二。① 1930 年，中原大战爆发，"所有驻浙军队，渐向前方开拔，致盗匪乘机蜂起，四野骚然，而太湖沿岸湖匪，因亦横行于湖州一带，居民备受蹂躏。5 月间，离杭州海关 4 英里许之肇太地方，忽有大帮匪徒发现，焚掠劫杀，无所不为，乡民之遇害者，固有其人，房屋之被毁者，更不一而足"②。事实上，湖匪受江苏军警追剿之后，经常向南太湖区域的浙江吴兴、长兴、安吉、嘉兴、嘉善等县流窜。当地民团等自卫组织无力抵抗，投匪事件频发，后果非常严重。

南京国民政府成立以后的数年间，从民间请愿剿灭湖匪的频次与规模看，湖州地区首屈一指。陈其采、潘公展等湖州闻人，也多次要求中央剿灭家乡匪患③，可见浙江所受危害甚于江苏。此外，江浙两省之间因匪情传递不及时与战略配合的失当，也造成了较大的损失。例如，1929 年末至次年初，盘踞吴江县的湖匪千余人作乱，江浙水陆警察会剿，由于信息传递迟滞，两省军警各自为战，结果被湖匪各个击破，伤亡惨重。两省警队苦战，付出伤亡官兵百余人的代价，仍旧未能挫败匪徒锋芒，直至军方从上海调遣轰炸机对匪伙投弹，才最终将大股匪徒驱散。④

国民政府培植地方武装防御湖匪，虽看似有一定成效，但是以商团、保安队等作为市镇日常防卫武装的方式，会产生较为严重的副作用。1927年，江苏水警厅厅长沈葆仪就指出，湖匪"除抢劫商店居户外，更注重劫夺水警、商团枪械"⑤。还有如 1928 年长兴自卫队的投匪事件，及 1929 年无锡雪堰桥商团被劫走大量军火⑥等，此情况持续。地方武装战斗力低，又容易遭到蛊惑。或明里入伙，烧杀抢掠；或暗地通匪，传递信息。湖匪行劫，除

---

① 《计划永久清除湖匪之经过》，《浙江民政月刊》1930 年第 32 期，第 115 页
② 中华人民共和国杭州海关译编：《近代浙江通商口岸经济社会概况——浙海关、瓯海关、杭州关贸易报告集成》，杭州：浙江人民出版社，2002 年，第 824 页。
③ 《致浙江省政府请求痛剿湖匪代电》，《湖州月刊》第 3 卷第 7 号，1930 年 2 月，第 69 页。
④ 《湖匪猖獗之近讯》，《湖州月刊》第 3 卷第 7 号，1930 年 2 月，第 52 页。
⑤ 《湖匪洗劫案续闻》，《时事新报》，1927 年 9 月 30 日，第 3 版。
⑥ 《常锡交界雪堰桥湖匪洗劫详纪》，《兴华》第 26 卷 46 期，1929 年 11 月，第 38—39 页。

攫取钱财绑架人质以外,往往更加注意先行抢夺地方武装的枪械、制服、证件等物。1929 年 4 月,湖匪攻破苏州商团斜塘支部并抢走大量军火,同时攻破警察分队部,发现人单枪少无所掠夺,竟然"形似失望"①。由此观之,普通商团及基层警察武装,不仅无力抗衡大股湖匪,还经常为湖匪所利用。

国民政府太湖剿匪行动的规模,可谓前无古人。然而囿于内外战争等因素,正规军队无法长期驻扎,待军队撤防以后,湖匪的气焰会更加嚣张。1929 年元旦凌晨 4 点,位于苏州、无锡之间的光福镇遭到数十名湖匪的洗劫而损失惨重。钱大钧在元旦致辞上表达肃清湖匪的决心,提出联合江浙各县,进行两省大会剿。"限期两月之内一律肃清匪患。"钱氏称,将征发两排士兵前往光福镇戍守,并在太湖西山驻扎水警。② 但此后一年间,光福镇仍屡屡遭受劫难。钱大钧发表彻底肃清太湖匪患宣言后的第四天,蒋介石便免除其师长职务,并要求他速回南京另有安排。③ 当月底,江南剿匪司令部编制就被撤销。④ 光福镇原本属于商业繁盛之地,在反复被湖匪洗劫后骤然萧条。1930 年,当地钱庄等金融机构及商业团体等均不复存在。⑤ 与钱大钧一样,胡祖玉所主持的太湖剿匪,初始大刀阔斧,看似有所成效。但局势稍稍稳定之后,胡氏便率军北上参加中原大战。可见匪徒在高压之下销声匿迹,仅仅是躲藏逃遁,在军队与匪徒的反复拉锯之中,地方社会逐渐萧条。

尽管江苏、浙江作为南京国民政府的统治核心区域,但湖匪问题犹如沉疴顽疾。1933 年 9 月,蒋介石电令江浙两省称,"复兴农村,首当肃清匪患,际此秋收时期,农民稍有积蓄,太湖匪徒难免乘机蠢动,特由庐山电令……严饬两省水警会剿湖匪,以维治安"⑥。蒋介石的命令发布不久,上

① 章开沅编:《商团斜塘支部致团本部函》,《苏州商团档案汇编》(下),第 856 页。
② 《钱司令肃清湖匪之决心》,《新无锡》,1929 年 1 月 1 日,第 3 版。
③ 《蒋中正电钱大钧免师长职暂交陈继承代理即来京面叙》(1929 年 1 月 5 日),"国史馆"藏,蒋介石档案,典藏号 002-010200-00001-005。
④ 《江南剿匪司令部撤销》,《锡报》,1929 年 1 月 27 日,第 3 版。
⑤ 陈俊才:《民国十九年吴县各区商业状况》,《吴县文史资料》第 9 辑,苏州:政协吴县委员会文史资料委员会,1992 年,第 16 页。
⑥ 《蒋委员长电令江浙两省会剿湖匪》,《民报》,1933 年 9 月 18 日,第 3 版。

海昆山交界处便出现了由浦东、河南、安徽三帮汇集而成的湖匪数百人，并由淀山湖进入太湖，伺机为祸地方。① 1935 年，数百湖匪藏匿常州与宜兴交界的马迹山，并扬言要再度洗劫已经多次遭匪的雪堰桥，一时间人心惶惶。② 同一伙匪徒，在苏州前庄首富朱氏举办婚宴之时突袭，将婆媳二人绑架，并索要赎金 6 万元，迅速将人质藏往浙江。③ 当年底，江浙两省的奉贤、金山、青浦、无锡、吴县、吴江、武进、宜兴、嘉兴、平湖、嘉善、桐乡、吴兴、长兴等共计十余县汇聚商议水上联防，坦言"湖匪出没之区，每苦此剿彼窜，肃清为难"④，相约派警护送内河商轮。湖匪在连年围剿之下并未消失，甚至妄图制造武器对抗军警。吴江县曾截获由浙江私运的硝磺 1 000 余斤，原准备运入太湖，为湖匪制造炸弹所用。⑤ 1937 年夏，《大公报》称湖匪接连起帮，大肆活动别有企图，恐受"某国"煽动。⑥ 可见 1927 年至 1937 年间，湖匪问题始终没有被南京国民政府妥善解决。

结 语

太湖匪患的产生，其根源并不仅在于太湖流域，更是近代中国较长时段内社会动荡、贫困与失序的缩影。尽管 1927 年至 1937 年间，国民政府在江浙地区的统治较为稳固，在面对太湖这样两省交汇且四通八达的广袤水域，仍旧显得手足无措。作为"首善之区"的江南，更无法在内外战争交织、灾害频发与祸乱四起的大环境下独善其身。南京国民政府十年间对太湖匪患的治理，更像一块遮羞布，仅仅是盖住了问题的表面；以重兵剿匪的方式，仅能维持短期内的平静，江浙地方政府始终无力独自应对匪患，遮羞布最终难以掩盖治理的失当。一方面，乱的根源无法断绝，匪徒源源不断地产生；另一

---

① 《淀山湖到大帮湖匪》，《民报》（无锡），1933 年 11 月 3 日，第 2 版。

② 《发现大帮湖匪》，《中央日报》，1935 年 9 月 17 日，第 6 版。

③ 《婆媳俩被绑勒索六万元》，《时报》，1935 年 11 月 20 日，第 4 版。

④ 《江浙实行水上联防》，《民报》，1935 年 12 月 28 日，第 4 版。

⑤ 《吴江查出私运硝磺》，《人报》（无锡），1935 年 9 月 17 日，第 2 版。

⑥ 《太湖湖匪猖獗当局竭力防范》，《大公报》（上海），1937 年 6 月 24 日，第 10 版。

方面,治的能力有限,无论政治、经济、军事各项均不能从容应对。在与湖匪的反复角力中,江浙地方基层的力量又被长期消耗,陷入极端的被动中。

（许梦阳：南京审计大学法学院讲师）

Control of Bandits in Taihu Lake by Nanjing National Government from 1927 to 1937

Abstract：Taihu Lake has been plagued by banditry since ancient times, and at the beginning of the establishment of the National Government, the activities of lake bandits became even more rampant. The bandits used the border between Jiangsu and Zhejiang provinces to flee repeatedly, gathering and dispersing to escape the crackdown. The lake bandits had caused serious harm to local communities in Jiangsu and Zhejiang by robbing ships, kidnapping for ransom, robbing firearms, and robbing the silkworm cocoon industry along the lake. The national government several times to send troops to fight bandits, and to Jiangsu and Zhejiang joint defense and cultivation of civil armed forces as the main mode of governance, and on the eve of the war to prevent the lake bandits and Japanese imperialism collusion. The army's large-scale bandit suppression method was fast-acting but difficult to ensure long-term peace and security. Jiangzhe local government for the prevention of banditry, consumed a lot of manpower and material resources, was still not effective. Nanjing national government ten years to control the Taihu Lake banditry, although there was a certain degree of effectiveness but extremely passive.

Keywords：Nanjing National Government; Taihu Lake Basin; Lake bandits; regional governance

"清党"后国民党平阳县农会的重建与解散[*]

张莉彬

（宜春职业技术学院马克思主义学院）

摘　要：农会作为清末兴起的社会组织，其组建涉及乡村政治、经济等各个层面，影响着传统乡村秩序。国民党鉴于农会在大革命中所迸发的巨大能量，在南京建政后急欲重建"清党"时被破坏的农会。然而，此时重建的农会不同于大革命时期开展暴力革命的"准政权性"组织，国民党试图将农会回归到清末民初职业团体的本位，使之为农业建设及训政服务。那么，国民党在各地重建农会的目标能否实现呢？据此，本文以平阳县农会为考察对象，力图在厘清平阳县农会"兴起、热潮、重建、解散"的基础上，分析国民党平阳县党部领导下的平阳县农会在"二五减租""农会被控案"中的困境，进而窥探国民党重建农会艰难历程。

关键词：国民党；党部；农会；平阳县；清党

农会是清末从国外传入中国的一种组织形式，农会组织从提出、初建、发展到退出历史舞台，一直有着它的历史任务，它在中国近代历史舞台上起过重要作用。① "农会"一词在各历史时期名称不尽相同，大概有农务

---

* 本文系教育部人文社会科学重点研究基地重大项目"南京国民政府时期江浙基层治理的能力与实态研究（1927—1937）"（22JJD770037）阶段性成果。

① 1890年孙中山提倡"仿泰西兴农之会"；1894年康有为等在"公车上书"效法外国，言："宜命使者译其农书，遍于城镇设立农会，督以农官"；1896年罗振玉等人在上海成立了中国最早的农业研究团体——上海农学会，亦称为务农会；张謇在《农会议》《请兴农会奏》提出关于该时农会较为完整的建设思路。参见李永芳《近代中国农会研究》（北京：社会科学文献出版社，2008年）一书以及朱英《清末直隶农会述略》（《中国农史》1988年第3期）、《清末广东农会述论》（《学术研究》1990年第1期）、《清末全国农务联合会述略》（《贵州社会科学》1990年第10期）、《辛亥革命前的农会》（《历史研究》1991年第5期）等文。

会、农学会、农桑会、农民协会、农会、农救会等。自"农会"诞生至今,已有一批学人做了不少的相关研究,其中也有一些关于民国时期农会的研究,但在过去较长的一段时间里主要集中于中国共产党领导的革命性质的农会组织研究,对国民党统属下的农会研究甚少。

近年来,随着农会研究的深入,学术界已逐渐突破中共农运史的写作范式,对更为复杂的农会历史有了更多思考,对大革命时期国民党与农会的关系①和"清党"后国民党重建农会的历史②进行了重新梳理。就已有研究来看,大多数学者的研究都以宏观叙事为主,少有到县区层面的研究,且未能进行较长时段深入、系统的考察,对地方党政绅与农会的关系把握不够。为此,本文拟从浙江省平阳县农会入手,试图从较长的历史时段来探析"清党"后国民党平阳县党部重建、解散农会的历史过程,通过"二五减租""农会被控案"等具体实践,来分析国民党高层、地方党政机关、乡绅围绕县农会展开的政治博弈,进而窥探国民党农会政策的矛盾性和重建农会的艰难。

一、清末民初乡绅主导的平阳务农支会

甲午一役,泱泱大国败于蕞尔小国,令国人痛心。有识之士逐渐认识到仅学习西方"器物"并不能改变挨打的命运,必须变法图存,以求国富兵强。中国作为农业大国,素有"万事皆出于土"一说。为此,孙中山指出要

---

① 梁尚贤、刘永生等人认为国民党人和共产党人都为大革命时期的农民协会做出了重大努力,大革命时期广东农民运动由中共包办的定论站不住脚;同时梁尚贤还认为镇压农民运动是国民党"清党反共"的重要内容之一,也为其深深地埋下了日后失败的祸根。参见梁尚贤:《国民党与广东农民运动》,广州:广东人民出版社,2004 年;刘永生、彭三明:《国民革命时期国民党农民运动战略初探》,《燕山大学学报(哲学社会科学版)》2010 年第 4 期。

② 李永芳认为国民党重建的农会是一种旨在推进农业改良,开展社会教育,协助政府联系农民及实施政令的社会性中间组织。魏文享则将农会置于国家与政党之间考察,认为农会在国民党的领导下,有责任帮助国民党实施乡村控制和乡村治理;同时为适应国家建设的需要,农会也发挥着其本身的作用即推动乡村经济的发展,在一定程度上丰富了国民党统属下农会的研究。参见李永芳:《近代中国农会研究》;魏文享:《国民党、农民与农会:近代中国农会组织(1924-1949)》,北京:中国社会科学出版社,2009 年。

国家富强须"以农为经,经商为纬",农务被当成富国之根本,"兴农"的呼声日盛。康有为也在"公车上书"中提出要译外国农书,效法外国,在各地组织农学会,以振兴农业。在"兴农"的背景下,罗振玉等人于光绪二十二年(1896 年)在上海成立了中国最早的农业研究团体——上海农学会,亦称为务农会,浙江省温州瑞安的黄绍箕、黄绍第、杨世环等人成了农学会最早的会员。次年黄氏兄弟与同邑好友孙诒让发起组织瑞安农学会。为求得赞助,孙诒让撰《劝农通启》一文散到瑞安各乡,并召集 39 名士绅联名向官府报备,还制定了《瑞安务农支会试办章程》。

农学会成立后编辑农报、翻译农书、倡导开办农业学堂,推动了晚清农学的发展。光绪二十四年(1898 年)二月,朝廷诏令直省督抚饬下属州县,劝谕绅民振兴农学,兼采中西各法,切实兴办农务。同月下旬,瑞安务农支会在县城卓公祠正式成立,会员们推举黄绍箕为总理,并在城郊神农庙设立办事处。^① 瑞安作为近代温州思想变革的中心,其近代农业改良事业如同教育事业一样,影响着周边地区的发展,尤其是隔壁的平阳县。

平阳县位于温州东南部,东临东海,南邻福建福鼎,西靠文成、泰顺,北接瑞安。光绪二年(1876 年)《中英烟台条约》签订,中国的大门进一步被列强打开,温州也受到影响。温州开埠对平阳社会产生了冲击,西方宗教、新式教育和社团进入平阳。尤其是甲午战争以后,原本在金钱会起义^②中崛起的平阳地方士绅通过兴办教育、团练,加入教会等方式,形成了一股强大的地方势力,影响了平阳近代历史的发展。在瑞安务农会的影响下,黄光、姜啸樵、刘绍宽等平阳地方士绅在"求强于富,求富于农"的号召下成立务农支会。刘绍宽在为平阳务农支会作的《农会序》中称平阳县务农会:

---

① 关于瑞安务农支会孙诒让在《古籀拾遗》等文集中有大量的介绍,当代温州学人刘建国、陈传银在《近代温州农会研究(1897—1949)》(厦门:厦门大学出版社,2017 年)中也进行了详细的梳理,对本文大有裨益。

② 咸丰八年(1858 年),当太平军石镇吉部攻克处州后,平阳社会震动,赵起(又作"启")等 8 人大受鼓舞,在平阳钱仓的北山庙"五显神"前结盟,拜为兄弟,开始组织金钱会。金钱会以平阳钱仓为根据地,数年间,遍及温州全境,并蔓延至处州和福建福鼎地区,会众达数万人。

"近则柯睨于章安（即瑞安），远则沟通于上海；下以开齐民之风气，上以塞朝廷之明诏，使二十一行省州县皆得如数君子者起而力任之，安见农学之不大昌，而国家求强于富之非果有本计也?"①

平阳士绅对务农支会寄予厚望，将其视为"求富强，开风气"的盛举。平阳务农支会仿效瑞安务农支会设立钱务、种植、笔墨和采访四司，其中种植司最为重要，由四人负责，专门巡视和管理实验田地，同时以试种瓯柑、蚕桑为目标，推广普及农业科技知识。在黄光、姜啸樵等人的努力下，务农支会在预防虫害、改良品种等方面取得了一定成效，在乡里颇有声望，但因会费较高，加入者往往是各地殷实之家，鲜有一般农民进入。

清末新政开始后，清廷对发展农业给予了充分的重视。光绪二十九年（1903 年）在工部下设"平均司"，专门执掌开垦、蚕桑、山林、水利、畜牧等"农政机要"。光绪三十二年（1906 年）成立农工商部，将"平均司"改为专司农政的"农务司"，并把各项涉农事宜，悉划归农务司管理。② 光绪三十三年（1907 年）七月清廷在"京畿重地"直隶创办了中国近代第一个享有社团"法人"地位的农会组织——直隶农会，其宗旨为"联络官绅，讲求农务"。③ 不久，清廷颁布《奏定农会简明章程》，鼓励各地发展农业，中央成立务农联合会，在地方设置"劝业道"、劝业公所，各厅州县设劝业员。到辛亥革命前夕为止，全国成立农务总会 19 处，农务分会 276 处。④ 各省在省城设立务农总会，在府、厅、州、县设分会，在乡村设农务分所的三级直属农会组织系统。平阳务农分会也得到了较好的发展，江南、万全、北港、南港等区都建立了务农分所，众多乡绅加入其中，为近代平阳农业的发展起了一定作用。

中华民国建立以后，面对农村经济的衰退，南京临时政府和北京政府

---

① 刘绍宽：《厚庄日记》，1898 年 7 月 26 日，手稿本。

② 故宫博物院明清档案部编：《清末筹备立宪档案史料》上册，北京：中华书局，1979 年，第 480 页。

③ 李永芳：《清末民国时期农会组织研究》，四川大学博士学位论文，2007 年，第 40 页。

④ 朱英：《辛亥革命前的农会》，《历史研究》1991 年第 5 期。

都曾对改良农业和发展农会组织给予过关注，并逐步建成了层层连接的农会组织系统，为了响应不断高涨的兴农呼声，还在北京增设全国农会联合会。在全国农会联合会的统筹下，浙江地方农会派出有一定文化功底的农会会员，对区域内的农业生产状况进行了调查，编成《农事报告书》，分别呈送主管官署。在荒歉之年，农会还要与地方官署共筹救济方法，寻找农事改良良策。浙江省农会还设立了农产陈列所，搜集各种农产物品，以供参观，平阳县农会每月派人巡行讲演农事改良之技术，利用冬期农闲时，召集附近农民，教授农学大意。① 农会入会资格也有相应的限定，1912 年 9 月 24 日农林部颁布的《农会暂行规程》第六条《农会会员之资格》规定，要品行端正，年逾二十岁，且有农业学识，有农业经验，有耕地、牧场、原野等土地的农业经营、研究者才能加入农会。② 这样的规定将大多数无产的农民拒之门外，农会依旧是地主、富绅的活动平台。

正因为如此，关于清末民初务农会的性质和作用，学术界还存在诸多争议③，但是，务农会"改良农事，振兴农业"的目标明确，大体可以认为它是一种旨在改良农业的社会经济自助组织。而民国时期尽管农会组织在君主走向共和的体制转变中呈现出一些新特点，但其组织构成、职能与性质等与清末农会没有本质区别。农会依旧不是属于农民自己的组织，还是一种以绅商为主体的、依附于政府的咨询性的社会团体和联络机关，底层农民无法真正表达自己的诉求。在北洋政府治下的纷乱政局中，乡村秩序受到严重冲击，务农会制度丧失了良好的施行环境，农村的改良与发展便

① 《农会暂行规程》(1912 年 9 月 24 日)，中国第二历史档案馆编：《中华民国史档案资料汇编》第 3 辑"农商"(1)，南京：江苏古籍出版社，1991 年，第 110 页。

② 《农会暂行规程》(1912 年 9 月 24 日)，中国第二历史档案馆编：《中华民国史档案资料汇编》第 3 辑"农商"(1)，第 111 页。

③ 朱英在《转型时期的社会与国家——以近代中国商会为主体的历史透视》(武汉：华中师范大学出版社，1997 年)中认为农会在某种程度上可认为是商办的新型民间社团；王先明在《近代绅士——一个封建阶层的历史命运》(天津：天津人民出版社，1997 年)中认为农会是由地方士绅阶层控制的社团组织；李永芳在《近代中国农会研究》中则认为清末民初农会仍应属于农民组织，但是一种不独立不成熟的，是官督绅办的，是依附于政府的咨询性的近代社会团体。

很难实现,类似平阳乡村的状况在进一步恶化,为此"兴农""改良农村"的社会呼声在不断高涨。

二、大革命时期共产党领导的平阳农民协会

清末民初的务农会作为不同以往的乡村社团组织,其目的虽在"发展农业、改良农技",但也为地方乡绅利用务农支会的名义插足地方事务提供了便利。为把持乡村中的务农会,平阳就曾出现招揽农会"股东",贿选竞聘农会会长的问题。在国民大革命前夕,农村社会秩序更加混乱,"绅农""业佃"的矛盾有被激化的趋势。这一状况在灾荒之年尤为明显,为此瑞安士绅张梄曾在日记中写道:

> 日日骄阳下曝,田畴龟坼,晚禾焦槁,旱荒奇灾已在目前。而县署农会又函催各村为扫虫保禾之举,窃恐杯水车薪何以苏吾民之渴也。隔日,余赴蔡耐夫家与之谈农会除虫事。耐夫示予以禀稿数纸,均妥洽,惟园菇之遭臭虫则漏未叙及,因告以补叙为要。又与谈家遭荒歉,生计困难,乞耐夫代诸同门为予集会句资,以济窘乏。①

1925年8月,在平阳、瑞安等地的旱荒奇灾面前,务农会会员蔡耐夫、张梄等人虽绞尽脑汁应对日趋艰难的局势,但"筹款赈济、扫虫保禾"的努力在农民的困窘面前犹如杯水车薪。1926年平阳县粮食歉收,地主富商乘机囤积,米价暴涨至每百斤11银元,农村的破产局面进一步加重。

国共两党实现合作后,对农民问题高度重视。1924年国民党中央农民部和中央农民运动委员会成立,国民党陆海军大元帅大本营公布了由中国共产党参与制定的《农民协会章程》,为各地农民协会组织的建立提供了切实可行的文本依据。同时,依托共产党人举办了六届农民运动讲习所,培养了大批农民运动骨干,促进了各地农会组织的空前发展。

1926年秋,随着国民革命军北伐的推进,以浙江萧山衙前农民协会为

① 张梄撰,张钧孙、戴若兰整理:《杜隐园日记》,1925年8月8日,手稿本。

模范的新型农会组织，开始在温州各地建立，并有取代传统务农会的趋势。10 月曾去广州参加第六届农民运动讲习所的中共"温独支"党员张植以国民党中央农民运动特派员的身份返回平阳，开展农运工作。张植在平阳先后动员江南盐民领袖吴信直和万全农运领袖叶廷鹏加入县农民协会的筹建队伍，以发动农民群众开展革命活动。

1927 年 1 月中旬，在国民党平阳县临时县党部的主持下，平阳各地农民代表 70 多人会聚平阳县城五显殿，召开平阳县农民第一次代表大会，大会成立平阳县农民协会，张植当选为农民协会会长。2 月 6 日，国民革命军第十七军曹万顺部进入平阳，与县临时党部会合。平阳县农会根据《农民协会章程》中"农民协会为本三民主义解放劳动阶级之意志，结合全国受压迫之贫苦农民而组织之的原则"①，规定"自耕农、半自耕农、佃农、雇农、农村之手工业者及在农村为体力的劳动者，只要年满十六周岁愿意办理入会手续，既可以成为农会会员"。同时，解散旧式士绅农会，并拒绝"有田地百亩以上者；以重利盘剥农民者；为神甫、牧师、僧道、尼巫者；吸食鸦片及嗜赌者加入农民协会"②。这样清末民初以来的务农会被遗弃，代之以国共领导的农民协会。原来没条件加入务农会的贫苦劳动民众成了农民协会的主体，他们把务农会的操控者赶出了农会，甚至将其当成革命的对象，打倒在地。

1927 年 2 月，平阳各地的农运形势进一步高涨，为应对粮食青黄不接的状况，平阳县农民协会在城隍庙召开平粜会议，议定谷价。同月，平阳第一个区乡农民协会环川农民协会在江南钱库环川协天庙成立，选举叶廷鹏为会长，林珍为副会长，当天入会会员达数百人。环川农民协会率先在钱库开展减租减息斗争，按照"二五减租"办法，要求业主每百斤田租减收 25 斤，将高利贷月息限定为 2% 左右。

---

① 《农民协会章程》，《陆海军大元帅大本营公报》1924 年，转引自刘建国、陈传银：《近代温州农会研究（1897—1949）》，第 315 页。

② 《农民协会章程》，《陆海军大元帅大本营公报》1924 年，转引自刘建国、陈传银：《近代温州农会研究（1897—1949）》，第 315 页。

　　1927年孟春,为了帮助贫困农民度过春荒,县农民协会派秘书李孚忱到江南活动。李带领江南农民协会干部在宜山杨氏宗祠召开平粜会议,发动贫苦民众组织粮食"平粜队",制定粮食平粜办法,开展粮食平粜斗争。为此,江南各乡村的平粜队迅速行动起来,监督反动豪绅的行动,动员余粮户开仓售粮,贫苦农户获得了实在的利益。[1] 不久,平阳万全、白沙、小南、南港、浦门、卧凤、麻步、青街等地的农民协会相继成立,到国民党平阳"清党"前夕,各乡普遍设立农民协会或农民小组,会员增至数万人。在"一切权力归农会""打倒土豪劣绅"的号召下,平阳各地农民协会开展了"减租减息,抗租抗税"等活动,其中江南盐民协会领导的盐民运动影响最大。

　　江南盐民与盐警、盐商的矛盾由来已久,平阳县农会建立后,在张植等人的鼓舞下,曾领导盐民烧盐堆、打盐警的吴信直、方式惠等盐民于1927年3月在江南缪家桥成立南监场盐民协会(又称"白沙农民协会"),吴信直任会长,方式惠、林可章任副会长,成立当天入会农、盐民有400多人。不久后,又有大量盐民加入南监场农(盐)民协会,因而又分设方良、缪家桥、儒桥头3个盐民分会,合计会员近1 500人,其中有不少人还经张植介绍加入国民党。由于江南盐民长期以来的抗争传统,江南盐民成了平阳农民运动的中坚力量。

　　白沙农(盐)民协会成立后,提出了"废除苛捐杂税,反对盐商剥削"的要求,盐民大受鼓舞。不久,吴信直带领吴光锁、傅承吉等数百名农(盐)会会员,包围了盐局局长胡振木在江南龙江的住宅,给胡戴上高帽,令其跪在高台上,由盐民痛斥其欺压罪行,并当众烧毁胡家田契。此举让江南农(盐)民协会名噪一时,江南农(盐)民竞相加入,数日农(盐)民协会会员骤增到数万人,为国共两党树立了"党治"的威信。在江南农(盐)协会鼓舞下,北港、南港、万全等地农民协会也开展了较为激烈的农民运动。

　　面对农民运动的迅猛发展,平阳的豪绅们试图破坏农会的活动,扼杀农(盐)民运动,为此他们在一些村庄成立"白色农会""殷户团"等与党部领

---

① 中共苍南县委党史研究室:《中共苍南地方史》上卷,北京:中共党史出版社,1993年,第24页。

导的农民协会进行对抗。吴醒玉、方慎生等人对农会的活动就尤为不满，他们发出"招柬"，召集全县士绅开会应对，在县城公开张贴"党匪不灭，寝食难安"等标语攻击党部。同时，指使爪牙寻衅滋事，冲击农会，甚至还带人抄了万全农民协会会长叶廷鹏的家。[①] 紧接着"土豪劣绅"们与党部、农会的矛盾迅速激化，吴醒玉立即被当作"土豪劣绅之首"，主要附从者与吴一起被列为"四凶十恶"，成为国共两党及农民协会的攻击对象。最终，在县党部的支持下，张植、吴信直、叶廷鹏、方式惠等农民协会领导人，带领江南、万全等地上千名农会会员，在平阳县城揪斗了以吴醒玉为首的"四凶十恶"，并将其交由农民协会监督，之后平阳的地主豪绅不敢公开与农民协会作对。

然而，大革命期间激烈的农民运动是短暂的，随着国民党"清党"分共活动的铺开，国民党平阳县临时党部被迫改组，游侠、施味辛等党部领导遭到通缉，张植、吴信直、叶廷鹏等农会领导人或被迫逃亡，或转入地下。1927年6月上旬，为了还击国民党右派，张植、叶廷鹏、吴信直等人在江南环川召开秘密会议，商定组织农民武装，袭击平阳县城，赶跑林骅、余超英领导的国民党平阳县非常执行委员会，重新夺取平阳县政权。6月17日夜，由原白沙和环川农民协会中挑选的200名强壮会员，组成了江南农（盐）民武装，分批渡过鳌江，计划趁省防军没有防备的情况下，从东门进攻县城。但是，因起事过于匆忙，农民武装缺乏相应的军事训练和战斗经验，攻城未能得逞，农民武装被迫撤回，连夜分散到江南各地。7月下旬，白沙农民协会又在吴信直、方式惠的带领下，包围江南盐堆，袭击了盐警队。为此，平阳县政府出动军警数百人，对白沙农民进行镇压，抓捕盐民8人，原儒桥头农会分会长林可章惨遭杀害。此后，中国共产党领导的农民运动在张植、吴信直、林珍等人的坚持下虽未停止，且在1928年2月中共平阳县委成立后达到一定高潮，攻打了两次平阳县城，但均遭挫败。到1931年年底，温州中心县委被破坏，平阳党组织基本停止活动，农运积极分子遭到迫

---

① 温州市盐业志编纂领导小组编：《温州市盐业志》，北京：中华书局，2007年，第223页。

害,平阳农民革命进入低谷。

　　大革命浪潮中建立的平阳农民协会,作为国共两党合作在平阳开展国民革命的重要团体,具有一定的基层准政权性质。此时的农民协会"是一种以广大贫苦农民为主体,以推翻封建地主政权为宗旨的具有浓厚政治斗争色彩和政权性质的农民自治性组织"①。它在平阳开展减租抗租、稽查漏海、攻打盐堆等活动,扩大了政党在农村中的影响力,推动了农民运动的发展,使原本作为乡村领导者的地主富绅成为阶下囚,使国共两党共同领导的国民党平阳县临时党部得以树立权威。然而,大革命时期的农民协会也存在历史局限性,对农业生产和改良关注较少,过于强调阶级对立,甚至出现"无绅不劣,有土皆豪"的论调,使农村中的绅农矛盾、业佃矛盾被进一步激化,不利于农村社会的建设与发展,因此这种过激的革命并未持续太久。不过,"在农民协会这一组织形式下,轰轰烈烈的农民运动对于国民革命的推进发挥了重要的作用,也让国民党右派感受到了严重的威胁"②。或许正是农民协会的强大能量,让分道扬镳的国共两党不敢掉以轻心,都试图将农民组织置于自身控制之下。

三、"清党"后国民党组建的平阳县农会

　　国民大革命时期,国民党党部下设的农会基本为共产党员所掌控,国民党的组织力量很难深入农村,为此引发国民党右派的疑惧。为了强调国民党领导农会的正义性与合法性,从共产党手中夺取农民运动的主导权,国民党中央宣传部曾发文称:"一切农会工会,都是受到国民政府保护而成立的,如果没有本党,农会、工会绝无从存在,然而共产党人,却打着本党的旗帜,钻入农会、工会里面,暗中布置他们的党羽,渐渐将农会、工会把持住了。"③

---

① 李永芳:《清末民国时期的农会组织研究》,四川大学博士学位论文,2007 年,第 3 页。
② 魏文享:《农会组织与国民党党农关系的重建(1927—1949)》,《江汉论坛》2008 年 6 月,第 78 页。
③《中国国民党与农人》,中国国民党中央宣传部编撰科 1930 年编印,第 61 页。

鉴于国民党在农民运动中处于组织劣势的状况,国民党"清党"开始后,急于整顿原为中国共产党所掌控的农民协会,清除共产党在农会组织中的势力。1927年4月,国民党浙江省党部清党委员会派王超凡、林骅等人回到温州组织"清党",随后蔡雄、苏渊雷等温独支中共党员被逮捕,平阳县农会领导张植、叶廷鹏、吴信直等人被通缉,各区农民协会被解散,农民自卫军被撤除。同时,为了使混乱的乡村社会恢复秩序,国民党中央特别委员会在同时期的《农民运动大纲》中特别关注了乡村农民的状况,大纲中指出:

> 最近农人实际状况,乃有大谬不然者。差胥之搜括,奸商之垄断,土地之剥削,土豪劣绅之鱼肉,贪官污吏之蹂躏依然也。其在北方,受残余军阀肆虐而外,更益之以帝国主义之侵凌。其在南国,遭共产党徒压榨而外,更益之以流氓地痞之专横。农人痛苦不但未减,抑又加甚,遂使全国百分之八十以上之农人咸陷于水深火热之中,而无以自拔。此皆本党同志未能实践总理遗训,积极从事农人运动,以致有此忽略。①

国民党认为革命尚未成功,大部分农民还在水深火热之中,容易被共产党所领导。国民党仍需标榜"践行总理遗训,开展农人运动"的革命志向,缓和社会矛盾,以安抚民众情绪。为此,在南京国民政府建立后,国民党虽然在民众运动方面缺乏自信,但仍将农会组织看作训练农民、整合农民的重要法宝,他们认为"过去农民组织的失败,不能归咎于组织的本身,而在其策略错误"②。因此,国民党试图改组农会、重建农会。

1928年7月,南京国民政府公布了《农民协会组织条例》,对农民协会的入会标准、机构设置及组织系统都做了相关规定,在形式上继承了大革命时期的农会组织原则,不过对农民协会的办会宗旨并未提及,对农民运

---

① 《农民运动大纲》(1927年11月16日),荣孟源:《中国国民党历次代表大会及中央全会资料》上册,北京:《光明日报》出版社,1985年。
② 乔启明编:《农会会务与业务》,南京:正中书局,1944年,第7页。

动也未做明确要求。国民党平阳县党部虽通过重建农民协会,在形式上把控了农会组织,但这样的农会组织无法有效地汲取农村资源,其社会动员能力也是有限的,无法与同时期中共在农村开展的土地革命相比。在地方上,经历过大革命风潮的平阳、瑞安的乡绅在面对农会及其减租活动时也充满了疑虑,在张㭎眼中瑞安农会便因"减租法规,朝令暮更",使得县农会信用尽失,为人所厌烦。①

平阳各区农会活动也和大多数地方农会一样处于低迷状态,民众对于大革命后期国民党的"清党"活动心有余悸,不敢再轻易进入农会,更不敢参与减租活动,揪斗土豪劣绅。为此,国民党中央民众训练部在 1930 年 1 月 27 日重新制定了《农民运动方案》,将训练农民参与农民运动,视为农会的重要工作。《方案》还特别强调:"如果农民没有相当的训练,即便国民党有农会组织,终究还会被人利用,甚至自害,希望能改善国民党对《农民协会组织条例》颁布后农会重建不力和效果不佳的情况。"②

为了使农民运动更加制度化,让民众更加安心加入农会组织,1930 年年底,南京国民政府制定颁发了以"发展农民经济,增进农民智识,改善农民生活而图农业之发达"③为宗旨的《农会法》,共九章三十六条,对农会的业务范围、会员资格、宗旨和组织等进行了明确的规定。同时,为了与准政权性质的农民协会区分开来,《农会法》更加注重农业生产建设,试图通过开办农业试验场、农产品陈列所来提升农业发展水平。在农会会员的要求上,更加注重阶级调和,年满 20 岁的佃农才有入会资格,被褫夺公权或被定为"反革命"的欺压乡里的地痞流氓严禁加入。1931 年 1 月 31 日,南京国民政府又颁布了《农会法施行细则》即《农会法施行法》,对《农会法》的相

---

① 张㭎撰,张钧孙、戴若兰整理:《杜隐园日记》,1928 年 7 月 11 日,手稿本。
② 国民党中央民众训练部编:《农民运动方案》(1930 年 1 月 27 日),中国第二历史档案馆藏,南京国民政府档案,档案号 393-1228。
③ 国民党中央执行委员会秘书处编:《农业法》(1930 年 12 月 20 日),中国第二历史档案馆藏,南京国民政府档案,档案号 393-1228,第 1 页。

关内容进行了补充。① 随着农会法规的不断完善,农民运动的可操作性在加强,国民党在平阳重建农会的工作逐渐步入正轨。

1929 年 3 月,国民党平阳县党部按照《农民协会组织条例》重新组建县农会。1930 年《农会法》出台后,平阳县党部又根据"乡区农会若在所属区域内有会员资格者五十人以上发起,及全体三分之一以上同意即可"的原则,改组县农会,成立各区农会,到 1931 年年初全县有农会正式会员256 人。《农会法施行法》颁布后,在平阳县党部的动员下,原本低迷的农民组织在平阳重新活跃起来,乡村一级的农民协会也重新成立。江南区协和乡乡长陈筹鸿称:"江南区农会凡卅余,每会会员多达千三百人,少亦数百。"②各地农会成立后开始重新整理土地,重新落实国民党"二五减租"政策,还开设农产品陈列所,在江南龙山设农事试验场。

"二五减租"曾是浙江省党部极力推行的政策,早在 1927 年 6 月浙江省就率先通过推行"二五减租"的决议。同年 11 月,又公布《本年佃农交租实施条例》。1928 年 7 月,浙江省党政联席会议通过了《佃农理事局暂行章程》,着力推行减租政策。③ 然而,国民党意图用来调和业佃关系、缓和乡村中地主和贫赤农矛盾的减租办法,不为地方业主买账,一直没能在平阳很好落实。1930 年《农会法》颁布后,温州地方农会开始重建,但围绕着"二五减租",新农会时常卷入地方业佃纠纷当中,如永嘉县农会整理处就曾专门开会处理过"刘阿丰违章撤田""江昌妹背卖农田"等因减租引起的案件。

事实上,在农村土地问题无法根本解决的情况下,国民党开展"二五减租"让农民少交租税,可以博得农民的好感。同时,农会还能向会员收取事务费,还能加收其租谷,这笔不菲的收入对于经费紧缺的地方党部而言或

---

① 于建嵘主编:《中国农民问题研究资料汇编》第 1 卷,北京:中国农业出版社,2007 年,第 957 页。

② 中国第二历史档案馆编:《中华民国史料档案资料汇编》第 5 辑第 1 编"政治"(3),南京:江苏古籍出版社,1999 年,第 524 页。

③ 魏文享:《农会与"二五减租"的政治困境——1934 年浙江平阳县农会解散案解析》,《华中师范大学学报(人文社会科学版)》2009 年第 6 期,第 98 页。

是一笔"横财"。据 1933 年平阳县农会会长谢仲明的估算：

> 江南有廿五个农会，实则不止此数，或未报成立也。每会以百五十人计，三千七百五十人，每人以十亩计，三万七千五百亩。亩以收数五斤计，缘各会有二三斤、七八斤，或十斤者亦有之。共得一十八万七千五百斤。每元以四十斤计，得四千七百元弱。如两季各收五斤，即有九千四百元弱。实则农会今日益加多，必在万元以上也。①

若谢仲明的推算可靠，仅江南一区的农会收入便达万元，这对于党部和农会而言并非小数目。所以，随着农会组织和会员的增加，越来越多的农民将原交于业主的收益，缴给了农会，农会与业主之间的矛盾日趋激烈。为此，不少业主认为"二五减租"是强取豪夺的行为，认为当地原本租税就不高，再减去 25％实在难以接受，刘绍宽便曾在日记中提到：

> 江南田亩之收获，与万全、小南诸乡无异，而交租特轻者，每亩仅百五十斤。则以数百年前起科定则之殊，江南本涂涨地，定三、四则，积久相沿而不能改。今既二五减租，每亩仅得租谷百二十二斤半，乃佃农依恃会（农会）势，并追减去岁二五，则是本年百二十二斤半之租谷，再减去三十七斤半，是每亩之租仅得八十五斤。以现在谷价每元五十斤计之，仅一元七角。每亩完粮除去八角，仅得九角。家以百亩计，仅得九十元之收入，将何以度生活？况现在苛捐杂税，一一取之有田之家乎！同时，还有许农民以追减去岁二五以填补农会会费。且明许以"业户不依，即予包讼"，则农民安得不恃以反抗乎？②

若业主不依规定减租，农会即予包讼罪名控诉，即便后来县政府发文规定"去年之租未减者，不得追减"，但为了填补农会会费，仍有农民敢于违抗不听，继续追减上年的租税。同时，平阳各地农会在县党部的支持下，还进一步规范了缴租方式，多次下令校正缴租器具，改用新量器。此举遭到自称

---

① 刘绍宽：《厚庄日记》，1933 年 8 月 28 日，手稿本。
② 刘绍宽：《厚庄日记》，1933 年 12 月 25 日，手稿本。

"无以度生活"的业主们抵制，为此江南陈家堡陈茂芳就曾起诉江南农会称："农会取乡内最低旧租秤，较为折合新衡之定准，还捏为县总农会所定。"①其后，江南农会向党部转诉陈茂芳妖言惑众，党部执委肖汉杰等人致函金乡公安分局捕陈茂芳，并请县政府提案讯办。最终，经县政府委托刘绍宽等人从中调停，此事才得以平息。然而，在"二五减租"的背景下业主与农会之间的冲突还在继续，甚至愈演愈烈。

四、国民党平阳县党部艰难应对"农会被控案"

为应对不断激化的农佃矛盾，稳定社会秩序，避免因减租等活动引起过激的农民运动，1932 年平阳县党部依据浙江省党部的相关规定向各区派遣农运指导员，其中派县党部监委林光熙到南港、北港两区，林芳到万全区，胡仲廉到小南、江南两地，并按月给予公费让他们下乡调查指导，以帮助各地办好农运。然而，当他们下乡之后，发现乡村农会的处境并不乐观，从农会事务费等收入来看，就与会长谢仲明估算的相差甚远。林芳反馈的万全农运调查资料显示：

> 万全区农会极为不易，会费收取无卷可稽，现在虽有一两个乡农会缴送到区，而大多数均未缴纳。本年夏稻收获期，又因县区众会催收不力，月费收据分发太迟，致各会月费多未征收。该会开支既属无定收入，又乏确数，经费亏空，无从抵补，会务发展必受阻碍，至该会干事会议不能按期举行，对于征收会员费及训练会员等种种工作尚欠统盘，计划工作未甚健旺。②

农会"无卷可稽，催收不利"的情况在南港、北港、江南等地一样存在。各乡农会经费亏空，农会会务受阻，训练民众的活动便无从谈起。在"农民智识

---

① 刘绍宽：《厚庄日记》，1933 年 10 月 18 日，手稿本。
② 《农运指导员林芳呈县执行委员会具报下乡调查指导经过情形》（1932 年 9 月 22 日），平阳县档案馆藏，档案号旧 008 - 003 - 092，第 12—13 页。

甚低,十九不识字"①的情况下,各区农会会长的素质也成了影响农民运动的瓶颈。刘绍宽曾在日记中用"非真正农民,皆向来游手好闲、似农非农之辈"②来描述有些区乡的农会会长,认为经过"二五减租",从业户所争得的粮食,大半消耗在不良的会长手中。这或言过其实,但在一定程度上仍反映了农会领导的素质较低。为此,县政府和县党部执委也认识到开展农民教育的重要性,试图重新建立农民学校、农民夜校,对农民进行"教育",以提高农民的知识水平,达到训练民众的目的。然而,开展农村教育的效果收效甚微,至1934年全县仅举办民众学校22所,农民自治能力依旧很差,大部分农民对农会事务漠不关心。国民党的农会无法将农民组织起来,"二五减租"中存在的佃业冲突,逐渐聚焦到了农会与地主富绅身上,于是便有了农会与地主富绅的纠纷案件。

从1932年《农会法施行法》颁布以后平阳县内发生的农会纠纷案件来看,矛盾主要集中在国民党基层党组织较完善的江南、南港、北港三区。1933年11月25日,南港发生了"土豪许世芳等人因母猪糟蹋作物一事而率众捣毁南港区浦源乡农会会场案"③。当事人许世芳颇有家资,原为国民党平阳县改组委员会第六区(南港)党部清党改组委员,曾在斗倒南港"土劣"黄守谦的过程中起了至关重要的作用。在许的支持下,许氏家族与南港区农会久争不下,甚至在平阳县农会正干事长温良材上报请求平阳县党部执委派队缉拿后,还是不了了之。12月9日北港区环塘乡农会会场也因会长指责"杨盛木、杨德权、杨继曾等人假借做佛事,撕焚总理像",农会会场被杨家人捣毁一空,所有布制标语均被撤下拿走。杨德权甚至声言"不久福建军队即可入境,对于农会不欲设立"。因当众撕焚总理像,捣毁农会,形同"反革命",平阳县党部执委在接到北港区农会的举报后,随即派农运指导员林光熙前往调查,数日后林光熙复函县党部:

---

① 孙霸:《一年来之温州农业》,《浙瓯日报》,1935年1月1日。
② 刘绍宽:《厚庄日记》,1932年12月25日,手稿本。
③ 《为土豪许世芳等藉故生风率众捣毁南港区浦源乡农会会场转函派队缉拿》(1933年11月28日),平阳县档案馆藏,档案号旧008-003-094,第2页。

查环塘农会会内所悬挂之总理遗像遗嘱及布做大国党旗、布标语，确系杨盛木、杨德权于本月七八两日先后撕碎焚毁。至于所有纸国党旗及各色布置物件，则系杨继曾捣毁，委员到地时，继曾之父德高自知有错，邀请乡长黄后卿调查，据称继曾业已认错赔偿息事，唯盛木、德权仍然强硬，不听调处。再盛木德权确系该乡流氓，平日无所不为，此次公然捣毁农会会场，殊涉非法，亟应严厉惩罚，以儆效尤。①

平阳县党部常务委员叶申根据林光熙的调查函，于 12 月 31 日致函平阳县政府派队镇压。随后，县长张玉麟（江苏宜兴人）责令平阳第二公安分所派员前往缉拿杨德全、杨盛木等人，环塘乡农会被毁一案告一段落。许世芳、杨德全、杨盛木等人作为乡间业主，却敢公然捣毁农会会场，还态度强硬不听调处，可见国民党区乡农会还是很难得到地方人士的认同，农会要与宗族势力较强的地主富绅抗争，异常艰辛。随着减租运动的开展，农会与地方业主的矛盾还在不断升级，党部与地方政府在减租问题上的分歧也在加大，进而发生了由江南农会纠纷引发的平阳县农会解散案。

平阳县江南区农业繁盛，乡村农会设立 40 余处，会员达数千人，减租势头较猛，纠葛时生。1934 年 2 月初，平阳县第四区（即江南区，此时含江南、金乡两地，辖 44 个乡镇）都口乡、颍川乡等 16 位乡镇镇长及平民陈涛鸿、黄大泽、汤池、杨森等 7 人联名上呈平阳县政府及温州警备司令部称："平阳县江南农会肆虐，民不聊生，该会干事董廷洲、李毓湘等人煽惑农民，碍及治安，请予严拿究办，解散平阳县农会。"②不久闽北军事侦探员王致祥致电温州警备司令部，亦称"平阳农会肆虐，胡作非为"。

温州警备司令姚琮（字味辛，瑞安人，国军陆军中将）接到报告后，派司令部宣传委员会干事包右武赴平阳，协同县政府建设科科长张造时到协和、宜山等乡镇调查。事后，包右武在反馈报告称："农会之不谋生产，专事

---

① 《关于杨德全捣毁农会会场的调查报告》（1933 年 12 月 25 日），平阳县档案馆藏，档案号旧 008－003－094，第 3—5 页。
② 中国第二历史档案馆编：《中华民国史料档案资料汇编》第 5 辑第 1 编"政治"（3），第 526 页。

鼓吹阶级斗争,亦属实情,见以县区人民都有谈虎色变之概。"姚琮收到调查反馈后,即将此上报浙江省政府及军事委员会南昌行营称:"温州毗连闽境,地近匪区,自有特殊情形,该农会乱收叛徒匪类,广结团体,收费造乱,大背设立农会之本意,若不先事廓清乱源,则将来滋蔓难图。唯有先将农会一律解散,俟将来派农运人员加以训练,再行组织,俾易就范,以维农村而绝乱源。"①与此同时,平阳第四区舥艚等地乡长还直接向蒋介石控告称:"窃平阳农会,不谋农产生殖,专为阶级斗争,其聚党为害,罄竹难书,而江南区为尤甚……其分子最著为民害者孙渭、温良材、方浙英等张植余孽。"②

平阳紧邻闽北红军游击区,接连收到控告函的南昌行营,不免会觉得平阳江南区各乡的农会是受了"共产党分子"的鼓动才敢如此大胆。为恐其生事端,蒋介石对平阳农会纠纷案给予了高度重视。为此,蒋授意南昌行营令饬浙江省政府及温州警备司令部,解散平阳县农会,将借农会作恶之人一律拿办。随后,浙江省政府立即命令平阳县县长张玉麟会同浙江省保安处第四分处妥善办理。平阳县农会随即被解散,温良材、孙渭、方浙英、李毓湘等人被逮捕。

事实上,温良材、孙渭等人不光是平阳县农会干事,更是国民党平阳县第五、六届执行委员会的重要成员。平阳县农会被勒令解散对平阳县党部而言是沉重打击,为此县党部先后呈请省党部、中央党部要求查明此事。1934 年 4 月 30 日,在与浙江省政府商得同意后,浙江省党务调查员金贡三、第三督察处佐理员谢持方会同中央党务调查员余琪赴平阳江南调查。他们在听取董廷洲、朱志光、李毓湘等江南区下属乡农会干事长,陈锡琛、周龄、卢段槐等乡镇乡长,及叶祝平、吴南浪等关系人的谈话和其他非正式报告后,立即撰写《平阳农会案调查报告》呈给浙江省党部执委会。报告称"平阳县农会组织比较尚称健全……虽因知识幼稚,能力薄弱,无多成绩表

---

① 中国第二历史档案馆编:《中华民国史料档案资料汇编》第 5 辑第 1 编"政治"(3),第 528 页。
② 中国第二历史档案馆编:《中华民国史料档案资料汇编》第 5 辑第 1 编"政治"(3),第 524 页。

现。但其能接受党部领导,循规蹈矩,渐臻健全,已可想见"①。调查员根据江南各乡农会循规蹈矩,并未脱离县党部领导的事实,对平阳农会案做出了相应判定:

> 此次农会之所以被控,全系该县江南区业主势绅汤国琮、方毅君、杨子凯、陈锡琛等反对本省减租办法(该县政府案牍累累均可覆按)不遂,乘上年闽变发生之际,暗中唆使乡长周龄、黄文等,危词朦呈前温州警备司令,诬以造乱大题,其所举俱非事实。②

与此同时,中央党务调查员还逐条驳斥县农会被控之罪行,证明农会干事并非"共产党分子",指出陈涛鸿、黄大泽、汤池、杨森等联名呈控者,均查无其人,其后又根据县党部卷宗确认:"孙渭、温良材、方渐英等人,均系本党努力农运之同志,平日无越轨行动。在前闽变期间该区农会间有开会,乃为法定例会,显非违法,抽收亩捐事,系农会征收会员会费,并非取之于业主。"③至此,平阳农会解散一案变得扑朔迷离,浙江省党部的调查结论与温州警备司令部可谓天壤之别,党部甚至推翻了众乡长的指控。然而,当省党部将调查报告上呈南昌行营和国民党中央民运指导委员会后,国民党中央民运指导委员会认为南昌行营及浙江省政府已经做出了解散县农会的决定,已成既定事实无法更改。进而,国民党中央民运指委会还要求平阳县党部直接派员办理县农会整理事宜,不能假手原有农会职员,对有劣迹行为者,取消其会籍,不准加入,而重新组建的农会,必须向县政府呈报、备案。

在这样的整理要求下,农会重组工作已经不是简单地向党部核准了,更需向地方政府备案。原本属于县党部控制下的平阳县农会,已然不是党部一锤定音了。最终,温良材、孙渭等农会干事被控危害民国一案,虽在县党部努力下,由国民党中央民运会函请中央秘书处转呈南昌行营,允许永

---

① 中国第二历史档案馆编:《中华民国史料档案资料汇编》第 5 辑第 1 编"政治"(3),第 529 页。
② 中国第二历史档案馆编:《中华民国史料档案资料汇编》第 5 辑第 1 编"政治"(3),第 530 页。
③ 中国第二历史档案馆编:《中华民国史料档案资料汇编》第 5 辑第 1 编"政治"(3),第 530 页。

嘉地方法院以证据不足为由,放弃对他们的处分。但是,减租运动中稍有作为的江南农会干事或被撤职,或被乡镇长及业主们以破坏秩序及共产党嫌疑的罪名所压倒,江南区的业主和乡镇长们成了农会纠纷案的胜利者。然而,平阳县农会在整顿改组之后于 1936 年重新成立,其副干事长正是孙渭。① 这或可表明省党部及平阳县党部并没有认同江南各乡镇长和业主们的指控,而孙渭等农会领导被指为"共产党分子"更像是一场政治阴谋,但县党部当时却不得不屈服于地方和上级的压力,解散平阳县农会。

结　语

"经济无办法,则政治无出路,此为各国通义。在吾国以农立国,农村无办法,则经济便无出路。"②清末民初在实业救国人士的倡导下,农学会逐步发展成一个以"改良农事,振兴农业"为宗旨、组织比较完备的农会团体。尽管其性质还存在争议,但它作为乡村组织,已涉及乡村政治、经济等各个层面,成为近代中国乡村社会的重要社团。国共两党实现合作后,开展农民运动,解决农村土地问题逐渐成为一项重要的政治实践。为此,国民党中央不仅颁布了《农民协会章程》,还培养了大批农民运动骨干深入农村,打倒原为地主乡绅所掌控的务农会,建立农民协会,并领导农民进行了一系列革命活动。然而,这种暴力的农民革命没能持久,随着国民党"清党"的展开,准政权性质的农民协会也遭解散。

鉴于农民协会在国民大革命中所迸发的巨大能量,国民党在南京建政后亟欲重建农会,力图将农会回归为职业团体的本位,使之为农业建设及训练农民两大目标服务。为此,先后颁布了《农会法》《农会法施行法》,以期各地有序建设农会组织,并通过"二五减租""开办农民学校"等方式,来吸收农民,训练农民。在此背景下,平阳县党部尤为重视农会重建工作,在

① 魏文享:《农会与"二五减租"的政治困境——1934 年浙江平阳县农会解散案解析》,《华中师范大学学报(人文社会科学版)》2009 年第 6 期,第 103 页。
② 孙霸:《一年来之温州农业》,《浙瓯日报》,1935 年 1 月 1 日。

党组织较为健全的江南、北港、南港地区率先成立了区乡农会组织，以图重建乡村秩序。在农会所开展的各项活动中，"二五减租"最易动员农民且可能是最有效的方式，平阳县党部希望区乡农会可以通过减租将佃农组织起来，以训练农民。然而，"二五减租"使得地方业主及乡镇长的既得利益受损，农会与业主的矛盾升级，并平阳农会纠纷案件。此案中，平阳县党部在面对江南区乡镇长和业主近似诽谤的控诉时，也试图挽回局面，却无奈要解散农会。在国民党军政两方看来，农会活动是破坏性的，危及地方社会秩序，区乡农会经常用人不当，中饱私囊，使业主利益受损。因此，在国民党军政双方和地方豪绅都不支持的情况下，一心想开展"二五减租"的农会，势必会遭到解散。

其实，平阳农会解散一事还反映了国民党"清党"后，农会政策的矛盾性。国民党一方面想训练农民，发扬农会的自主性，动员民众参与乡村建设之中，以发展农村经济；另一方面却害怕农民群众不受控制，成为中共农民暴动的追随者，冲击地方秩序，不允许农会有任何挑战党政及地方士绅权威的行动。长此以往，农会逐渐背离绝大多数农民的切身利益，也难以得到普通民众的支持。于是，既没能将农民组织起来，也未能博得地主富绅的信任的基层农会，成了"游手好闲、似农非农之辈"的侧身之所。国民党试图重建乡村秩序，整合农民的政治愿景也很难实现，其试图阶级调和取代阶级斗争的政治构想也就不切实际。反倒是真正依托贫下中农的中国共产党，通过党支部和农民协会来组织农民，整合农村，最终获得了土地革命的成功。

（张莉彬：宜春职业技术学院马克思主义学院讲师）

The Reconstruction and Dissolution of the Rural Association of Pingyang County after the "The Anti Communist Movement"

Abstract：As a social organization, the establishment of peasants' association related with rural politics, economics and the like, which has a great impact on the traditional rural order. In view of the significant role of it during the Great Revolution, following the establishment of Nanjing government, the Kuomintang eagerly sought to rebuild the association which was destoryed in the purge happened before within the Party. However, the reestablished association at that time differed from the "quasi-governmental" organization which carried out violent revolutions during the Great Revolution. The KMT attempted to turn the function of this organization back to the professional group in the late Qing Dynasty and early Republic of China for agricultural development and political training. So, could the KMT achieve its goal of rebuilding the peasants' association across various regions? Aiming to clarify the "rise, boom, reestablishment, and dissolution" of the Peasants' Association in Pingyang County, this paper takes this association as the object of study to analyze the difficulties faced by the county's association under the leadership of the Pingyang County KMT Party Branch during the "25% off the land rent" and the "Peasants' Association Accusation Case," thereby gaining insights into the arduous journey of the KMT in rebuilding the peasants' association.

Keywords: Kuomintang (KMT); Party Branch; Peasants' Association; Pingyang County; Purge of the Party

1930年代苏州农民抗租风潮与租佃制度改革研究[*]

胡勇军

（常州大学马克思主义学院）

摘　要：受旱灾、水灾和虫灾的多重影响，1934—1936年苏州地区发生了大规模的农民抗租风潮，斗争形式由捣毁催甲转为官民冲突，最终导致渭泾塘惨案发生。面对持续两年的抗租风潮，吴县县政府高度重视，并采取了多种善后措施，但均未触及核心问题。1936年8月，县长邓翔海主导制定了处理业佃纠纷办法，并对传统的租佃制度进行改革，却遭遇地方权势力量的阻挠。在官绅博弈过程中，改革方案被迫修改，直至流产。传统的业佃纠纷演变为佃民、业主以及地方政府三者之间的利益角逐，这就增加了改革的艰难性。

关键词：苏州；农民抗租；租佃制度；改革

　　清中叶以后，江南地区的城居地主为了便于管理乡间的土地，将收租、催租等事宜交给租栈这种专门的管理机构负责。租栈的产生对江南社会经济以及日常生活等方面都产生了重要影响，故而备受海内外学者的关注。[①] 从生产经营的角度来看，租栈的设立确实可以节约交易成本、提高经营

---

　*　本文系教育部人文社会科学重点研究基地重大项目"南京国民政府时期江浙基层治理的能力与实态研究(1927—1937)"(22JJD770037)阶段性成果。

①　关于租栈制度的研究，可以参见［日］村松祐次：《近代江南の租栈：中国地主制度の研究》，东京：东京大学出版会，1970年；郑北林：《租栈浅析》，《史学集刊》1990年第3期；张研：《清代江南收租机构简论》，《杭州师范学院学报》1990年第4期；［日］夏井春喜：《中国近代江南の地主制研究——租栈関係簿册の分析》，东京：汲古书院，2001年；张强、余世明：《试析清末民初江南地主的"租栈"经营》，《贵州文史丛刊》2010年第3期；邱建立：《民国时期租栈制度在苏南的动作》，华东师范大学博士学位论文，2011年；邢丙彦：《近代松江土地租佃制度研究》，上海：上海人民出版社，2015年；等等。

效率。但从社会生产关系来看，它又致使传统的业佃关系趋于契约化与定型化，业佃纠纷呈现新的形态。在催租过程中，租栈不仅可以驱使催甲向佃户通租，而且可以私设公堂、任意审讯，甚至关押拷打佃户。① 由暴力催租引发的抗租斗争愈演愈烈，农民抗租呈现普遍化、群体化和常态化的特征。②

民国时期，江南地区普遍存在租佃制度问题，"常熟、吴江、昆山一带各县，几莫不有同样问题发生，不过问题没有闹得这样严重，报章也少揭载"③。对于江南租佃制度产生的弊端，时人曾提出改革建议。1945 年罗俊分析了"中间人"制度产生的原因及其流弊，并提出了废除"中间人"的办法。④ 唐瑟则明确指出租栈是为地主服务的机构，"百弊一利只为田粮"，是"推行土地政策的障碍"。⑤ 在官方层面，一些地方政府根据本地情况制定了处理业佃纠纷的相关办法，甚至企图利用行政力量废除传统的催甲制度，以此缓解官民矛盾，但不为学界所关注。本文对 1930 年代吴县政府改革租佃制度的背景、过程以及遭遇的阻力进行研究，以此揭示地方政府在解决业佃纠纷时所遭遇的困境。

一、从捣毁催甲到官民冲突：1930 年代苏州抗租风潮的演进

1934 年，长江流域及其以南地区发生重大旱灾，范围涉及苏、浙、皖、

① 参见陶冶成等：《租栈——血腥的收租机器》，华东军政委员会土地改革委员会编：《地主罪恶种种》，1950 年；周其忠：《地主阶级的联合组织——"平湖租栈联合办事处"的几件罪证》，《文物》1965 年第 3 期；邹裕庭、姜志良：《地主压榨农民的一种特殊机构——租栈》，《光明日报》，1966 年 3 月 21 日；龚恩栽：《无恶不作的"催甲"》《专为地主服务的"知数"》《"捉鸡大叔"——租差》，政协苏州市委员会文史资料委员会编：《苏州文史资料》（第 1—5 合辑），1990 年。
② 据蔡树邦的不完全统计，1922—1931 年的十年间，江苏、浙江、安徽、广东、福建、陕西六省共发生农民抗租事件 197 件，其中江苏 125 件（苏南 78 件），浙江 64 件，江浙两省占总数的 96%，参见蔡树邦：《近十年来中国农民风潮的研究》，《东方杂志》1933 年第 10 期，第 32—33 页。另据美国学者白凯统计，从 1912 年秋直至 1936 年秋，江南地区至少发生了 126 起佃户集体行动，远远超过 19 世纪四五十年代的 28 起，以及清朝最后 40 年的 38 起，参见［美］白凯著，林枫译：《长江下游地区的地租、赋税与农民的反抗斗争（1840—1950）》，上海：上海书店出版社，2005 年，第 269 页。
③ 《苏州农潮的探讨（一）业佃制度的缺点》，《大公报》，1936 年 7 月 16 日，第 10 版。
④ 罗俊：《中国租佃制度的中间人问题》，《中行月刊》1945 年第 1 期，第 2 页。
⑤ 唐瑟：《漫谈苏州的租栈》，《土地改革》1948 年第 16/17 期，第 1 页。

赣、湘、鄂等 11 个省,受灾面积之广、影响程度之深,"为六十年来所未见"①。在江苏,又以江南地区受灾最为严重。根据江苏省政府的调查统计,江南各县有一半以上的农田因旱而不能栽种,约计 1 050 万亩,损失不下 1.8 亿元。② 吴县勘灾委员会对各区的调查结果为,全县 317 685 亩农田颗粒无收,11 626 亩农田收获五成以上,132 194 亩农田收获五成,20 901 亩农田收获不到五成。③ 在此情况下,吴县乡民纷纷到县政府报荒,请求救济。为此,地方政府采取各种措施进行救济,如组织防旱委员会、购买戽水设备、指导区长和乡长救济乡民、设立贫民贷款所等,但效果甚微。

此时对于农民来说,最有效的救济手段莫过于对田租的减免。在确定减免数额之前,地方政府需要对受灾农田进行勘荒,以确定收获成色。江苏省勘报灾歉办法规定:"在苏常、沪海属各县,9 月 15 日以前为呈报灾歉截止限期,10 月终为造册送厅、核定分数限期。"④为了查勘各乡受灾的具体情况,吴县县政府、县党部和各田主组成勘灾委员会,将全县划分为 13 个区,从 10 月 5 日起对各乡受灾农田进行实地勘验。⑤ 由于勘灾委员对农村情况不了解,加上对勘灾工作"全本外行",他们便假手当地乡长、催甲等人查勘灾害成色。⑥ 然而乡民大多对勘灾结果表示不满,觉得所定成数较高,但又无处申诉。此时有人从中煽风点火,他们就将罪责归结到参与勘查的催甲、图董以及乡镇长的身上。所谓的催甲,又称为"催子",主要是替业主看田的人。苏州的业主并不知道自己的田地位于何处以及租于何人,故而每年在开仓收租之前,便将每一块田地应收的租米、成色以及开仓的日期制成一种通知单,名曰"租由",由催甲派送给佃户。⑦

1934 年 10 月 19 日晚 10 时,苏州娄门外农民聚众数百人,率先发动抗

① 《今年水旱灾况调查》,《中国经济》1934 年第 11 期,第 16 页。

② 《苏省的旱灾损失估计》,《东方杂志》1934 年第 19 期,第 173 页。

③ 《全县颗粒无收田亩 317 685 亩强》,《苏州明报》,1934 年 11 月 8 日,第 7 版。

④ 《江苏省勘报灾歉办法》,《江苏省政府公报》1931 年第 829 期,第 1 页。

⑤ 《查勘全邑灾况》,《申报》,1934 年 10 月 4 日,第 9 版。

⑥ 张溪愚:《旱荒声中的农民暴动》,《年华》1934 年第 44 期,第 12—13 页。

⑦ 《苏州农潮的探讨(一)业佃制度的缺点》,《大公报》,1936 年 7 月 16 日,第 10 版。

租暴动。众人拥至催甲邢洪高、朱福昌、朱根荣、魏湘州、璩富元、璩恒山、毛金安、高六根等人家中,烧毁房屋数十间。20 日晚,暴动风潮由外跨塘蔓延至斜塘,催甲朱永香、沈金官、沈和清、沈子清、梁富高、杨一松、杨品松、姚一仁、夏怡生等人的房屋被农民放火烧毁。当日,郭巷、唯亭、湘城等地的农民也开始蠢蠢欲动。① 21 日晚,外跨塘乡民意图攻击催甲查凤奎、顾凤明等人家,因遭受抵抗而散去。此外,湘城区催甲尹鲁峰、王梅村、陈子琴、胡俊德、马琴伯、浦浩奎等人也受到农民攻击,数十间房屋和商铺被烧毁,损失数万元。② 22 日,湘城暴动农民 200 余人包围催甲张億云家,将张家新房以及侧厢纵火焚毁,损失约 2 万元。③ 苏州农民抗租暴动发生之后,吴县县政府立即派警队镇压,但事件还是持续了 4 天之久,范围从娄门外西益村、木香港北等地迅速波及外跨塘、斜塘、郭巷、车坊、洇泾、湘城等处,遍及苏州东乡。④ 长期以来,江南地区形成了一种发生灾荒就抗租的传统。故而,此次暴动并非一个偶然事件,而是江南历史上农民抗租运动的延续。

1935 年秋,遭受旱灾的苏州东南各乡又遭受虫灾,可谓雪上加霜。对此,吴县县政府规定除颗粒无收的九图可以全免田租外,其他被灾各图应完纳田租。然而各业栈开仓之后,乡民因不满所定租成而再次抗租。12 月 24 日,斜塘金庙、莲墓等乡妇孺 1 000 余人聚众包围乡镇公所,要求减租,经当地警察制止而平息。同日,郭巷、车坊等处乡民连日向公安直辖第六分驻所聚众示威,其中以车坊上清、双庙两乡乡民气势最盛。⑤ 12 月 25 日,催租委员黄天一和业主蒋毓泉、王文周等人下乡催租。乡民得悉后,于深夜聚众数千人抗租。巡警两次开枪示警,并抓获首犯 4 人。⑥ 12 月 28

① 《一部乡农因勘灾问题发生聚众闹荒风潮》,《苏州明报》,1934 年 10 月 21 日,第 6 版。
② 《闹荒风潮余波未息》,《苏州明报》,1934 年 10 月 23 日,第 6 版。
③ 《苏州农民暴动详记》,《农业周刊》1934 年第 42 期,第 916 页。
④ 关于苏州农民抗租暴动的详细过程,可参见胡勇军:《"捣毁催甲":1934 年苏州农民抗租暴动及其地方应对研究》,《苏州科技大学学报(社会科学版)》2018 年第 1 期。
⑤ 《田赋为欠租所累,县政府开始拘佃户》,《苏州明报》,1935 年 12 月 15 日,第 6 版。
⑥ 《车坊农民继起纷扰》,《苏州明报》,1935 年 12 月 27 日,第 7 版。

日凌晨,唯亭金沙乡乡民因不满于县政府将田租普减为六成的决定,便烧毁了该乡催甲张建卿家的房屋,并于下午聚众 2 000 人赴区公所请愿。但在路上遭到警队的阻挠,双方发生冲突,乡民捣毁分驻所内的器具,并折断 3 支步枪。事发之后,吴县县政府一方面饬令军警严密查拿首犯,另一方面制定五项紧急处置办法①,然而上述措施并未能阻止乡民继续抗租。

1936 年 1 月 3 日,湘城沈垫桥乡乡民以"乡长查报租成不一"为由,聚众数百人,赴乡镇公所请愿。翌日,吴县士绅潘盛年、彭谷荪、张一鹏等人鉴于各乡抗租事件频起,遂联名电呈江苏省政府、民政厅和财政厅,要求严惩抗欠佃户。② 1 月 7 日,甪直西乡以及尹山、郭巷一带又有农民鸣锣,意图聚众抗租。对此,县长吴企云立即派县保安队副大队长聂德昭下乡制止,并命令严查此事。③ 尽管如此,苏州农民抗租事件依然是此起彼伏,连续不断。根据笔者对《苏州明报》的统计,从 1936 年 1 月至 6 月,吴县发生抗租事件近 20 起,几乎每个月都有。

表 1　1936 年 1 月至 6 月吴县农民抗租事件统计表

时间	地点	经过	人数
1 月 30 日	陆墓乡	陆墓乡民意图抗租,7 人被拘	
2 月 11 日	唯亭清邱乡四个村	唯亭农民赴区公所请愿,警民相持一小时后始散	200 余人
2 月 24 日	斜塘鸭杨上、陈基墩两村	斜塘鸭杨上、陈基墩两村向镇公所请愿,警所劝阻后始散	百余人
2 月 26 日	斜塘慕莲乡	斜塘慕莲乡聚众闹荒,农民手持火把,警所弹压劝阻下始散	六七十人
2 月 27 日	斜塘慕莲乡	斜塘乡农民又聚众闹荒,金妙乡、风雨村、墩头上千余民,警所弹压劝阻下始散	千余人
3 月 1 日	湘城太平桥	湘城太平桥农民抗租	
3 月 2 日	车斜	车斜农民又闹荒,聚众请愿	2 000 人

---

① 《唯亭闹荒风潮继起,纵火焚屋捣毁警所》,《苏州明报》,1935 年 12 月 30 日,第 6 版。
② 《唯亭警察开枪有反应,开镇民大会未成》,《苏州明报》,1936 年 1 月 5 日,第 7 版,
③ 《甪直农民举事未成,尹郭又有不稳定》,《苏州明报》,1936 年 1 月 9 日,第 6 版。

续表

时间	地点	经过	人数
3 月 7 日	甪直乡凌家港	甪直乡发生闹荒,农民鸣锣聚众,各执火把	二三百人
3 月 15 日	甪直淞北乡、江田村	甪直乡民大闹分局	五六十人
3 月 25 日	陆墓乡	陆墓乡农民抗租,为首分子均系甲长	
4 月 21 日	郭巷下塘村	郭巷下塘村农民昨晚突聚众闹荒	200 余人
4 月 22 日	车坊上潭村	车坊昨晚亦起闹,乡民至镇公所请愿	一二百人
4 月 24 日	斜塘	斜塘乡再起风波,乡民向镇公所请愿,劝导始散	2 000 余人
4 月 29 日	斜塘大通乡黄辽泾村	农潮起伏迄无已时	
5 月 19 日	车斜之交界之梁浦村	梁浦村农民又起闹荒	
5 月 27 日	车坊陈家浜	车坊陈家浜昨晚发生闹荒潮	二三百人
6 月 7 日	斜塘慕莲乡	斜塘又发生农潮	千余人
6 月 8 日	斜塘慕莲乡	斜塘又起闹荒,农民捣毁保甲长房屋	四五百人
6 月 26 日	渭泾塘溇子头	溇子头发生民警冲突,保安队枪杀 2 人,受伤数人	

　　总体来看,1930 年代苏州发生的农民抗租风潮可以分为两个阶段。第一阶段为 1934 年,农民抗租的方式主要是"打催甲",当时被烧的催甲有 60 余家,同时还殃及一些无辜乡民,手段较为暴烈。第二阶段为 1935—1936 年,此时抗租斗争相对柔和,农民抗议的主要方式就是前往基层管理机构请愿,要求减租或者救济。当请愿遭到阻拦,或者请愿无果时,愤怒的乡民会冲进区公所或保安队内进行打砸,以此发泄心中的怨气。在暴力抗租得不到有效控制的时候,官民直接发生冲突,甚至引发流血事件。正如白凯所言:"20 世纪,地方政府及其公职人员逐渐成为佃户集体行动的首要目标,与私人催甲一起共享中心舞台。"①

---

① ［美］白凯著,林枫译:《长江下游地区的地租、赋税与农民的反抗斗争 1840—1950》,第291 页。

二、县长应对与业佃纠纷处理草案的制定

苏州抗租风潮发生之后，国内数十家报刊对此事件进行了报道，产生了极大的社会影响。1934 年《苏州明报》记者周道昌赴乡调查后认为，此次暴动的主要原因是乡民不满于勘荒人员所估定的成色，从而迁怒于催甲。① 另外，也有人将原因归结于催甲勘荒不公。② 为了安抚民情和整顿租务，1936 年江苏省民政厅委派洪瑞坚赶赴吴县、常熟、吴江等地进行调查。他认为苏州农民抗租的起因有三：一是分图普减，引起农民不平；二是田租折价太高；三是苏州改用新定度量衡标准，农民误认为是加租。③ 同年，江苏省政府委派监察使丁超五赴苏州调查。他将起因归咎于催甲"利用业佃之隔膜"，剥削农民；业栈"厉行征收"，地方政府派警队协助催租。④ 由此可见，催甲在勘灾和催租过程中的不当行为，引起了农民的普遍不满，这也是抗租风潮发生的重要原因之一。

吴县县政府除镇压和平息暴动之外，还组织各部门商讨制定调和业佃关系和改善农村经济的办法。1934 年江苏省农民银行成立之后，曾奉内政部的命令积极办理农村仓库储押事务。当年，该行就在苏州设立 5 所仓库，房屋 88 间。⑤ 农民暴动发生之后，吴县农业仓库委员会随即筹备在北桥、黄埭、斜塘、湘城、光福、善人桥、蠡墅、周庄八处设立仓库⑥，以图缓解农民生活窘迫的现状。1935 年，吴县党部制定了两项改善农村关系的计划。第一，在租栈收租结束后，邀请地方人士共同研究完租纳粮各项程序中存在的利弊，并呈请江苏省政府兴利除弊，以此减少业佃纠纷。第二，组织人员调查各乡农村副业，并积极提倡和劝导业主资助合作。⑦

---

① 关于《苏州明报》记者在乡间调查访问的情况，参见周道昌：《农村鸟瞰（一）（二）（三）（四）》，《苏州明报》，1934 年 10—11 月。

② 房龙：《苏州农民暴动的经过与前瞻》，《劳动季刊》1935 年第 4 期，第 123 页。

③ 洪瑞坚：《苏州抗租风潮的前因后果》，《地政月刊》1936 年第 10 期，第 1552 页。

④ 丁超五：《苏州农民抗阻风潮经过》，《监察院公报》1936 年第 84 期，第 15 页。

⑤ 《苏农民银行积极办理仓库储押》，《中行银行月报》1934 年第 11 期，第 2455 页。

⑥ 《在乡间添设八处仓库》，《苏州明报》，1934 年 11 月 1 日，第 6 版。

⑦ 《救济农村切实办法》，《苏州明报》，1935 年 1 月 10 日，第 7 版。

　　然而上述措施仅仅是治标之策,对改善日益衰败的农村经济并无多大效果。实际上,吴县县政府对解决业佃矛盾也没有什么有效的办法,这可从吴企云的讲话中略知一二。对于连续发生的农民抗租事件,他坦言说道:"此次事变的责任,如果站在业主方面的立场说,决不能来责农民。反之,站在农民方面的立场上说,也不能来怪业主。在此农民经济破产的时候,业佃双方所受的痛苦,都是到了极点,尤其是农民,更是痛苦。"另外,"本县过去佃业制度,当然流弊很多,但因历时很久,积重难返"。由此可见,吴企云深刻认识到农村经济的衰落和租佃制度的弊端是农民抗租风潮持续发生的根本原因。但是对于繁荣农村经济,他认为"不是一朝一夕所能奏效"。对于改善业佃关系,他又担心催甲制度废除以后,没有更好的制度代替。最后,他只能寄希望于业佃之间相互体谅,"大家和衷共济,来改善一种新制度"①。

　　吴企云于 1934 年 6 月接任吴县县长一职,当时县长邹竞以"财政困难"为由,呈请辞职。江苏省政府便委派他接任,并称其"忠诚稳练,当能为地方谋幸福"②。在他任职期间,吴县连续发生旱灾、虫灾、水灾,导致农民抗租斗争风起云涌。或许正是他"忠诚稳练"的性格,才使他在处理抗租暴动中"既不敢得罪业主,又不敢压抑佃户"。最终,因处理农民抗租不力,他于 1936 年 3 月提出辞职,"卒以一去了事"③。4 月,南京国民政府委任邓翔海为吴县县长。邓翔海曾在《南京市政公报》上发表文章,抨击专员兼县长的弊端而受到陈果夫的赏识。1933 年陈果夫出任江苏省政府主席,随即委任他为沭阳县县长。当时的沭阳遭遇水患、匪患、帮会三害,邓氏上任之后在肃清匪盗、浚河筑堤、铲除鸦片等方面均有建树,尤其是在整理田赋方面取得突出成绩。或许正是看中邓翔海整理田赋的能力,江苏省政府才将他从一个苏北三等县的县长直接擢升为江南一等县的县长。

① 《吴县长对闹荒风潮,希望业佃和衷共济》,《苏州明报》,1934 年 10 月 30 日,第 6 版。
② 《邹县长辞职照准》,《申报》,1934 年 6 月 10 日,第 9 版。
③ 邓翔海:《七十浮生尘影录》,沈云龙主编:《近代中国史料丛刊续编》第 84 辑,台北:文海出版社,1981 年,第 47 页。

出任县长后，邓翔海遇到的第一件棘手事情，就是其在晚年回忆录中所说的"租佃之纠纷"。为了鼓励农民缴纳欠租，尽快解决租务问题，吴县县政府颁发了《处置田租纠纷办法》，包括取消田租滞纳金，规定租米折价七元五角，受灾最重各图欠缴二成，委派催租委员驻区处理纠纷，命令保安队选派干员下乡协助催租等八项内容。此外，还规定佃农在 5 月底前缴清田租，不得故意拖延，否则由业主呈请县政府施行行政处分。① 此外，邓翔海还亲自下乡动员。4 月 22—23 日，他先后至郭巷、车坊、甪直、斜塘等处，召集保甲长进行训话，并督促催租。② 然而这一行动并没有起到多大作用，反而适得其反。邓翔海离开的当日晚上，郭巷下塘村农民聚众闹荒，意图捣毁公安局。③ 23 日，车坊上潭村农民聚众赴区公所请愿。④ 24 日，斜塘莲慕乡农民聚众请愿，包围警队，劫持枪械。同日，春庄乡南沙村乡民捣毁乡长家的房屋。⑤ 25 日，金庙、莲慕、北大庄等乡又发生农民抗租事件。⑥

对此，邓翔海发表声明，如果乡民确实无力缴租，可以用合法手段进行协商。如果再发生聚众暴动，政府必定会武力制止。同时，吴县县政府决定从 28 日起，动用保安队力量，分区催租。⑦ 就在动用行政力量催租过程中，渭泾塘惨案发生。⑧ 此事不仅震动了江苏省政府，还引发了严重的社会舆论。对此，邓翔海立即派苏州地方检查院赴乡调查，并申明会通过法

---

① 《县府颁发办法八项》，《苏州明报》，1936 年 4 月 18 日，第 6 版。

② 《县长出巡郭巷车坊》，《苏州明报》，1936 年 4 月 22 日，第 6 版；《邓县长昨再下乡》，《苏州明报》，1936 年 4 月 24 日，第 6 版。

③ 《苏州郭巷农民抗租犯昨解锡》，《人报》，1936 年 4 月 29 日，第 3 版。

④ 《车坊昨晚亦起哄》，《苏州明报》，1936 年 4 月 23 日，第 6 版。

⑤ 《苏州斜塘镇乡民与保安队冲突》，《新闻报》，1936 年 4 月 28 日，第 5 版。

⑥ 《吴县金庙下庄两乡老妇昨分别结队请愿》，《时事新报》，1936 年 4 月 25 日，第 4 版。

⑦ 《县政府决分区催租》，《申报》，1936 年 4 月 28 日，第 3 版。

⑧ 时渭泾塘第十保第五甲甲长顾子安，因拖欠租米 30 余石，于 6 月 24 日被拘扣在杨家庄临时收租公栈，遭到催差的吊打。26 日，乡民二三十人趁保安队下乡催租，将顾子安解走，并殴打租差陈明山。在回去的途中，遭遇催租回来的保安队，双方发生冲突，结果造成农民顾子安、徐瑞英 2 人死亡，徐伯谦等 10 余人受伤，保安队队士 1 名重伤、3 名轻伤、1 名失踪。参见《渭泾塘发生惨剧》，《苏州明报》，1936 年 6 月 28 日，第 6 版。

律手段公正处理此事。为了平息事件,江苏省民政厅也特派公署委员张濯域赴苏州调查。① 此外,江苏省政府还严厉申斥吴县县长和县保安队队长,并饬令以后不得再协助催租。②

　　惨案发生之后,邓翔海痛定思痛,并酝酿从根本上解决业佃纠纷问题。首先是暂停催租三个月③,并调整田租征收机构,规定木渎、光福、横泾、黄埭等区的田租由江苏省农民银行设立的农业仓库代收,以此削弱业栈的作用。④ 其次,吴县县政府召集业主开谈话会,确定了秋勘、折价、催租、收租、调解业佃纠纷和处分佃户六个事项的基本原则。此举一是对地主收租等一系列行为进行规范,减少地主和租栈对农民的盘剥;二是削弱业栈的作用,强化政府在地租征收过程中的管理地位。比如,每年进行秋勘时,必须由县政府会同业主进行勘察;催租员必须在乡镇长中推举;收租可以由业栈征收,也可以由银行代收;乡镇长有权调解业佃纠纷;业主不得私自将不交租的佃户送至田租处,必须请求县政府予以行政处分。⑤

　　此外,吴县县政府还就上述六个事项向社会各界征求意见,并收到数十封意见书,"宏论竑议,各具明见"⑥。众人都认为废除催甲制度为改革田租制度的关键问题,但因立场不同,出现了四种意见。一是代表业主和业栈利益者认为,催甲是业栈收租的最大帮助者,也是业栈的生存命脉,故主张保留催甲。二是主张变通者认为,在土地整理完成以前,骤然废除催甲困难重重,可以仿照常熟、吴江等县的催甲制度,催甲仅负责发放租由,停止其收租权。三是主张断然废除催甲,以保甲长代其事,负责发放租由和收租等事务。四是主张废除催甲制度,成立新的收租机构,由业栈共同派人常年驻守,负责勘灾、发由、收租、调解等事务。⑦

---

① 《张委员昨返区复命》,《苏州明报》,1936 年 6 月 30 日,第 6 版。
② 《吴县渭泾塘军民催租冲突事件,县长队长均受申斥》,《新无锡》,1936 年 7 月 21 日,第 6 版。
③ 《吴县暂停催租三月》,《明报》,1936 年 7 月 19 日,第 6 版。
④ 《田租调整办法》,《申》,1936 年 7 月 4 日,第 11 版。
⑤ 《吴县县府谈话会决定解除业佃纠纷原则》,《时报》,1936 年 7 月 5 日,第 7 版。
⑥ 《调整佃业问题,邓县长广征意见》,《苏州明报》,1936 年 7 月 12 日,第 6 版。
⑦ 《吴县催甲制度废除问题当局正在考虑中》,《大公报》,1936 年 8 月 3 日,第 10 版。

1936 年 8 月，吴县县政府针对租佃制度中的弊端，并结合地方人士的意见，拟定《吴县处理业佃纠纷初步办法草案》（以下简称《草案》）。《草案》涉及勘灾、折价、缴租、公断与调解、催租、登记、恤农、救济农村八个方面，尤其是对前六个问题都进行了明确规定。第一条"勘灾"规定，凡是受灾田地，承种佃户应在勘灾期前到乡镇公所领取荒歉报告单，先由保甲长查勘灾歉成数，再由佃户、业栈代表各 2 人和公正士绅 1 人（担任主席委员）组成的勘灾委员会进行复勘。新的勘灾委员会增加了佃户代表，并将催甲排除在外。鉴于一些地方的催甲是由乡镇长、保长和图董担任，《草案》规定在勘查过程中，上述人员只负责维持秩序，不得参与租成事宜，目的就是防止他们从中作梗。另外，《草案》还对佃户的行为进行规范，比如在勘灾过程中不得离开现场，不得以他人受灾之田代勘，不得包围勘灾委员等，如有违反则重惩，以此体现公平性。

在过去，租栈账房将租由填好后发给催甲，催甲再送给农民。本来催甲只负责分发租由，通知农民交租，但有些业主贪图方便，索性让催甲代收田租。于是就有一些催甲借助业主的权势，吞扣佃户所缴纳的业租，从中谋取私利。对此，《草案》第三条"缴租"规定，各业栈必须将从前所用的租徭一律改为田租通知单，通知单上写明租田的坐落、应缴租额以及开仓日期。开仓前半个月，业栈出资雇人分发，可由保甲长代为散发，不得假手催甲。此外，草案还规定了缴租的具体数额：1935 年按期上栈交租者，业主应于 1936 年收租时，减其 10％的租米，以资激励；业主收租最多不得超过额租的 85％；佃户在开仓后 20 日缴租者，应只收 82.5％的额租，以资鼓励；业栈账房司事不得收受佃农陋规，违者以敲诈论。

关于催租问题，《草案》第五条明确说明"催甲制度在租佃登记未办理完成之前，暂准沿用一年"。在此期间，催甲只负责发放田租通知单以及催促佃户到栈缴租，不能代收田租。催甲不准向农民索要分文，不准擅自拘捕农民，违者分别以诈欺和私擅逮捕处罚。一年之后废除催甲制度，由吴县地政局办理租佃登记，并限于 1937 年 6 月底以前全部办理结束。

《草案》第四条"公断与调解"规定,业佃双方或一方认为勘灾不当,发生租成争执时,必须请求区长提交调解委员会调解。区调节委员会由佃户代表 1 人、本区非业非佃的公正士绅 2 人组成。如果经调解失败,必须呈请县政府提交公断委员会公断。公断委员会由县党部特派员、农会代表、律师公会代表各 1 人以及本县公正士绅 2 人组成。经过公断后,双方均须遵守,否则由县政府依照缴租条例,以行政处分强制执行。[①] 总之,吴县县政府企图通过制定规章制度,严格规范业栈、催甲、佃农以及基层管理者的行为,以此减少业佃冲突,稳定社会秩序。

三、地方官绅博弈与租佃制度改革的流产

《草案》制定后,江苏省政府表示可以公布施行,"准予 1936 年试行一年"[②]。闻此消息,吴县业主盛振标、汪郁年、吴大本、李绍基等人联合致电江苏省政府主席陈果夫、民政厅厅长余井塘、财政厅厅长赵棣华,表示《草案》有抵触法律的地方,请求省方再议。[③] 同时,业栈也认为《草案》没有制定处理农民抗租的办法,有偏袒佃农之嫌,认为不妥。随后吴县县政府分别函请江苏省政府调查员司澂以及张一鹏、丁春芝、孙丹忱、钱梓楚、彭嘉滋、申士荄、沈挹芝等苏州政要和业主代表 16 人公开商讨,修改方案。

9 月 1 日上午,邓翔海召集上述人员召开会议。在会议上,他明确表示将会对田租处进行改组,严禁随意羁押佃农。佃农在押期间,得允许其随时接见家属。此外,还将利用保甲制度,由乡镇长担任催租员。下午,各业栈主针对上午的会议内容在田业汇商处商讨应对办法,但是一筹莫展。2 日上午,众人又在县政府召开讨论会,邓翔海将《草案》中的八项内容逐一细读,并要求众人商讨。[④] 随后,参会人员就《草案》内容提出了各自的

① 《吴县处理业佃纠纷初步办法草案拟定》,《大公报》,1936 年 8 月 31 日,第 10 版。
② 《省厅座表示赞同处理佃业纠纷案》,《苏州明报》,1936 年 8 月 30 日,第 6 版。
③ 《纳税人盛振标等人电省厅表示反对》,《苏州明报》,1936 年 8 月 31 日,第 6 版。
④ 《调整业佃纠纷》,《申报》,1936 年 9 月 3 日,第 12 版。

修改意见，并进行了多次争论。①

　　首先，吴县教育局局长彭嘉滋认为《草案》名称上有"处理纠纷"的字样，若是长久施行，"其纠纷之字样，则永久存在，似有未合"，应当修改名称或者暂时试行一年。后经众人当场决断，将《吴县处理业佃纠纷初步办法草案》改名为《吴县整顿缴租收租暂行办法》。此后，江苏省议员、县救护委员会主任钱梓楚认为应该组织审查会，详细审查后再召集会议讨论。对此，苏州总商会副会长程干卿、盛霞初等人表示赞同。相反，吴县县党部特派员孙丹忱则认为没有必要组织审查会，当场逐条商讨修改即可。此项提议随即得到多数人的赞成，众人当场讨论条文内容。

　　关于《草案》的各项规定，众人对第一条"勘灾"的意见不大，表示只需要"略加修正"即可。关于折价问题，大家争议比较激烈。吴县县农会主席朱锡钧和彭嘉滋从中调解，声称"此次会议之讨论，应免除成见，开诚洽商"。最后，删除了"佃户不愿折价者，准其以米缴租，业栈不得拒绝"的规定，这才获得通过。而催甲制度的存废问题则是众人争论的焦点。《草案》规定催甲制度沿用一年，第二年废止。有人认为"本年收租米时，恐怕难以将过去积欠的田租全部缴清，若立即废除，则今岁之秋成，即将发生问题"，但是"永远存在，则流弊滋多"。② 经过多次争论，最后改为"暂准沿用，并不规定一年"。关于催甲不准代收租款的问题，彭嘉滋主张"业主有许可者，得托由催甲收租"，随即遭到众人的反对，于是改为"佃户自愿委托代缴者，不在此限"。关于催甲不准擅自拘捕农民的规定，众人认为"拘捕农民，本系租差之责，与催甲并无关系"。

　　此外，孙丹忱认为没有必要取消租差，其理由是"农民缴租之通知与催促，仍须有人也，所以租差之名目，无须取消也"。但鉴于此前频发的业佃纠纷，他建议"只须将原有之租差一律淘汰，另行招致思想纯洁，品学兼优之青

---

① 《处理业佃草案近日在县府商讨》，《苏州明报》，1936 年 9 月 1 日，第 7 版；《佃业纠纷草案今晨仍继续商讨》，《苏州明报》，1936 年 9 月 2 日，第 6 版。

② 《昨日讨论争辩颇烈，今晨仍继续会商》，《苏州明报》，1936 年 9 月 2 日，第 6 版。

年,由县予以训练,分派各区接替"。随后,彭嘉滋、沈挹芝和邓翔海等人就此问题纷纷发表各自意见。最终,会议将该条改为"旧有租差应一律取消"。最后,沈挹芝等人提出增加农民抗租的处理规定,即"租成并无争执,佃农抗租不缴租者,依照缴租条例追缴,追缴办法另定之"。由于《草案》改为整顿缴租收租暂行办法,故而众人认为没有讨论恤农、救济农村两项内容的必要。①

经过两日的商讨,会议就各项规定基本达成共识,关于取缔催甲,暂缓实行;催征吏给薪问题,因事关县财政预算,故未研究。② 在地方政要的商讨之下,《草案》最终改名为《吴县整顿缴租收租暂行办法》,并经江苏省政府核准,于 10 月 1 日正式实施。③ 在内容上,新法案对废除催甲、以米缴租、取消租差等重要问题均作了修改,并且还增加了追缴田租的规定,同时删除了恤农、救济农村两项重要内容。尽管修改后的《草案》得以最终颁布,但是在制定之时和修改过程中都遭遇了种种阻碍,从中可以看到邓翔海与苏州业主势力之间的博弈。

在渭泾塘惨案发生之后,邓翔海决意改革传统的业佃制度,并登报征求各方意见,拟定《草案》。《草案》公布之后引起了苏州业主的一片哗然,有人指责他"思想左倾,偏袒农民"。此外,苏州城内的权绅也主动找他商谈,要求对《草案》进行修改,并不断施加压力。关于此事,邓翔海在晚年回忆录中这样写道:

> 某日大业主(即最大之权绅)十余人在鹤园集合,派人到府请余前往讨论租佃问题。余言词拒绝,略谓某人等诸位先生,皆为政界老宿,其学问道德素为余钦佩。惟今日我为一县行政首长,诸先生分属部民,因公请顾,应以公文呈请,听候批答,或推举代表来府,口头陈述,听我详答。此后乃推代表张某、潘某、陈某等六人来府请愿,要求修改第一、第三条。余以第一项可以平佃农之积怨,难以复更。又前三年

---

① 《县府昨日续议,催甲制度暂沿用》,《苏州明报》,1936 年 9 月 3 日,第 6 版。
② 《调整业佃纠纷》,《申报》,1936 年 9 月 3 日,第 12 版。
③ 《吴县变更业佃办法》,《民报》,1936 年 10 月 3 日,第 5 版。

> 欠租若不准期缓缴,则为佃户者一年须纳四年之租,明知其力不能胜,
> 何必铤而走险。①

虽然邓翔海在回忆录中并没有明确指出"大业主十余人""张某、潘某、陈某等六人"是何人,但其身份必然是苏州商界、政界的首脑人物,甚至包括参加 9 月 1—2 日商讨会的地方政要。实际上,民国时期苏州的田业会均被地方士绅所控制。无锡士绅胡雨人曾说潘利毂、尤志逵皆"吴县绅家弟子,田业会又吴县绅家所组织也"②。1937 年前后,苏州城内规模较大的业栈有沈、申、王、吴四家,即沈挹芝主持的濂溪坊沈贻谷栈、申士莪主持的刘家浜申宝纶栈、王云五主持的中张家巷王眉寿栈、吴伯源主持的中张家巷吴嘉荫栈。③ 从前文可知,沈挹芝和申士莪都是作为代表,被邀请参加了商讨会。

苏州的业主见此项办法不能奏效,就向行政院、监察院和财政厅等机构控告邓翔海,称其"思想不正,偏袒暴民,非法损害业主正当权益",请求省方将其撤职查办。对于业主的诬告行为,邓翔海感到非常愤懑,并以辞职相抵抗。在任职不到一年的时间里,他两次向江苏省民政厅提出辞职,后在余井塘的恳切挽留之下才打消了辞官的意图。关于邓翔海为何要辞职,当时的《申报》曾报道说:"兹因种种关系,办事棘手,于是态度消极。"④那么到底是什么导致他办事棘手,这当然在报纸上不便透露,但从上文的分析来看,必然是由业佃改革所引起的。

1936 年 10 月,吴县各乡稻田陆续收割,各业栈也开始筹备收租事宜。根据《草案》的规定,催租事务不再由催甲负责,而改由吴县县政府直接办理,所有催租人员由县政府临时雇用,各乡催甲只是负责引导佃户缴租。另外,县政府依旧设立田租处分所,以便于押追顽疲佃户。⑤ 11 月 11 日

---

① 邓翔海:《七十浮生尘影录》,沈云龙主编:《近代中国史料丛刊续编》第 84 辑,第 49 页。
② 胡雨人:《言治水利害致潘尤二绅暨吴县诸父老》,陆阳、胡杰编:《胡雨人水利文集》,北京:线装书局,2014 年,第 174—175 页。
③ 吴县市土地志编纂委员会编:《吴县市土地志》,上海:上海社会科学院出版社,1998 年,第 98 页。
④ 《邓县长两度辞职》,《申报》,1936 年 12 月 27 日,第 8 版。
⑤ 《丰收声中之报荒》,《申报》,1936 年 10 月 23 日,第 7 版。

起,吴县各田业栈开仓收租,然而依旧是门庭冷落。对此,各栈在乡间设立联合租栈,以便于各乡佃户就近完租。此外,吴县县政府也开始积极筹备催租事宜,招考催租临时政警 100 名,定于 22 日举行考试,录取后派赴各乡催追租米。① 然而开仓半旬,"租收殊为呆滞,大都颇为忧虑"。邓翔海 22 日亲自前往唯亭、郭巷、甪直等区,召集保甲长训话,劝导通知佃农赶紧上栈完租。吴县县政府也发出警告乡民之文书,限各乡佃农于月底前完租。②

通过实施一系列措施,截至 12 月底,吴县租务完成近一半。关于当年的收租情况,邓翔海在回忆录这样写道:"至阴历九月底,各业主开栈收租,佃农完租者非常踊跃。截止腊月半,各栈租米竟收出平均百分之八十以上,破三十年未有之记录。"③新的缴租、催租办法施行以后,吴县农民缴租的积极性整体有所提高,但是苏州东部地区的一些乡镇农民依然不肯缴租,甚至发生了抗租事件。吴县县政府招考的 100 名政警赴各区催缴将近一个月,毫无起色。无奈之下,吴县农事协进会决定将政警调至第四区催租。④ 1937 年 1 月 12 日,莲目乡千余农民聚集闹租,拆毁车坊镇谢、徐两姓催甲的房屋。葑门外又有数百农民闹租,拆毁催甲房屋一间。⑤ 经过调查,此次风潮"实为籍口上年勘灾不公,无力缴租,始图异动"⑥。总之,《草案》实施后依然是问题丛丛,收租效果也没有像邓翔海在回忆录中说得那么好。

结　语

清末民初,江南地主城居化现象导致大量不在乡地主的出现,地主直接收租的方式随之被有着专业经营能力的租栈所取代。然而这种方式的改变却引发了由租佃这一核心问题所繁衍出的各种社会关系的重大变化,地主

① 《开仓后租赋寥落》,《申报》,1936 年 11 月 19 日,第 8 版。
② 《县府发表警告乡民书,邓县长出巡各乡》,《神州日报》,1936 年 11 月 22 日,第 4 版。
③ 邓翔海:《七十浮生尘影录》,沈云龙主编:《近代中国史料丛刊续编》第 84 辑,第 50 页。
④ 《吴县田租问题》,《民报》,1937 年 1 月 28 日,第 3 版。
⑤ 《苏州东乡农民发生闹租风潮》,《时事新报》,1937 年 1 月 14 日,第 3 版。
⑥ 《抗租风潮起因》,《神州日报》,1937 年 1 月 15 日,第 3 版。

与佃户之间的关系变得松散，直接联系佃户的催甲便成为农民眼中潜在的"敌人"。正如吴滔所说："地主与佃户分居城乡，租佃关系和收租又隔了地权与租栈这两个中间环节，故佃户往往只痛恨那些蛮横无礼的催甲。"①

南京国民政府时期，国家出于对基层社会控制的需要而开始全面涉足租佃的管理，在勘荒、缴租、催租等方面都做出了具体规定，甚至在农民缴租不力的情况下，公然加入催租的队伍，这就将自己置身于农民的对立面。所以我们可以看到，在 1930 年代苏州抗租风潮中，催甲最先成为愤怒的农民攻击的对象，实际上这种简单的暴力方式并无多大的效果，只不过是民众泄愤的一种极端方式。随着抗租风潮的不断推进，农民逐渐放弃了这种危险的抵抗方式，而是选择前往基层管理机构请愿以及暴力示威。此时，苏州农民抗租斗争的形式由捣毁催甲演变为更加严重的官民冲突，成为当时备受关注的社会性对抗事件。

面对持续数年的抗租风潮，吴县县政府主导制定了业佃纠纷处理草案，试图对勘灾、缴租、催租等核心环节进行规范，以此减少业佃纠纷和官民冲突。然而《草案》却遭到苏州业主的群力反对，经过双方的博弈，其中的重要内容被迫做出修改，废除催甲制度的提议则不了了之。故而此次改革取得的效果非常有限，正如时人所说："只是空空洞洞不着实际的规定几条，恐怕仅仅是装饰的文字，无补于事实。"②值得注意的是，在《草案》初稿中提出的救济和繁荣农村的措施被地方政要所忽视，这反而是解决农村租务问题的治本之策。从改革失败的结果来看，在绅权力量强大的苏州，地方政府的治理时时受到掣肘。传统的业佃纠纷演变为佃民、业主以及地方政府三者之间的利益角逐，这就增加了改革的艰难性。

（胡勇军：常州大学马克思主义学院副教授）

---

① 吴滔：《清代江南的一田两主制和主佃关系的新格局——以苏州地区为中心》，《近代史研究》2004 年第 5 期。
② 洪瑞坚：《苏州抗租风潮之前因后果》，《地政月刊》1936 年第 10 期，第 1562 页。

Study on the Anti-Rent Trend of Peasants and the
Reform of Tenancy System in 1930s in Suzhou

Abstract: By the multiple effects of flood and drought and pest, there were large farmers in Suzhou area in 1930s-rent trend, also a form of struggle by urging people to destroy official conflict. In the face of the renting resistance that lasted for two years, the Wuxian county government attaches great importance to it and takes a variety of measures, but it has little effect. In August 1936, the leading county magistrate Deng Xianghai, the local government set up tenancy dispute way to reform a reminder system, in order to solve the problem, but has suffered various obstruction of regional power. In the process of reform of gentry game, originally conceived was forced to modify. As can be seen, along with the continuous penetration of state power, the traditional tenancy dispute between the owners and the evolution of farmers and local government interests of the three competition, this will increase the difficulty of reform.

Keywords: Suzhou; farmers' renting resistance; tenancy system; reform

世界史

争取通行权：19世纪英国步道保护活动研究[*]

肖晨辰　　倪正春

（南京师范大学社会发展学院）

摘　要：步道保护活动是19世纪英国兴起的一系列要求保证公众步道通行权的社会活动。随着工业化、城市化的深入发展，步道被赋予了休闲娱乐、身体健康和平民权利的意义，这与圈地运动和土地确权的深入发展相冲突。在此背景下，一些步道保护协会和步行团体陆续成立，通过法律途径和实践活动，要求保护公众的步道通行权，并推动了议会设立委员会、进行辩论并出台法案解决通行权的问题。步道保护活动体现了土地私人所有和公共使用之间的矛盾，背后涉及对财产权的定义和争论，在此期间，英国古老的"公地"概念被提及并重新阐释，原本公权持有者对公地拥有的共用权利被重构为公众对土地的公共权利，实际上构建出了现代意义上的通行权。

关键词：步道；通行权；步道保护协会；共用权利；公共权利

英国步道（footpath）并非根据法令正式划定的道路，而是非正式的、开放的、可供人通过的小径，此类小径主要分布在城郊和乡间。在法律意义上，步道是整块土地的一部分，其产权跟随所在土地的产权而确定或改变，因此，步道是非正式的小径。随着议会圈地的深入，越来越多的土地被圈围，许多非正式的、开放的步道也就此取消，转变为产权明确的、封闭的土地。然而，人们通行的需求和行走的兴趣仍然存在。至19世纪英国产生

---

* 本文系国家社科基金项目"英国议会圈地档案资料的整理、翻译与研究"（21BSS025）阶段性成果。

了步道保护活动,这是一系列社会活动,反对圈围步道、要求保留步道并捍卫公众的步道通行权,实际上是在承认土地私有制的基础上,要求公众拥有步道的使用权。在19世纪英国步道保护活动的争取下,英国社会逐渐认可保留步道、保障通行权的观点,英国有关通行权的法律逐步调整,在一定程度上塑造了现代英国的土地制度和社会文化。

学界对于19世纪英国步道保护活动相关问题关注较晚,但目前已经产生了一定的研究成果。国外学者将步道保护活动这一具体问题放在不同的研究传统中考察,大致包括以下三个维度。其一,哈维·泰勒(Harvey Taylor)将步道保护组织的成立和实践放在英国社会休闲娱乐需求增加、方式转变的背景中讨论,认为城市中产阶级的步行兴趣促使其成立步道保护组织,为保留步道提供了必要的法律和经济支持。[1] 其二,阿伦·霍金斯(Alun Howkins)和约翰·沃尔顿(John K. Walton)强调保护步道背后强烈的政治色彩,认为保护步道日益成为一项有益公众的民主诉求,进入了自由主义者、激进主义者和社会主义者等不同政见者的政治蓝图。[2] 其三,保罗·里德曼(Paul Readman)则将步道保护活动放在英国民族认同和国家意识发展的进程中考察,认为步道保护活动是一种塑造民族认同感的方式。[3] 不过,以上研究均未从土地权利视角讨论步道保护活

---

[1] Harvey Taylor, *A Claim on the Countryside: A History of the British Outdoor Movement*, Edinburgh: Keele University Press, 1997.

[2] Alun Howkins, "The Commons, Enclosure and Radical Histories," in D. Feldman, J. Lawrence, eds., *Structures and Transformations in Modern British History*, Cambridge: Cambridge University Press, 2011, pp. 118 – 141; John K. Walton, "The Northern Rambler: Recreational Walking and the Popular Politics of Industrial England, from Peterloo to the 1930s," *Labour History Reviens*, Vol. 78, No. 3 (December 2013), pp. 243 – 268.

[3] Paul Readman, "Walking and Environmentalism in the Career of James Bryce: Mountaineer, Scholar, Statesman, 1838 – 1922," in Chad Bryant, Paul Readman, Arthur Burns, ed., *Walking Histories, 1800 – 1914*, London: Macmillan Publishers Ltd., 2016, pp. 287 – 318; Paul Readman, "Footpaths in England: Notes Towards a Radical History," in Daniel Svensson, Katarina Saltzman and Sverker Sörlin, ed., *Pathways: Exploring the Routes of a Movement Heritage*, Winwick: The White Horse Press, 2022, pp. 33 – 55;［英］保罗·雷德曼著,卢超译:《传奇的风景:景观与英国民族认同的形成》,北京:商务印书馆,2021年。

动。从土地权利视角来看，19 世纪英国步道保护活动的核心是争取通行权。这种通行权需求为何在 19 世纪爆发？以何途径争取？如何得到法律确认？这些问题仍然有待解答。而国内研究主要关注现代英国通行权相关的制度和法律建设①，对于 19 世纪英国争取通行权相关的活动关注较少②，尚未有研究专门讨论 19 世纪英国步道保护活动。因此，本文希望利用涉及英国步道的法案、报刊、议会辩论记录等史料，梳理 19 世纪英国步道通行权需求的产生，分析 19 世纪英国争取步道通行权的实践，讨论现代英国对步道通行权的确认，将 19 世纪英国步道保护活动置于转型时期英国土地权利问题中加以讨论，以期深入理解 19 世纪英国的现代转型。

一、19 世纪英国步道通行权需求的产生

19 世纪英国步道保护活动兴起于英国人对步行的认知转变以及圈地运动深入的时代背景。在圈地中，步道作为土地的一部分被圈围、重新分配，成为私有财产，不再对土地所有者之外的人开放。与此同时，随着工业文明、城市文明的飞速发展，英国乡村漫步活动兴起，步道被赋予了休闲娱乐、身体健康和平民权利的意义，民众对步道的需求日增。由此，土地所有者对步道的圈围与英国社会中日益增长的步道需求之间产生了冲突。

一方面，随着工业化和城市化进程发展，英国城市人口激增，带来人口密度过大、环境污染等一系列社会问题。19 世纪英国的城市化快速发展，到 19 世纪 80 年代，英国已经有近四分之三的人口居住在城市地区。相对于充斥工业化污染的城市，乡村开始被视为宁静、和谐之地，在这里各种社

---

① 参见张振威：《英国进入权法律制度研究》，《清华法治论衡》第 24 辑，北京：清华大学出版社，2016 年，第 324—338 页；张振威、赵智聪、杨锐：《英国漫游权制度及其在国家公园中的适用》，《中国园林》2019 年第 1 期，第 5—9 页；赵子薇：《英国漫游权制度的确立之路与影响（1884—2000）》，苏州科技大学硕士学位论文，2021 年。

② 王元天关于英国土地产权的研究提及了 19 世纪争取通行权相关的活动。参见王元天：《近代英国的土地产权（18—19 世纪）》，南京大学博士学位论文，2017 年。

会秩序和谐共存，人们怡然自得，构建出了一种"乡村神话"。① 对乡村的美好想象促进了人们的休闲娱乐方式的转变，人们在闲暇时把目光转向乡村，而"步道是普通人与乡村建立情感联系的一种重要方式"②，步行成为实现这种乡村兴趣的重要方式，并由此在社会中产生了对步道的需求。在维多利亚时代和爱德华七世时期的英国，步行作为一种休闲方式，变得越来越受欢迎。③ 在此背景下，英国社会对步道的认知逐渐转变，步道被赋予了超越其本身的意义。

首先，步道被赋予了休闲娱乐意义。1829 年，一篇对克莱德赛德（Clydeside）公共路权（public rights of way）的调查显示，河岸的步道"为市民提供了一个愉快的、安静的休息场所"④，展现了步道的娱乐价值。此外，这一时期还出现了大量的介绍步行乐趣的文集、游记以及旅行指南，例如，阿奇博尔德·普伦蒂斯（Archibald Prentice）于 1851 年出版的文集《曼彻斯特的历史草图和个人回忆》（*Historical Sketches and Personal Recollections of Manchester*）描绘了漫步的乐趣，"有很多令人愉快的步道……所有美丽的风景都向行人开放"⑤，并将关闭或试图关闭步道的土地所有者称为"田间暴君"（tyrants of the field）。其他赞美步行这一休闲方式的出版物还包括《一次冬日乡村漫步》（*A Winter Ramble in the Country*）⑥、

---

① ［美］温迪·J. 达比著，张箭飞、赵红英译：《风景与认同：英国民族与阶级地理》，南京：译林出版社，2011 年，第 128—129 页。

② Paul Readman, "Footpaths in England: Notes Towards a Radical History," in Daniel Svensson, Katarina Saltzman and Sverker Sörlin, ed. , *Pathways: Exploring the Routes of a Movement Heritage*, p. 46.

③ Paul Readman, "Walking and Environmentalism in the Career of James Bryce: Mountaineer, Scholar, Statesman, 1838 - 1922," in Chad Bryant, Paul Readman, Arthur Burns, ed. , *Walking Histories*, *1800 -1914*, p. 287.

④ Harvey Taylor, *A Claim on the Countryside: A History of the British Outdoor Movement*, p. 20.

⑤ Archibald Prentice, *Historical Sketches and Personal Recollections of Manchester*, London: Charles Gilpin, 1851, pp. 289 - 290.

⑥ Charles Alexander Johns, *A Winter Ramble in the Country*, London: Society for Promoting Christian Knowledge, 1847.

《道路和田间小径的假日漫步》（*Holiday Rambles by Road and Field Path*）①，以及《步道》（*The Footpath Way*）②等。这些出版物强调徒步探索的乐趣，在这一时期广泛传播，使步行成为一种流行的休闲娱乐方式。

其次，步道也被赋予了身体健康的寓意。乡村步行日益被视为一种有益身心健康的运动锻炼。部分 19 世纪英国的评论家认为，"农村外流"削弱了国民的健康，因此"回到土地"的改革计划引起了越来越多人的兴趣。维多利亚时代的人们日益认识到污染和其他高密度城市生活的弊病，形成了一种到乡村步行、呼吸新鲜空气有助于身体健康的观点。甚至，除了能促进身体健康，乡村漫步还被视为一种在那个飞速变化年代里的精神慰藉，在步行中让心灵慢下来，对自然进行沉思和观察。③ 伴随着对乡村认知的改变，乡村漫步被赋予了健康价值和精神价值，从而促使英国人产生进入乡村、在步道漫步的需求。

最后，保留步道还成了保护平民权利的象征。以步道为代表的公共空间议题引起了政治家和改革家的关注，并将其与穷人和劳动阶层的利益联系在一起。1833 年，议员哈维（D. W. Harvey）认为，关闭步道在贫穷阶级中引起了许多不满，他们因此失去了健康的娱乐。第二年，自由主义政治家、社会改革家埃德温·查德威克（Edwin Chadwick）报告，在农村地区以及一些城镇的附近，民众表达了一些非常激烈的观点，"阐述圈围步道和古道的危害，并反对广泛和肆意地圈围作为游戏场所的公地"，查德威克认为圈围公地"把劳动阶层赶到了酒吧"。④ 1845 年，激进主义议员约瑟夫·休姆（Joseph Hume）在议会辩论中提出，在法律上"共用财产（commonages）

① W. H. Burnett, *Holiday Rambles by Road and Field Path*, Blackburn：John Heywood, Deansgate and Ridgefield, 1889.

② Hilaire Belloc, *The Footpath Way：An Anthology for Walkers*, London：Sidgwick & Jackson Ltd. , 1911.

③ Paul Readman, "Footpaths in England：Notes Towards a Radical History," in Daniel Svensson, Katarina Saltzman and Sverker Sörlin, ed. , *Pathways：Exploring the Routes of a Movement Heritage*, pp. 36 - 38.

④ Hugh Cunningham, *Leisure in the Industrial Revolution*, c. 1780 - c. 1880, London：Croom Helm Ltd. , 1980, p. 81.

都是私有财产(private property)"，他为此感到难过。休姆要求保留公地，
这些公地还应该包括从未被授予任何个人的土地，即为了公众的利益而属
于王室的土地。他认为，继续圈围公地"剥夺了仍可服务于公众健康和娱
乐的少量公地，以便在土地所有者之间分配"，而穷人原本可以在土地上通
行，圈地后却被完全阻拦在外。① 这种"保护平民权利"的话语赋予了步道
更广泛的社会意义。

　　另一方面，圈地运动的深入发展也是步道保护活动兴起的重要背景。
在圈地运动中，土地所有者进行土地确权②，要求土地所有权和使用权统
一，昔日的步道也在其圈围的范围内。圈地法案显示，"穿过计划圈围的土
地的道路，将被认为是圈围土地的一部分，将被相应地分割和分配"③，圈
地后"任何人进入或穿过上述（圈围）的公地或荒地的任何部分，无论是走
路，还是带着马、牛或马车，都是非法的"④。因此，圈地完成后，被圈围土地
上原有的道路被视为私人土地的一部分，不再允许其他人通过。此外，1815
年的《关闭不必要道路法》(Stopping-Up of Unnecessary Roads Act)赋予了地
方法官关闭他们认为不必要的道路的权力⑤，尽管该法令于 1835 年被废除，
但步道被圈围、不再对外开放的情况仍在继续。例如，1841 年的一份圈地法
案显示，在需要遵循一定的流程并允许提出申诉的前提下，有如下规定：

　　　　如果圈地委员认为需要或适当，在德文郡治安法官的书面同意

---

① UK Parliament, Hansard, Commons Chamber, 5 June 1844, https://hansard. parliament.
uk/Commons/1845 - 07 - 04/debates/628c076b - f234 - 46db - 8d01 - 2f0519ff746f/Common-
sChamber，2024 - 03 - 09.
② 倪正春：《英国议会圈地与民众的抵抗逻辑》，《历史研究》2019 年第 4 期，第 112 页。
③ Great Britain, Parliamnet, "An Act for Allotting, Dividing, Inclosuring, and Draining Sever-
al Open and Common Fields, Meadows, Waste and Fen Grounds, within the Manor and Par-
ish of Bourn, in the County of Lincoln," 1766, Eighteen Century Collections Online, Gale
Group, Inc.
④ Great Britain, Parliamnet, "An Act for Dividing, Alloting, and Inclosuring all the Commons,
and Wast Lands, within the Manor and Parish of Dunkeswell, in the County of Devon," 1801,
Nineteen Century Collections Online, Gale Group, Inc.
⑤ Harvey Taylor, *A Claim on the Countryside：A History of the British Outdoor Movement*,
p. 24.

下，可以停止、转换或转变任何上述教区中准备圈围的土地中的马车路、公用通道、驮运路和步道；这些原本作为道路的土地将被停止作为道路使用，并将被视为圈围地的一部分。①

这一时期英国的浪漫主义诗人约翰·克莱尔(John Clare)也描绘了步道被圈围的景象：

> 大自然的自由地带曾经有小路，曾经每一个山谷都有小路——圈地来了，每一条小路都被禁止通行；每个暴君都在找到道路的地方固定自己的标志，暗示现在穿越路面的人。②

然而，圈地运动与步道保护活动的关系更复杂一些。圈地运动在废除原有步道的同时，也规划了一些新的道路。在圈地中，圈地委员会重新规划道路，这些新修建的道路十分方便，造福土地的所有者和占有者，还改善了教区交通状况。③ 然而，新的矛盾在于，新规划的道路主要服务于农村社会的经济秩序，而非公众的自由漫步需求。尽管圈地法令保留了许多步道地役权(easements)④，但是在山上和荒野自由漫步的权利却没有保留下来⑤。圈地后的土地主要作为私有财产持有，不受共用权利的约束，新规划的道路与其说是能让公众进入，不如说是对公众的通行权划定了界限。⑥ 在圈地以前，步道有非正式习俗和惯例定义，至 19 世纪，长期的使

---

① Great Britain, Parliamnet, "An Act for Inclosuring Lands in the Parish of Uplyme, in the County of Devon,"1841, Nineteen Century Collections Online, Gale Group, Inc.

② John Clare, *The Village Minstrel and other Poems*, Vol. I, London: Printed for Taylor and Hessey, 1821, p. 51.

③ 倪正春：《英国议会圈地与乡村景观的重塑》，《学海》2022 年第 3 期，第 198 页。

④ 地役权即为实现自己土地的利益而使用他人土地的权利，最主要的一般为通行权、用水权等。参见薛波主编，潘汉典总审定：《元照英美法词典》，北京：法律出版社，2003 年，第 455 页。

⑤ Jerry L. Anderson, "Britain's Right to Roam: Redefining the Landowner's Bundle of Sticks," *Georgetown International Environmental Law Review*, Vol. 19, No. 3, (July, 2007), p. 380.

⑥ Paul Readman, "Footpaths in England: Notes Towards a Radical History," in Daniel Svensson, Katarina Saltzman and Sverker Sörlin, ed., *Pathways: Exploring the Routes of a Movement Heritage*, p. 36.

用权已经趋于模糊，圈地后，步道被明确限定在了新规划的道路中，此前模糊的使用权消失，代之以明确的所有权。圈地将一种产权的"功能体系"转变为一种纯粹的"空间"体系，在前一种体系中，许多不同的个人可能有权使用一块特定的土地，而在后一种体系则是对特定土地的绝对所有权。[①]在权利关系转变视角下，未被圈围的步道与圈地后新规划的道路具有完全不同的意义。随着人们对乡村步行的认知转变，步道被构建出了多重意义，从而创造出了对步道的需求。而圈地致使能满足这种需求的步道减少，二者相冲突，这才构成了 19 世纪英国步道保护活动兴起的主要背景。

总体而言，步道保护活动是在 19 世纪英国城市化背景下产生的，也是对英国议会圈地的一种反应，体现了这一时期城市与乡村之间的互动。步道不仅是乡村景观的组成部分，也日益成为英国人休闲娱乐、运动锻炼的场所。步道通行权也成为平民权利辩论的议题之一，由此赋予了步道以超越其本身的意义，并促进了 19 世纪英国步道保护实践。

二、19 世纪英国争取步道通行权的实践

19 世纪英国围绕步道保护产生了一系列的争论和斗争，这些争论和斗争的核心是争取公共路权，即争取每一个英国人的步道通行权。这一时期，在民间陆续成立了大量的步道保护协会和步行团体。步道保护协会主要通过法律途径进行步道保护活动，但有时在活动初期会伴随着暴力抗争；而步行团体则主要通过实践方式，进入私人土地，行走示威，但这种示威总体来说是轻松、和平的，其活动的娱乐、社交性质或许更强一些。民间组织的活动也在一定程度上推动了议会对步道的关注，在议会中也产生了围绕公共路权的辩论。

首先，有关步道的争议促使一些相关的民间组织建立并进行步道保护活动。19 世纪 20 年代，一些地区性的步道保护组织陆续成立。1824 年在约克成立了第一个步道保护相关的组织——公共步道保护协会（Associa-

① Judith Perle, "The Invisible Fence: An Exploration of Potential Conflict between the Right to Roam and the Right to Exclude," *Birkbeck Law Review*, Vol. 3, No. 1 (2015), pp. 86 - 87.

tion for the Protection of Public Footpaths)，其成员具有一定的社会地位，聘请了自己的律师，并在巡回法庭上对侵占步道的行为发起诉讼，诉讼成功后，几条古老的步道立即重新开放通行。作为第一个步道保护组织，保护公共步道协会的活动体现了一种有组织的、团体游说的表达方式，这样的活动形式被其后成立的相似团体所继承，这些游说团体将保护露天娱乐和健康运动的权利作为其主要目标之一。[1] 1826年，曼彻斯特古步道保护协会(Manchester Society for Preservation of Ancient Walking Paths)成立，该协会致力于清除进入城市边缘的步道所受到的阻碍，他们为重申公众的步道通行权而持续开展活动，赢得了广泛的支持，并使户外漫步成为北部地区的大众流行娱乐活动。[2] 1833年的一项议会调查显示，曼彻斯特古步道保护协会通过法律途径，有效地开放了许多本来被封堵的步道。[3] 1876年，德文郡公爵下令封闭了连接海菲尔德村与伍德兰德山谷的道路，不再对公众开放，曼彻斯特步道保护协会与海菲尔德和金德斯考特古步道协会联合起来，反对公爵关闭道路的行为，最终在1896年赢回了通行权。[4] 这些步道保护组织主导进行了一系列步道保护活动，并成功使公众获得了一些步道的通行权。

自19世纪至20世纪前期，英国陆续建立了许多步道保护相关的组织，包括上述提及的组织在内共20余个，其中大部分是地域性的，例如1856年的凯西克地区步道保护协会(湖区)、1856年的伯恩利步道委员会、1866年的普雷斯顿步道协会、1905年的漫游俱乐部联盟(伦敦)、1922年的曼彻斯特地区漫游俱乐部联盟、1926年的谢菲尔德地区漫游俱乐部联

---

[1] Harvey Taylor, *A Claim on the Countryside: A History of the British Outdoor Movement*, pp. 21 - 22.

[2] J. K. Walton, "The Northern Rambler: Recreational Walking and the Popular Politics of Industrial England, from Peterloo to the 1930s," *Labour History Review*, Vol. 78, No. 3 (December, 2013), pp. 243 - 268.

[3] John Ranlett, "Checking Nature's Desecration: Late-Victorian Environmental Organization," *Victorian Studies*, Vol. 26, No. 2 (Winter, 1983), p. 204.

[4] ［美］温迪·J. 达比著，张箭飞、赵红英译：《风景与认同：英国民族与阶级地理》，第138—139页。

盟等。此外，也有全国性的步道保护组织，如 1884 年的全国步道保护协会、1931 年的全国漫游俱乐部联盟委员会等。① 其中，影响力较大的是 1884 年的全国步道保护协会，这一组织在 1899 年与公地保护协会（Commons Preservation Society）合并，更名为公地和步道保护协会（Commons and Footpaths Preservation Society）②，继续在公共路权争议案件中发挥作用。这些步道保护组织是民间自发组织的，提供了一个团结起来争取步道通行权的平台。当关闭公共步道、侵犯公共路权的事件发生时，步道保护组织往往依靠其影响力和宣传能力，通过谈判、社会抗议、法律争讼等多种方式维护公众的步道通行权。如果活动过程顺利的话，最终将从政府处获得对这一地区步道通行权的承认。③

同时，成立地方步道保护协会也成为维护步道通行权的重要方式，例如，1890 年 7 月 1 日，《伯里和诺维奇邮报》(*Bury and Norwich Post*)署名"步行者"(A Footman)的一则来信提出"我们没有步道保护协会"，并认为这体现了当地对步道保护的重视不足，建议成立相关组织。④ 这一提议在七天后得到了署名"J. H. W"的来信支持。⑤ 7 月 11 日（15 日刊出这则来信），全国步道保护协会也向《伯里和诺维奇邮报》寄信，认为伯里有很多重要且美丽的步道，却"似乎没有特别注意维护公共路权，也没有努力防止对公共路权的侵犯"，并提出非常愿意帮助伯里，在此成立一个分会。⑥ 由此，保护步道和公共路权与成立步道保护组织紧密地联系起来。这一时期成立的众多地区性和全国性的步道保护组织，促进了一些步道的保留和步道通行权的确立，而且，这些组织的成立及其活动本身就是一种宣传，进一

---

① ［美］温迪·J. 达比著，张箭飞、赵红英译：《风景与认同：英国民族与阶级地理》，第 110—111 页。

② John Ranlett, "Checking Nature's Desecration: Late-Victorian Environmental Organization," *Victorian Studies*, Vol. 26, No. 2 (Winter, 1983), p. 205.

③ Harvey Taylor, *A Claim on the Countryside: A History of the British Outdoor Movement*, pp. 21–24.

④ "Field Path," *Bury and Norwich Post*, Tuesday 01 July, 1890.

⑤ "To The Editor," *Bury and Norwich Post*, Tuesday 08 July, 1890.

⑥ "Our Footpath," *Bury and Norwich Post*, Tuesday 15 July, 1890.

步吸引了人们对步道保护的关注。

其次，19世纪后期涌现出大量的步行团体，组织漫步活动，通过进入私人土地步行示威，要求保护步道通行权，并推动休闲漫步成为一种文化风尚。随着1871年引入的银行假日，更短的工作时间和更多的假期有助于向所有社会阶层普及步道保护活动。① 这一时期产生的步行团体涉及各个社会阶层，1879年，莱斯利·斯蒂芬爵士（Sir Leslie Stephen）成立了"星期日长途跋涉者"（Sunday Tramps），其成员由中上阶层职业男性组成，多为维多利亚时代后期知识分子的进步先锋，包括一些来自不同学科的学者，如伦敦大学学院的法理学教授弗雷德里克·波洛克（Frederick Pollock）、伦敦大学学院的精神哲学和逻辑学教授乔治·克罗姆·罗伯逊（George Croom Robertson）、剑桥大学法学教授F. W. 梅特兰、伦敦大学学院哲学教授詹姆斯·萨利（James Sully）等。这一团体规模不大但在当时很有影响力，诗人兼小说家乔治·梅瑞狄斯（George Meredith）经常在萨里郡（Surrey）博克斯山（Box Hill）的家中招待这一团体。② 这一群体往往注重步行漫游精神价值，认为漫步是亲近自然、相互交谈的重要方式。而安科斯兄弟会（Ancoats Brotherhood）则关注工人阶级的休闲漫步权利，查尔斯·罗利（Charles Rowley）于1882年成立这一团体，其目标包括促进工人阶级在夏日和周末的乡村漫步。③ 步行团体会有意地进入私人土地，在已经关闭的步道上进行漫步，与猎场看守人对抗，沿着有争议的路线漫游，并将这种行为视为争取步道通行权的斗争。④ 尽管这些步行团体

---

① Paul Readman, "Walking and Environmentalism in the Career of James Bryce: Mountaineer, Scholar, Statesman, 1838 - 1922," in Chad Bryant, Paul Readman, Arthur Burns, ed., *Walking Histories, 1800 - 1914*, p. 287.

② Harvey Taylor, *A Claim on the Countryside: A History of the British Outdoor Movement*, pp. 60 - 61.

③ Harvey Taylor, *A Claim on the Countryside: A History of the British Outdoor Movement*, p. 74.

④ Paul Readman, "Footpaths in England: Notes Towards a Radical History," in Daniel Svensson, Katarina Saltzman and Sverker Sörlin, ed., *Pathways: Exploring the Routes of a Movement Heritage*, p. 33.

普遍结构松散,存续时间长短不一,但其实践活动兼具社会抗议和娱乐、社交性质,甚至后者的色彩更浓,有利于吸引社会各阶层参与并形成文化风尚。步行团体的行动是大众化的,这些团体的实践活动在社会层面将休闲步行、保护步道的社会风潮蔓延开来,其文化影响力不可忽视。

最后,民间组织的活动通过社会活动和法律途径与政府进行互动,不仅在具体案例中获得了对特定步道通行权的确认,而且也在一定程度上推动了议会对步道的关注和对普遍的步道通行权的讨论。其一,议会开始关注人们休闲漫步的相关权利。早在 1833 年,下议院就成立了"公共步道特别委员会"(Select Committee on Public Walks),委员会的职责包括:

> 讨论在人口稠密的城镇附近保留开放空间的最佳方式,这些开放空间将作为公众散步和锻炼的场所,以促进居民的健康和舒适,并授权委员会向议会报告他们的观察、意见以及在他们面前取证的会议记录。①

委员会报告了利默里克(Limerick)居民的请愿书,请愿书抗议企业侵吞公共场地,导致该城市附近缺乏供给公众散步的空间,并要求议会调查。② 此外,委员会的调查报告呼吁开放樱草花山(Primrose Hill)和摄政

---

① The House of Commons, *Report from the Select Committee on Public Walks; with the Minutes of Evidence Taken before Them*, House of Commons Parliamentary Papers Online, 27 June 1833, p. 3. https://parlipapers. proquest. com/parlipapers/result/pqpdocumentview? accountid = 13151&groupid = 1415563&pgId = 7184712d - 991a - 41c4 - 9bf5 - 41de1477782c&rsId=18A1D4890DD, 2024 - 03 - 09.

② The House of Commons, *Report from the Select Committee on Public Walks; with the Minutes of Evidence Taken before Them*, House of Commons Parliamentary Papers Online, 27 June 1833, p. 2. https://parlipapers. proquest. com/parlipapers/result/pqpdocumentview? accountid = 13151&groupid = 1415563&pgId = 7184712d - 991a - 41c4 - 9bf5 - 41de1477782c&rsId=18A1D4890DD, 2024 - 03 - 09.

公园(Regents Park)作为开放空间①,但这一呼吁在 1833 年没有得到重视②。尽管报告没能立即发挥作用,但是它成为此后一些开放空间建立的先例。至 19 世纪 40 年代,樱草花山、维多利亚公园(Victoria Park)、德比植物园(Derby Arboretum)均成为公共开放空间,供公众漫步。③

其二,在议会中产生了一些关于步道通行权的辩论。1835 年《公路法案》(Highway Act 1835)颁布,第 85 条至第 89 条对关闭不必要公路的程序作出要求,如果两名地方法官认为公路可以关闭,必须在受影响的地点张贴通知,说明关闭道路的原因,并在当地报纸和教堂上刊登,在公示四周后的季审法庭上由陪审团作出决定。④ 这从实际上废止了 1815 年法案授予地方法官关闭他们认为不必要道路的权力,但是其用词"公路"仍存在一定的争议。1893 年,蒙克斯韦尔勋爵(Lord Monkswell)在议会上院提出修正案"'公路'是指任何道路、车道、马道、步道或任何其他公众有权使用的道路",但遭到反对。反对的理由主要包括两点:第一,"公路"的含义已经包括道路、车道、马道、步道,此外不存在公众有权使用的道路;第二,一条小径可能被公众普遍使用,但实际上,公众可能并未拥有这条小径的使用权利。⑤ 这一修正案虽未能成形,但争论本身体现了议会中对步道问题的关注。值得注意的是反对理由中的第二点,合法的"公众对道路使用权

---

① The House of Commons, *Report from the Select Committee on Public Walks*; *with the Minutes of Evidence Taken before Them*, House of Commons Parliamentary Papers Online, 27 June 1833, p. 6. https://parlipapers. proquest. com/parlipapers/result/pqpdocumentview? accountid = 13151&groupid = 1415563&pgId = 7184712d - 991a - 41c4 - 9bf5 - 41de1477782c&rsId=18A1D4890DD, 2024 - 03 - 09.

② Alun Howkins, "The Commons, Enclosure and Radical Histories," in D. Feldman, J. Lawrence, eds. , *Structures and Transformations in Modern British History*, p. 123.

③ David Lambert, "The History and the Future of Public Parks," in Marion Harney, ed. , *Gardens and Landscapes in Historic Building Conservation*, Chichester: John Wiley & Sons Ltd. , 2014, p. 91.

④ UK Public General Acts, 1835 c. 50, Highway Act 1835, pp. 33 - 35. https://www. legislation. gov. uk/ukpga/Will4/5 - 6/50/contents/enacted, , 2024 - 03 - 09.

⑤ UK Parliament, Hansard, Lords 12 May 1893, https://hansard. parliament. uk/Lords/1893 - 05 - 12/debates/0def9930 - e3e8 - 4530 - 9edb - 46d499c8bb21/Committee? highlight=footpath#contribution - 04eb2b57 - 9eab - 424a - 8da0 - bc1d09b8c43d, 2024 - 03 - 09.

利"与实际上"公众使用道路"之间的关系是模糊的，二者不能等同，但相互影响。在理想状态下，实际的使用是在有使用权的前提下进行的。同时，存在实际使用超出规定使用范围的情况，而在习惯法的影响下，长期的习惯上的使用权力，又可以作为拥有合法使用权的证据。

其三，议会颁布法案，维护包括步道在内的公共道路通行权。1894年，议会通过了《地方政府法案》(Local Government Act 1894)①，其中加入了一些条款，宣布地区议会(District Councils)有责任维护公共道路的通行权。在乡村，教区议会(Parish Council)被赋予就其辖区公共路权问题向郡议会(County Council)请愿的权力，郡议会被授权自行承担地区议会的权力和职责，维护公众的权利，并向地区议会收取在此过程中所产生的费用。因此，郡议会在这种情况下充当上诉机构，当乡村地区议会(Rural District Councils)在保护公众对步道或其他公共道路的权利方面出现失误时（这种情况经常发生），郡议会可以介入并采取必要的程序。②

总之，19 世纪英国的步道保护活动广泛涉及社会的诸多层面，社会精英和普通民众均参与其中。步道保护协会与步行团体通过法律争讼、社会抗议等多种方式反对土地所有者关闭步道，要求保护公众的步道通行权。议会也对此有所反应，开始关注人们休闲漫步的相关权利，就步道通行权进行辩论，并颁布法案维护包括步道在内的公共道路通行权。纵观这一时期的一系列步道保护实践，其核心诉求是要求公共路权，即争取公众的步道通行权，这种步道通行权继承自但实际上有别于古老的共用权利，是一种在 19 世纪逐渐形成的公共权利。

---

① UK Public General Acts，1894 c. 73，Local Government Act 1894，https://www.legislation.gov.uk/ukpga/Vict/56 - 57/73/contents/enacted，2024 - 03 - 09.

② Lord Eversley, *Commons, Forest and Footpath: The Story of the Battle During the Last Forty-five Years for Public Rights Over the Commons, Forests and Footpaths of England and Wales*, London, New York, Toronto and Melbourn: Cassell and Company, Ltd. , 1910, pp. 298 - 299.

三、现代英国对步道通行权的确认

19世纪英国步道保护活动争取并要求确认公众对步道的通行权，强调土地的公共权利，体现了土地私人所有和公共使用之间的矛盾，背后涉及对财产权的定义和争论。在争取特定土地公共权益的过程中，古老的"公地"概念被提及并被重构为公众对土地的公共权益，以此证明包括步道保护活动在内的一系列公地保护活动的合理性和正当性。此外，步道保护活动也是英国工业化发展到一定程度后社会自我调整的结果，其成果在两次世界大战后以法案形式确认下来并不断发展，其影响延续至今。

在步道保护活动中，矛盾核心是土地私人所有和公共使用之间的矛盾。围绕步道通行权产生的矛盾，也是近现代英国土地确权过程中产生的问题。[①] 圈地以前，公权持有者对公地拥有共用权利，即有限的使用权，而圈地的过程也是将土地的所有权和使用权统一的过程，原本的公地取消，取而代之的是土地所有者同时拥有所有权和使用权的土地。而步道保护活动要求步道通行权，要求公众拥有一部分土地的使用权，强调土地的公共权利，而土地所有者通过圈地拥有所有权和使用权，更强调土地的经济利益，二者相冲突。在19世纪的英国，公众对公共使用、服务于公众利益的土地产生需求，而这一类土地如何定义，公众的权益如何保障等问题，在19世纪的英国尚未有明确的解决方案。

步道保护活动背后涉及对财产权的定义和争论，其理论可以分为以约翰·洛克、威廉·布莱克斯通为代表的一派与以约翰·斯图亚特·穆勒为代表的一派。以洛克、布莱克斯通为代表的一派强调私有财产的"排他权"（right to exclude）。早在17世纪，洛克在其财产权理论中就提出了排他权，认为个人将自身劳动作用于土地，以此获得对土地的排他权。[②] 至18世纪，布莱克斯通则更进一步强调排他权对财产所有权的必要性，即财产

---

① 王元天：《近代英国的土地产权（18—19世纪）》，南京大学博士学位论文，2017年，第84—85页。

② John Locke, *Two Treatises on Civil Government*, London: George Routledge and Sons Ltd., 1903, pp. 204-205.

权应该被定义为对物的"唯一和专制的统治"，而"完全排除宇宙中任何其他个人的权利"。① 然而，至19世纪，以约翰·穆勒为代表的理论家对此质疑。穆勒认为，土地财产的私人所有权与其他动产不同，不应适用于绝对排他权，由于土地本身并非形成于人类劳动，而是"整个物种的原始继承"，也应该属于，或者至少是造福于整个社会，因此，在土地所有权方面，即使是私有财产，个人也不应对土地拥有绝对排他权，法律应强调土地的社会利益。② 19世纪英国步道保护活动的实践者和支持者实际上采用了穆勒的理论，强调保留步道以体现社会利益。

而在包括步道保护等一系列公地保护活动的推动下，英国"公地"与附着其上的"古老的共用权利"的内涵，也由有限共同体的共用权利发展为英国国家的公共权利。圈地以前，"公地"强调土地的使用权，特别是进入、获取或使用一块土地或其农产品的权利，而那些享有和行使这些权利的人都是一个共同体内的公权持有者。③ 也就是说，最初被规定拥有使用权的人是有限的、地区性的。但是，到了19世纪，实际使用的人已经超出了这个有限的范围，开放的步道不仅供对其拥有权利的共同体使用，也迎接了大量来漫步的公众。圈地后，土地确权，搭建围栏，模糊的使用权消失，公众不能接受乡村漫步受阻，因此组织了步道保护活动，要求对包括步道在内的公地享有通行权。由此，英国对"公地"的概念进行了重构，享有公地共用权利的人群由有限的共同体扩大到所有英国国民，公地的主要功能也由获取生计转向环保功能和休闲娱乐功能。在公地保护者的宣传中描绘的英国人对于公地的权利，实际上已经超越传统的共用权利，而体现为这类

---

① William Blackstone, *Commentaries on the Laws of England*, Chicago: Callaghan and Company, 1915, p. 105.

② John Stuart Mill, *Principles of Political Economy*, New York: D. Appleton and Company, 1885, pp. 202 - 203.

③ J. M. Neeson, *Commoners: Common Right, Enclosure and Social Change in England, 1700 - 1820*, Cambridge: Cambridge University Press, 1993, pp. 55 - 57.

土地的更广泛的公共权利①，地方土地的使用权利改写为公共获得开放土地的道德权利②，从而形成一种全新的有关公共权利的叙事，并被后世继承下来。

而后，19 世纪英国的步道保护活动的成果在 20 世纪得到广泛体现，至今仍在英国社会发挥作用。对于土地私人所有和公用需求之间的矛盾，19 世纪末在英国民间发展出了土地信托的解决方法，至 20 世纪中后期，国家颁布法案保障公众的乡村通行权并不断完善。国民托管组织（National Trust）是利用土地信托保障部分土地上的公共权利的代表性组织。其构想来自 1884 年罗伯特·亨特（Robert Hunter）的一场演讲，要求"成立一家土地公司……以保护国家开放空间的公共利益"③。1895 年，国民托管组织正式成立，通过发起购买、募捐或接受捐赠，获得一些地产的所有权，包括自然风景保护区、历史古建筑等，并向公众开放这些地产。至第一次世界大战前，国民托管组织已获得 62 处地产，其中有 28 处是接受赠予的，21 处是购买的，13 处是通过公开募集获得的。④ 在必要的时候，国民托管组织也进行政治活动。1897 年，国民托管组织向伦敦郡议会提供保护历史建筑的建议清单，1898 年为保护彼得伯勒大教堂（Peterborough Cathedral）、温切斯特的圣十字济贫院（St Cross Almshouses at Winchester）和切尔西堤岸（Chelsea Embankment）提出交涉。⑤

半个世纪后，英国公众争取步道通行权的成果终于以法案形式确

---

① Peter Parkes, "A Pasture in Common: A Twentieth-Century Environmental History of Ewyas Harold Common (Herefordshire)," *Rural History*, Vol. 16, No. 1 (April, 2005), pp. 111 - 112.

② Quintin Bradley, "Public Support for Green Belt: Common Rights in Countryside Access and Recreation," *Journal of Environmental Policy & Planning*, Vol. 21, No. 6 (August, 2019), p. 696.

③ Robin Fedden, *The Continuing Purpose: A History of the National Trust, Its Aims and Work*, London: Longmans, 1968, p. 3.

④ Robin Fedden, *The Continuing Purpose: A History of the National Trust, Its Aims and Work*, pp. 10 - 11.

⑤ Robin Fedden, *The Continuing Purpose: A History of the National Trust, Its Aims and Work*, p. 12.

立。1949 年的《国家公园和乡村通行法》（National Parks and Access to the Countryside Act 1949）规定，设立国家公园委员会（National Parks Commission），该委员会旨在保护英格兰和威尔士的自然美景，特别是那些被认定为国家公园或拥有美丽的自然风光的地区，并鼓励公众到国家公园和乡村享受自然风光，为公众提供享受露天娱乐的设施和探索自然的机会。① 而后，1968 年的《乡村法》（Countryside Act 1968）②、1990 年的《公共路权法》（Rights of Way Act 1990）③、2000 年的《乡村和公共路权法》（The Countryside and Rights of Way Act 2000）④等法案不断在此基础上进行补充和发展，保障了公众进入乡村进行休闲娱乐等活动的合法性，从而确立、规范和维护了土地上的公共权利，并沿用至今。

总体而言，19 世纪英国的步道保护活动体现了土地私人所有和公共使用之间的矛盾，背后是不同的财产权理论之争，以洛克、布莱克斯通为代表的一派支持私人对土地的所有权是排他的；而以米尔为代表的一派则在承认土地私有的基础上要求土地的公共利益。而"公地"这一概念也在此过程中被重新阐释，由原本只有拥有共用权利的特定人群才能享有的对特定土地的权利，发展为英国国民对开放的可进入土地的共同权益，形成了新的关于公共权利的描述。这种描述的影响力在 19 世纪不断扩大，至 20 世纪得到了国家法案的规范和正式确认，并逐渐形成了如今英国的公共权利。

---

① UK Public General Acts，1949 c. 97，National Parks and Access to the Countryside Act 1949，https://www. legislation. gov. uk/ukpga/Geo6/12 - 13 - 14/97/enacted，2024 - 03 - 09.

② UK Public General Acts，1968 c. 41，Countryside Act 1968，https://www. legislation. gov. uk/ukpga/1968/41/contents/enacted，2024 - 03 - 09.

③ UK Public General Acts，1990 c. 24，Rights of Way Act 1990，https://www. legislation. gov. uk/ukpga/1990/24/contents/enacted，2024 - 03 - 09.

④ UK Public General Acts，2000 c. 37，The Countryside and Rights of Way Act 2000，https://www. legislation. gov. uk/ukpga/2000/37/contents/enacted，2024 - 03 - 09.

结　语

19世纪英国的步道保护活动是英国现代化进程的重要组成部分，这一活动不仅使一些古老的步道保留下来，而且构建了现代英国公众的步道通行权。19世纪英国步道保护活动背后的理论依据实际上是穆勒有关财产权的理论，强调土地的公共利益。在步道保护实践中，英国古老的"公地"概念被提及并重新阐释，"公地"由一种经济资源发展为一种公共设施，原本公权持有者对公地拥有的共用权利被重构为公众对土地的公共权利，实际上构建出了现代意义上的通行权，与曾经古老的、共同体的权利相区别。

在19世纪英国工业化、城市化深入发展的背景下，社会出现了对乡村的兴趣，漫步的需求是这种兴趣的集中体现，由此，步道被赋予了休闲娱乐价值，并逐渐被视为一种保持健康的锻炼方式。而部分政治家、改革家则强调开放的、免费进入的步道是平民易得的健康休闲娱乐方式，从而将保护步道与保护平民权利联系在一起。然而，圈地运动在客观上成为实现步道需求的阻碍。于是，要求土地使用权和所有权统一的土地所有者与要求步道通行权的步道保护者之间产生了矛盾，促使步道保护活动兴起。在步道具有多重意义的语境下，英国民间陆续成立了众多的步道保护协会和步行团体，通过法律途径和实践活动，要求保护公众的步道通行权。同时，民间团体的活动也促进了对步道相关问题的讨论进入议会，推动国家从制度层面保护公共路权。19世纪英国的步道保护活动延续到20世纪，至20世纪中后期多项法案颁布，规定并明确了公众的步道通行权。如今，英国公众拥有的步道通行权、步道的休闲娱乐功能、社会对步行价值的推崇，甚至是保护自然环境的理念，在一定程度上都可以看作19世纪英国的步道保护活动的遗产。

（肖晨辰：南京师范大学社会发展学院历史系硕士研究生；倪正春：南京师范大学社会发展学院历史系副教授）

Claim the Right of Way: A Study of Footpath Preservation Activities in Nineteenth Century Britain

Abstract: Footpaths preservation activities were a series of social activities that emerged in Britain in the nineteenth century that called for the protection of public rights of way for footpaths. As industrialization and urbanization intensified, footpaths took on a new significance for recreation, physical health, and civilian rights, which conflicted with the intensification of the enclosure movement. In the nineteenth century, several footpaths preservation societies, and walking groups were formed in Britain, demanding the protection of public rights of way through legal and practical means, and prompting the establishment of parliamentary committees, debates, and bills to address issues relating to public rights of way. In the process, the old English concept of the commons was reintroduced, and the common rights of the commoners were reconstituted as public rights to the land.

Keywords: Footpaths; the Right of Way; footpaths preservation societies; common rights; public rights

19世纪中后期英国地方卫生官制度的公共权力困境[*]

——以肺结核防治为例

董静妤　白　爽

（南京师范大学社会发展学院）

摘　要：1848年，英国政府颁布《公共卫生法案》创设地方卫生官一职，力图在中央政府的监督和地方当局的管理下，负责英国公共卫生政策的具体实施。面对传染病的接连袭扰，地方卫生官的公共卫生职权也得到迅速扩展。但他们的防疫工作在肺结核防治中屡屡受挫。地方卫生官侵犯了公民的人身权和隐私权，干扰了医生的职业权威和相关机构的管理权，并受制于纳税人和企业家的资金支持，使其无法充分行使公共卫生职权。地方卫生官的公共权力困境也源自其内在缺陷。中央政府为避免"官僚主义"拒绝给予地方卫生官绝对权力，地方当局则更注重利益平衡，多令卫生官妥协于当地的纳税人、工厂主等当地势力；地方卫生官在行动中存在个人分歧，并对弱势患者区别对待。这些因素使得地方卫生官制度难以有效实行，也反映出这一时期英国公共卫生制度建设不成熟的困境。

关键词：英国；地方卫生官；公共卫生；肺结核防治；国家干预

19世纪中后期是英国公共卫生政策成形的关键时期。工业革命时期，肺结核、霍乱、伤寒等传染病在英国持续爆发。其中，肺结核被认为是各种传染病中"最厉害的杀手"，其造成的死亡人数远远超过霍乱等其他流行病的总和。[①] 鉴于传染病造成的长期危害，中央和地方当局开始介入公共卫生服务，

---

* 本文系国家社科基金青年项目"20世纪英国医生职业角色转换研究"（21CSS005）阶段性成果。

① Mary Wilson Carpenter, *Health, Medicine, and Society in Victorian England*, California: ABC-CLIO Press, 2010, p. 55.

改变了此前仅靠个人力量抵抗传染病的医疗经验,开展国家干预和强制手段之下一系列公共卫生管理举措,地方卫生官制度应运而生。可在具体实践中,地方卫生官无法充分行使其公共卫生职权,使得防疫实践无法达到预期。

　　国外学界有关公共卫生的研究历史悠久。① 其中对肺结核公共卫生防治效果褒贬不一。有观点认为:英国的肺结核防治工作与肺结核死亡率下降之间密切相关。② 也有观点指出:肺结核死亡率下降更多取决于英国人民生活水平的提升,而不是公共卫生手段的运用③,由此引发了其他学者对国家干预医学下公共卫生政策的评判,如波特（Dorothy Porter）④、沃尔（Anthony S. Wohl）⑤、威尔逊（Leonard G. Wilson）⑥等。总体上,国外

① 历史学家基本搭建起国家卫生干预主义的研究框架:从对运动中精英领袖的剖析到公共卫生管理制度的建立再到公共卫生法律的制定。Michael E. Rose, *The Relief of Poverty*, *1834 - 1914*, Basingstoke: Macmillan, 1986; R. A. Lewis, *Edwin Chadwick and the Public Health Movement 1832 - 1854*, Longmans Green and Co, 1952; Royston Lambert, *Sir John Simon*, *1816 - 1904 and English Social Administration*, London: MacGibbon & Kee, 1963, p. 152.

② Arthur Newsholme, "The Causes of the Past Decline of Tuberculosis and the Light Thrown by History on Preventive Measures for the Immediate Future," (*Sixth*) *International Congress on Tuberculosis*, *Transactions*, Vol. 6, No. 6, 1908, pp. 80 - 109. Arthur Newsholme, *The Prevention of Tuberculosis*, London: Methuen Press, 1908; P. E. Razzell, "Population Change in Eighteenth Century England. A reinterpretation," *Economic History Review*, Vol. 18, 1965, pp. 312 - 332; Simon Sretzer, "The Importance of Social Interventions in Britain's Mortality Decline c. 1850 - 1914: A Re-interpretation of the Role of Public Health," *Social History of Medicine*, Vol. 1, 1988, pp. 1 - 37.

③ Thomas McKeown, R. G. Brown, "Medical Evidence Related to English Population Changes in the Eighteenth Century," *Population Studies*, Vol. 19, No. 2, 1955, pp. 119 - 141; Roy Leon French, *Home Care of Consumptives*, New York and London: G. P. Putnam's Sons, 1916; Rene and Jean Dubos, *The White Plague: Tuberculosis, Man, A Society*, New Brunswick, N. J.: Rutgers University Press, 1987; F. B. Smith, *The Retreat of Tuberculosis*, *1850 - 1950*, New York: Croom Helm Press, 1988.

④ Dorothy Porter, *Health, Civilization and the State*, London; New York: Routledge Press, 1998, pp. 19 - 34.

⑤ Anthony S. Wohl, *Endangered Lives: Public Health in Victorian Britain*, Cambridge, Mass.: Harvard University Press, 1983.

⑥ Leonard G. Wilson, "Commentary: Medicine, Population, and Tuberculosis," *International Journal of Epidemiology*, Vol. 34, No. 3, 2005, pp. 521 - 524.

研究主要通过历史数据对肺结核防治效果进行综合评议,缺少从公共卫生政策执行者角度的微观剖析。

国内针对肺结核防治的专门研究较少,但有对英国公共卫生改革进展和效果评价。[①] 例如,王广坤就公共卫生运动核心卫生医务官制度的建立背景、过程和影响进行阐述[②];毛利霞通过强调 19—20 世纪英国人民对肺结核的认知从"浪漫的高贵疾病"转变为"贫穷的工人疾病",证实肺结核在 19 世纪后成为社会政治问题,但较少与肺结核防疫实践相结合[③]。

本文从地方卫生官视角出发,主要利用英国中央和地方的公共卫生法案、地方卫生官年度工作报告,结合《柳叶刀》《英国医学杂志》刊发的调查数据,考察 19 世纪中后期英国的肺结核防治,重点剖析地方卫生官遭遇的权力困境及原因,以揭示 19 世纪英国公共卫生体系的局限性,有助于加深对英国公共卫生政策的全面认知,为公共卫生制度的完善提供启示。

一、地方卫生官制度与肺结核防治兴起

英国工业革命带来了城市化,人口大批迁往城市,环境被污染。在取得突出社会发展成就的同时,传染病[④]规模性爆发的危害越来越大,不仅危及人口增长,还严重扰乱了部分居民的正常生活。[⑤] 为此,英国官方和各界卫生改革家们纷纷出版卫生调查报告,以揭示疾病扩散的严重程度。这些统计数据使英国政府认识到传染病的危害,开始推进公共卫生运动。

---

① 倪念念:《论英国 1848 年〈公共卫生法案〉》,南京大学硕士学位论文,2012 年。

② 王广坤:《守护健康:19 世纪英国的卫生医务官》,《历史教学问题》2021 年第 5 期,第 56—63、154 页。

③ 毛利霞:《19 世纪英国伤寒与公共卫生改革研究》,《历史教学(下半月刊)》2020 年第 8 期,第 52—59 页;毛利霞:《从浪漫到现实——19 世纪英国人的结核病认知演变》,《学术研究》2018 年第 6 期,第 133—140 页。

④ 这一时段突发的传染病有:1826—1827 年、1831—1832 年的伤寒,1831—1833 年的霍乱,1837—1838 年的斑疹伤寒。

⑤ R. Thorne Thorne, *On the Progress of Preventive Medicine during the Victorian Era*, London: Shaw Press, 1888, pp. 47 - 51; T. C. Speer, "Dublin Hospital Reports," in *Sanitary Reform in Victorian Britain*, London and New York: Routledge Press, 1822, pp. 177 - 179.

随着《1848 年公共卫生法》（Public Health Act 1848）的颁布，英国正式设立地方卫生官（Medical Officers of Health）一职，专门负责英国公共卫生政策的具体实施。法案规定："在卫生总署同意下，地方卫生委员会可选择任命一名合格的行医人员或者医学专业者担任地方卫生官，由地方税收支付其薪水并拥有该职位的任免权。"①在法案颁布之初，中央政府并未做出强制性要求，因此仅有部分城市自愿响应。到 1866 年，英国枢密院调查了 25 个地区，只有加的夫、莱斯特、纽波特、梅瑟蒂德菲尔和布里斯托尔设立了地方卫生官。② 出于对中央干扰地方自治的担忧，地方并不愿意支付大量税金来设立一个意义不明的职位。此后，中央政府多次修订法案以明确地方卫生官的作用，比如，补充"检测、颁布公告、在一切可行的情况下，对一般的地方性致病因素以及某种特殊的致病因素加以清洁和预防"③等内容，并明确地方卫生官与专业医生的职能区别，即他们不专注于临床医学或者医疗理论的发展，也不重视个体病人，其作用在于规避大规模疫病流行，提高大多数公民的健康体质，是功利主义的践行者。④ 但在实践过程中，曼彻斯特的地方卫生官利（Dr. Leigh）发现，当地的公共卫生职权已经被市议会下属的九个独立委员会瓜分，他很难进行整合并管理。⑤ 1871 年，皇家卫生委员会（Royal Sanitary Commission）针对这一情况颁布《1871 年地方政府事务部法案》（The Local Government Board 1871），将原属于枢密院医务部和济贫法委员会、地方政府办事处的公共卫

---

① *An Act for Promoting the Public Heath*, 11 °& 12° VICT, Cap. 63, 1848, p. 724.
② 仅莱斯特地区任职超过 5 年。Henry Julian Hunter, "Report on the Housing of the Poorer Parts of the Population in Towns, Particularly As Regards the Existence of Dangerous Degrees of Overcrowding and the Use of Dwellings Unfit for Human Habitation in BPP," *Report of the Medical Officer of the Privy Council for 1865*, 1866, Appendix II, pp. 97,121.
③ C. Fraseer Brockinhton, *Public Health in the Nineteenth Century*, London: E & S. Livingstone Ltd., 1965, p. 175.
④ Lambert Royston, *Sir Simon 1816 - 1904 and English Social Administration*, London: Macgibbon & Kee, 1963, p. 278.
⑤ Arthur Redford, *The History of Local Government in Manchester: Borough and City*, London: Longmans, Green & Co., 1939, p. 279.

生权并入新成立的地方政府事务部（Local Government Board）①，许多济贫法下医务官因此赴任地方卫生官一职。他们将贫困与疾病预防等问题相结合②，认为国家干预主义之于减少传染病、解决社会贫困问题颇有益处。

自此，地方卫生官作为国家干预医学的具体实践者，其公共卫生职能也日趋完善。在法律制度方面，《1872 年公共卫生法》（Public Health Act 1872）规定英格兰和威尔士所有地区必须设立地方卫生官。1875 年，新修订的《公共卫生法》（Public Health Act 1875）规定：地方卫生当局必须向卫生官（中央）报告当地的卫生部署，并确保如期完成中央指派的公共卫生工作。③ 中央法案还增补了地方卫生官的工作范围，从法律上给予地方卫生官支持。在病理研究方面，英国政府关注到肺结核的广泛传播问题，通过皇家济贫法委员会（Poor Royal Commission）、总登记长办公室（Registrar General's Office）④进行调查研究，发现肺结核不仅对人的精神或者身体造成很大影响，而且导致了社会贫困问题的形成。特别是 1882 年，科赫（Robert Koch）证实了结核分枝杆菌的存在并揭示了其产生病变的可能⑤，彻底改变了人们对肺结核的病理认知，为政府介入肺结核防治提供了理论基础。在具体实践层面，地方卫生官们意识到，造成肺结核感染的原因不是瘴气或遗传，而是细菌传播。环境治理并非消除肺结核的最佳手段，应建立"预防—隔离"举措对人的行动进行限制，阻断传播路径。在此基础上，英国构建起一套集消毒、监测、通报、隔离的"清除政策"（Stamping-out），以便地方卫生官对肺结核患者进行更广泛的控制。⑥

---

① Anthony S. Wohl, *Endangered Lives：Public Health in Victorian Britain*, p. 182.

② 参见 Linda Bryder, *Below the Magic Mountain：A Social History of Tuberculosis in Twentieth-Century Britain*, Oxford：Clarendon Press, 1988, p. 98。

③ *Public Health Act*, 1875, 38 &39 VICT. Chapter. 55, p. 73.

④ John Tatham, "Registrar-Genera's Office," *Lancet*, 27 July 1901, p. 233.

⑤ Arthur Newsholme, *The Prevention of Tuberculosis*, p. 41.

⑥ Tom Crook, "Stamping Out：Logistics, Risk, and Infectious Diseases," in *Governing Systems*, Oakland：University of California Press, 2016, pp. 198-199.

19 世纪末，地方卫生官致力于增进民众对于肺结核的卫生知识教育，通过密集的讨论、建议、立法开展肺结核防治。自 1899 年起，为有效搜集与肺结核疫病相关的信息和患者数据，部分地区又实施"自愿通报法"①，鼓励民众主动上报疫情。1908 年，强制通报法开始适用于济贫法所涵盖的群体，并在 1913 年全面推广至全社会。1909 年 7 月，伦敦郡议会讨论肺结核上报的后续治疗计划，提出地方卫生官虽不直接参与患者的个人治疗，但他们可以与护理人员或卫生志愿者组织合作，为患者提供必要的医疗服务。② 因此，肺结核治疗所（Tuberculosis Dispensaries）在地方卫生官的建议下获得推广，这些治疗所为居家患者设置，与疗养院逐渐成为治疗肺结核患者的主要机构。

为了进一步改善公共卫生状况，1911 年英国颁布了《国民保险法》（National Insurance Act of 1911），决定增加传染病隔离设施。在地方卫生官的监督下，1911 年英国设立了 64 家治疗所，至 1920 年为 398 家，1922 年增加到 442 家。③ 与此同时，地方卫生官也不断宣传肺结核疗养院的益处，为健全疗养院模式广开言路。但由于购买病床的资金匮乏，肺结核疗养院只能惠及少数人。1910 年，英格兰和威尔士的 61 家公立疗养院和 29 家私立疗养院仅提供了 4 000 张床位④，地方卫生官们为此持续提议立法，并亲自规划建筑、请愿资助。在他们的努力下，1921 年英国当局颁布了

---

① Manchester (England), City Council, *Medical Officer of Health*, *Manchester City*, 1899, pp. 104 - 125; John M. Eyler, *Sir Arthur Newsholme and State Medicine*, *1885 - 1935: Select Bibliography*, Cambridge: Cambridge University Press, 1997; Linda Bryder, *Below the Magic Mountain: a Social History of Tuberculosis in Twentieth-Century Britain*, Oxford: Clarendon Press, 1988, p. 42.

② 采用地方卫生官与志愿协会合作方式的地区有：巴特西、切尔西、汉普斯特德、肯辛顿、圣玛丽伯恩、帕丁顿、圣潘克拉斯、南华克、斯蒂文斯等。

③ Graham Mooney, *Intrusive Interventions: Public Health, Domestic Space, and Infectious Disease Surveillance in England, 1840 - 1914*, Boydell & Brewer: University of Rochester Press, 2015, p. 163 - 164; Sir George Newman, *The Bacilding of A Nation's Honlth*, New York and London: Macmillan Co., 1939, p. 415.

④ A. Charles E. Gray, "The Campaign Against Tuberculosis," *Charity Organisation Review*, New Series, Vol. 28, No. 168, 1910, pp. 405 - 408.

《公共卫生(结核病)法》[Public Health (Tuberculosis) Act 1921],规定英格兰和威尔士的地方当局及其纳税人需负责本地区的结核病预防和治疗①,促进相关治疗机构的建设。到1935年,11%已知病例接受了疗养院治疗。②

英国肺结核防治的效果初步显现。1838年至1839年,英格兰和威尔士约有6万人死于肺结核。19世纪中叶,这一数值出现下降,1871年,死亡人数为5.3万人⋯⋯1901年和1921年分别为41 400人和36 500人。③到了20世纪40年代,尽管因肺结核死亡的人口仍占所有疾病的一半,但死亡人数下降至2.3万人。④ 20世纪初的众多改革家认为这是国家干预的功劳。但纵观英国肺结核防治历史,早期的公共卫生管理并不针对肺结核的传播特征,效果平平;后期的"清除政策"又晚于肺结核死亡率下降的节点,且防疫过程颇为曲折⑤,很难发挥决定性作用。作为英国公共卫生政策的初次试探,地方卫生官制度的有效性值得商榷。

二、地方卫生官在肺结核防治中的权力困境

19世纪中后期,地方卫生官主导着肺结核"清除政策"的实行。他们除了需要对肺结核病进行医学上的检验,还需统筹公共卫生信息、增强公民卫生健康意识、协助各机构防治肺结核以及推进法案实施。在"肺结核属于贫困病"的思想影响下,地方卫生官还要对环境卫生条件进行改良,避

---

① Jane Grennlees, "'Stop Kissing and Steaming!': Tuberculosis and the Occupational Health Movement in Massachusetts and Lancashire, 1870 - 1918," *Urban History*, Vol. 32, No. 2, 2005, pp. 223 - 226.

② 利斯特(T. D. Lister)给出的1917年数据来源于 *Lancet*, 17 Nov. 1917, p. 739; "The 1935 Figures Are in PEP," *Public Health*, 1937, p. 197。

③ Arthur Newsholme, "An Inquiry," *Journal of Hygiene*, Vol. VI, 1906, p. 370; Nathan Raw, "The Use of Existing Accommodation in Dealing with Tuberculosis," *Transactions of NAPT*, 1911, p. 208.

④ F. B. Smith, *The Retreat of Tuberculosis*, 1850 - 1950, p. 5.

⑤ Jane Grennlees, "'Stop Kissing and Steaming!': Tuberculosis and the Occupational Health Movement in Massachusetts and Lancashire, 1870 - 1918," *Urban History*, Vol. 32, No. 2, 2005, pp. 241 - 242.

免肺结核在穷人之间大肆传播。① 在理想的状态下，地方卫生官制度的预防措施覆盖面更加广泛，它能够优化消毒程序，补救卫生缺陷，且将无力自行安置的患者转移到合适机构。② 但这一流程能否顺利推进，重点在于地方卫生官在决策中的话语权重，以及他们能否采取与中央和地方层面相一致的行动。地方卫生官纽肖尔姆（Arthur Newsholme）强调，实现这一目标的关键在于地方卫生官与志愿者、慈善组织之间的协同合作。③ "合作"应是英国地方卫生官制度对比法国治疗所制度④的优势所在。

然而，英国地方卫生官制度实际却充满了权力争夺与利益纠葛，许多群体与机构并未织成地方卫生官行动时的保护网，反而排斥或阻止其防疫工作。地方卫生官纽肖尔姆和尼文（James Niven）在称赞该制度符合英国国情的同时⑤，也不得不抱怨他们在过程中备受诘难，"在当下医疗系统低效且不协调的情况下，探访受通报病例的地方卫生官员压根无法获得患者家庭卫生状况的全部细节，更难以执行后续工作"⑥。尼文认为，在当前消极的卫生观念下，学校、家长与地方卫生官各自为阵，想要达成合作共识可谓难上加难。⑦

究其原因，第一点是地方卫生官在防疫工作中侵犯到个人权利。比如，收集、使用数据、监督通风消毒、入室卫生探访、公示区域病况等预防肺结核的手段都有可能侵犯市民的隐私权⑧，即便这些操作符合 1872 年和 1875 年

---

① Arthur Newsholme, *The Prevention of Tuberculosis*, pp. 357 - 358.

② Arthur Newsholme, *The Prevention of Tuberculosis*, pp. 378 - 382.

③ Arthur Newsholme, *The Prevention of Tuberculosis*, pp. 322 - 323.

④ 法国的治疗所制度普遍认为由里尔的卡尔梅特医生（Dr Calmette）于 1900 年创立，在这一制度中，不仅病人可以到治疗所得到医疗援助，且治疗所的医生和护士会到病人家里，给予他们所有必要的卫生指导，提供材料和援助。首席医生由医生和细菌学家组成，由护士进行协助。通过调查患者家庭需求，他们将给出相关的卫生建议，并提供鱼肝油、防腐剂、痰杯，以及必要的食物。法国治疗所的制度优势在于它的物质保证。

⑤ Arthur Newsholme, *The Prevention of Tuberculosis*, pp. 371 - 376.

⑥ Arthur Newsholme, *The Prevention of Tuberculosis*, p. 309.

⑦ James Niven, "The Prevention of Tuberculosis in Cattle, With Reference to the Communication of the Disease to Man,", *British Medical Journal*, Vol. 2, No. 2541, p. 699.

⑧ 王广坤:《守护健康:19 世纪英国的卫生医务官》,《历史教学》2021 年第 5 期,第 60 页。

《公共卫生法》的规范①,仍然招致不同群体的反对:一、就反对国家干预的人②而言,他们将自愿通报法称为"来自官僚主义的试探"③,认为中央政府只是以公共卫生为借口,对无须管控的人实行管理,将专制思想潜移默化渗透进人们(尤其是有相当地位和财产的人)生活中,以便回到"都铎王朝"。这种反对的呼声持续到 20 世纪初。二、对患者而言,肺结核防治经常将底层患者作为工作重点。纽肖尔姆在 1899 年 1 月只通报了慈善机构和贫民患者④,1899 年 9 月只通报了工人阶级患者⑤。这两类人群本就面临着生活危机。他们食物短缺,生活拮据,往往为保有一份来之不易的工作而来回奔波;经济窘迫使得这类患者宁愿隐瞒病痛,也不愿接受通报后必须接受的隔离治疗。三、对患者家属而言,从最初印刷手册宣传、建议清洁到后来建立治疗所制度并允许政府官员进入房屋进行登记和勘察,肺结核家庭成员感受到了对其有序家庭空间的强烈侵犯。⑥ 如果地方卫生官频繁出入这里,还有可能给附近住所冠以"肺部街区"的名号,令当地居民遭受排挤。⑦ 同时,不容拒绝通风和消毒防疫要求,传播着"你们是肮脏且不道德的"潜台词,也

---

① Lambert Royston, *Sir John Simon*, *1816 - 1904*: *And English Social Administration*,p. 152; *The Local Government Board Act*, *1871*, in "The Public General Acts of The United Kingdom of Great Britain and Ireland: Passed in the Thirty-Fourth and Thirty-Fifth Years of the Regain of Her Majesty Queen Victoria," London: George Edward Eyre and William Spottiswoode, 1875, p. 269.

② 一般指接触政治权力或有一定身份地位的公民。

③ James Niven, "Discussion on the Administrative Treatment of Phthisis," *British Medical Journal*, Vol. 2, No. 2487, 1908, pp. 565 - 566.

④ Brighton (England). County Borough Council, [*Report 1899*] / *Medical Officer of Health*, *Brighton County Borough*, pp. 33 - 34, 43 - 45; Arthur Newsholme, "The Prevention of Phthisis, with Special Reference to Its Notification to the Medical Officer of Health," *Public Health*, October 1898 - September 1899.

⑤ John M. Eyler, *Sir Arthur Newsholme and State Medicine*, *1885 - 1935*: *Select bibliography*, (Chapter. 6),; Linda Bryder, *Below the Magic Mountain: A Social History of Tuberculosis in Twentieth-Century Britain*,p. 42.

⑥ Graham Mooney, *Intrusive Interventions: Public Health*, *Domestic Space*, *and Infectious Disease Surveillance in England*, *1840 - 1914*,p. 177.

⑦ Jacob A. Riis, *How the Other Half Lives: Studies Among the Tenements of New York*, New York: Trow's Printing and Bookbinding Company, 1890. https://www.gutenberg.org/files/45502/45502 - h/45502 - h. htm#Page_243.(2024 年 6 月 1 日可见)

给肺结核家庭带来羞耻感。① 因而，患者家属常常对地方卫生官提出的传染病检测要求表示不满而反抗，甚至刻意隐瞒病情。特别是 1912 年强制通报法实施后，肺结核患者倾向于选择那些不愿按照法律行事的医生就医，以逃避随之而来的种种麻烦。许多家庭也对地方卫生官的探访不屑一顾。可以看出，地方卫生官尽管拥有法定权力，但在具体实践中其权力却是极其有限的。

第二点是地方卫生官损害了开业医生的医疗权威。在中央政府设立地方卫生官之前，开业医生拥有受到患者信赖的治疗知识和能力，他们在医疗领域地位举足轻重。随着政府介入公共卫生领域，1869 年皇家卫生委员会报告中提出，地方卫生官为预防流行病须得拥有专业医学知识②，这使得原本开业医生在医学领域独一无二的话语权和受咨询权受到威胁。因此，开业医生不断否定地方卫生官的医学理论来源：细菌学说在肺结核防治中被卫生官反复使用，医生们却仍坚持认为结核分枝杆菌是导致疾病的次要原因，而感染肺结核的真正根源在于遗传、不良空气、灰尘或对肺部组织的刺激。③ 这些观点在一定程度上影响了社会各医疗机构的判断，直到 20 世纪后，依照科赫理论建立的"预防—隔离"政策才被广泛执行。此外，地方卫生官的公共卫生政策影响到私人医生的正常行医。部分医生为了维护与患者之间的信赖关系，选择在肺结核症状表现极为明显时才进行通报，而另一部分医生则坚持在获取到患者痰液中存在杆菌的确凿证据后才进行告知。更有一些医生出于对患者困境的体谅，选择在其病情显著恶化或已进入晚期时才进行通报。这种差异化的处理方式导致通报工作出现了迟滞。

第三是学校、工厂等亦对地方卫生官员的过度干预表示不满。露天附属学校（Open Air Recovery School），原本为肺结核病患儿童提供疗养、卫生

---

① Graham Mooney, *Intrusive Interventions : Public Health , Domestic Space , and Infectious Disease Surveillance in England , 1840 - 1914* , p. 166.

② 王广坤：《守护健康：19 世纪英国的卫生医务官》，《历史教学》2021 年第 5 期，第 59—60 页。

③ J. N. Hays, *The Burdens of Disease : Epidemics and Human Response in Western History* , New Brunswick, N. J. : Rutgers University Press, 2009，pp. 171 - 172.

教育及治疗,却遭到地方卫生官插手其自主管理方式。卫生官们批评学校虽投入大量资金,却未能提供一个整洁的环境。[1] 学校管理人员则认为地方卫生官干预过多,常常忽视卫生官的专业建议。在工作场所实施肺结核防治措施面临更大挑战,诸如工厂主并不希望患有肺结核的熟练工人接受强制隔离,因为熟练工人的生产效率远高于新手。在此背景下,一些官方医学人士支持以道德教育取代公共卫生立法,他们指出,相较于采用隔离、通风等可能降低经济收益的客观手段,通过平缓的道德教化来有效阻止结核分枝杆菌在工作地点的传播,是一种更为有效的途径。[2] 此外,由于肺结核病具有慢性、延迟、隐蔽、波及范围广等特征,也导致地方卫生官们提出的职业健康改革建议只作为地方个案,难以上升至整个国家层面。

　　第四是地方卫生官制度需要大量的资金支撑,但基于私有财产和地方卫生官的政治身份[3],他们在建议慈善捐款、请求国家拨款和帮助患者获得工资等方面始终处于被动态势。纳税人、肺结核患者、慈善捐助者认为将资金花在住房、教育、交通上会收获更好的结果。[4] 其一,在请求议会拨款时,地方卫生官无法绕过纳税人。1905 年,亚伯丁市约有几十家疗养院,然而总床位不足 1 000 张,每年只能收治 3 000 人[5];同年,他们曾想要建立专治贫穷肺结核患者的疗养院,在得到了一定起始资金的情况下,地方卫生官们希望议会能够提供更多补贴,但被当地的纳税人拒绝,造成建造计划搁置。这种消极的态度不仅使得慈善机构丧气,也是"在警告地方卫生官不要插手这

[1] T. N. Kelynack, *Tuberculosis Year Book and Sanatoria Annual 1913 - 1914*, London: John Bale & Sons, pp. 130 - 131.

[2] James Niven et al, "A Discussion on the Relation of Phthisis to Factory and Workshop Conditions," *British Medical Journal*, Vol. 2, No. 2176, 1902, pp. 767 - 768; Thomas Watts, "Shuttle Threading as a Source of Infection," *British Medical Journal*, Vol. 2, No. 2176, 1902, p. 770.

[3] 引用自 *Public Health*, Vol. LXI, No. 11, August 1848, p. 210. Simon, John, Sir, *English Sanitary Institutions: Reviewed in Their Course of Development, and in Some of Their Political and Social Relations*, London: John Murray, 1897, p. 371。

[4] [美]舍曼・富兰德等著,海闻、王健等译:《卫生经济学》,北京:中国人民大学出版社,2011 年,第 95 页。

[5] Alexander Walker, James Niven, "Discussion on the Administrative Treatment of Phthisis," *British Medical Journal*, Vol. 2, No. 2487, 1908, p. 559.

项不受欢迎的议案"①。此次事件令地方卫生官沃克深感失望，他原本以为国家和地方当局愿意提供必要的援助。面对如此现实，沃克将希望转向了个体层面，提出引导工薪阶层自愿承担入院的医疗费。然而，这又与工人们普遍不愿隔离和花费的现实相悖。其二，针对肺结核疗养院开销过大的问题，卫生官们希望开源节流以创造卫生经济价值，进而回应反对疗养院者的质疑。在地方卫生官们的理想蓝图里，诺德拉赫式肺结核疗养院②的"分级劳动"可以防止肺结核患者在疗养院安静的氛围中失去工作的习惯并变得懒惰，以便在康复后继续工作产生经济价值。③ 诺福克的凯琳疗养院长 H. W. 麦康奈尔向他的患者承诺，只要他们在疗养院能高效工作（比如清洗铜器和窗户，锄地和除草，挖掘，筛选和推车），那么出院后就可以回到原有的工作岗位上。④ 可残酷的事实是，这些肺结核患者出院后，一旦被雇主了解到他们曾进入肺结核疗养院，将会被立刻解雇。⑤ 在 20 世纪初，除了如邮局工人这样的中央政府雇员可以得到单位的六个月假期，其他就算是地方委员会下属的铁路工人和私人教师也无法避免丢掉工作。⑥ 在漫长的隔离后，随时可能复发的肺结核和虚弱的身体意味着工人的失业，这也加重了人们对地方卫生官承诺的质疑。此外，地方卫生官建议肺结核患者在诺德拉赫式疗养院工作还是为了短期解决疗养院财政问题。弗莱姆利疗养院的肺结核

---

① Alexander Walker, James Niven, "Discussion on the Administrative Treatment of Phthisis," *British Medical Journal*, Vol. 2, No. 2487, 1908, p. 560.

② 这种疗养院模式大多适用于济贫法下肺结核疗养院。其源于黑森林诺德拉赫地区（Drotto Walther's Sanatorium），模式为"过量"饮食来增加抵抗力，固定一小时的休息时间，禁止服用药物，实行监狱式管理。这种模式的疗养院运行目的在于强调道德教化、卫生教育和技能培训。引用自 F. B. Smith, *The Retreat of Tuberculosis*, 1850-1950, p. 99。

③ Linda Bryder, *Below the Magic Mountain: A Social History of Tuberculosis in Twentieth Century Britain*, p. 57.

④ F. B. Smith, *The Retreat of Tuberculosis*, 1850-1950, pp. 111-112.

⑤ H. W. McConnell, *National Association for the Prevention of Consumption and Other Forms of Tuberculosis*, *Successor and Associated Bodies*, National Association for the Prevention of Consumption and other forms of Tuberculosis, 1909, pp. 42-45.

⑥ F. B. Smith, *The People's Health 1830-1910*, Aldershot: Ashgate Publishing Press, 1993, p. 114.

患者在六年时间里节省了一万多英镑开支,并创造了多余的财富,但是以监禁式的劳动换来的,患者们对此非常畏惧。①

地方卫生官的权力扩张伴随着与其他社会各群体之间矛盾的加剧。介于医疗领域和公共管理之间的地方卫生官们企图插手各特权群体与机构的运转,导致各方在利益归属和执行目标上无法达成一致。地方卫生官试图以"集体公共利益"的概念换取公民对其部分权力的让步,卫生经济价值②本身的延迟性使其效果无法快速实现。公民质疑国家干预下的经济支出,并认为国家干预行为是一种"权力侵犯"。由此他们心生抗拒,地方卫生官也难以获得稳定和宽松的资金支持,肺结核防治实践举步维艰。

三、地方卫生官公共卫生职权受限的原因

地方卫生官员在公共卫生领域的职权受限,有其深刻的内在成因。既包括地方卫生官权力本身的固有局限,也涉及地方卫生官的专业素养和内部分歧,以及贫困患者和老年患者被"区别对待",导致其防疫工作难达预期。

第一,地方卫生官的职权不明,造成防疫政策和实践难以推进。其职位由中央法案规定,但就职于地方。二者对卫生官的态度影响到了防疫政策的实施。在中央层面,1848年《公共卫生法》颁布后,查德威克虽将任命和派发地方卫生官薪资的权力给予地方当局,却在发现地方当局懈怠时,以中央官员的身份强制要求地方改进卫生官问题,如要求利物浦当局将地方卫生官威廉·邓肯的薪酬从300英镑提升至750英镑③,以让其专心于全职工

---

① Marcus Paterson, *Auto-Inoculation in Pulmonary Tuberculosis*, London: Jams Nisbet & Co., Limited, 1911, pp. 219, 235.

② 卫生经济价值是英国公共卫生改革家查德威克"卫生观念"中的一个重要理论,其核心观念是"降低死亡率和改善健康对社会具有经济价值,因为健康的工人更有能力为国家经济做出贡献"。在肺结核防治中也是如此。引用自 *A Brief History of Public Health*, Boston University School of Public Health, 2015, https://sphweb. bumc. bu. edu/otlt/mph-modules/ph/publichealth-history/publichealthhistory7. html.(2024年6月1日可见)

③ R. A. Lewis, *Edwin Chadwick and the Public Health Movement 1832 - 1854*, Woodbridge: The Boydel Press, 1898, p. 81.

作。查德威克的干预行为给这一职位带来"为官僚主义工作"的名声,使其备受政党人士和公共舆论的压力。中央的地方政府事务部为避免被指控为"破坏地方自治传统",很少为地方卫生官的防疫工作颁布强制性的一般法案。地方当局往往消极处理,将卫生官提案搁置一旁。例如,多地卫生官想要学习布莱顿建立医疗与公共卫生一体化的防疫体系,他们请求获得安排病人的权限来维持通报的后续工作,但没能得到中央法案的背书,也不被地方议会重视。结果是"尽管监护委员会拥有能安排肺结核患者的场所,却无法立刻得到病患的相关信息,而地方卫生官尽管持有病人的一手资料,却无处部署他们进行治疗隔离"。

在地方层面,由于地方当局深受当地利益群体的影响,在防疫工作与地方利益发生冲突时,往往由地方卫生官作出妥协。例如,地方卫生官呼吁筹集款项增修肺结核疗养院,却遭到各群体拒绝——纳税人和慈善家不愿在公共卫生事务上花费更多钱,保守派官员不允许地方接受过多拨款而受制于中央。依照他们的意愿,地方议会将修缮疗养院的计划搁浅。迫于被通报病例面临无处可医的窘境,地方卫生官只好要求已有肺结核疗养院大幅度缩短患者住院的时间。[1] 一般来说肺结核病人至少需要 3 个月的隔离治疗,但 1904 年谢菲尔德地区的平均住院时长仅为 31 天。[2] 由于未获得充分治疗,肺结核患者离院后死亡人数激增。[3] 地方的制造商、工厂主也经常不配合地方卫生官的工作。如,布莱克本的地方卫生官认为棉纺厂的潮热容易让工人感染肺病或其他疾病,于是呼吁地方当局和棉花商立即改变蒸煮棉花的生产方式。但这一提案在棉花商的抵制下并未通过。[4] 在工人健康

---

① Alexander Walker, James Niven, "Discussion on the Administrative Treatment of Phthisis,"*British Medical Journal*, Vol. 2, No. 2487, 1908, p. 560.

② Arthur Newsholme, *The Prevention of Tuberculosis*, p. 274.

③ Alexander Walker, James Niven, "Discussion on the Administrative Treatment of Phthisis,"*British Medical Journal*, Vol. 2, No. 2487, 1908, p. 558.

④ Dr. William Stephenson, MOH, *Blackburn Annual Report for 1887*, p. 9.

和地方棉花贸易的取舍中,地方当局也选择了后者。① 所以,当地方经济利益、利益既得者与地方卫生官发生冲突时,部分地方议会将公共卫生改革束之高阁。最后,地方卫生官的工作还存在强烈的区域差异,这使得职业健康改革很难在全国范围内统一进行。②

　　第二,各个地方卫生官的出身背景和就职经历不同,造成其职业群体存在内部分歧。《1871 年地方政府事务部法案》将济贫法官员并入"地方卫生官"的做法导致了新任职员的质量参差不齐③——他们有的几乎从未接受过临床医学培训,却以国家的公职身份履行肺结核防治;有的主要从事临床医学研究,只是挂名于地方当局,对公共卫生管理几乎毫无兴趣;④还有的只专注于开业赚钱。地方政府事务部的布坎南感叹:"(地方卫生官)报告内容很敷衍,对了解地方卫生需求毫无帮助……看起来完全不懂卫生科学。"⑤这部分地方卫生官效率低下,造成了肺结核患者对卫生管理的信任危机,也导致了地方议会对加大公共卫生投资的抵触。其次,地方卫生官群体的内部分歧。詹姆斯·尼文和亚瑟·兰瑟姆(Arthur Ransome)就工厂立法产生分歧。尼文强调"工厂密闭、不通风的环境并非导致肺结核传染的唯一因素"⑥,引发兰瑟姆的不满。在他看来,尼文是在为"工作场所易引发传染病"的指控而开脱。莫里森(Thomas Morrison Legge)则试图提出更激进的设想,他从卫生经济价值和死亡状况的角度分析,认为改善工厂环境固然重要,但远不

① N. Morgan, *An Introduction to the Social History of Housing in Victorian Preston*, Preston: Curriculum Development Center, 1982, p. 46.

② Jane Grennlees, " 'Stop Kissing and Steaming!': Tuberculosis and the Occupational Health Movement in Massachusetts and Lancashire, 1870 – 1918," *Urban History*, Vol. 32, No. 2, 2005, pp. 228 – 230.

③ "State Medicine," *Nature*, Vol. 4, 22 June 1871, pp. 137 – 138.

④ Dorothy Porter, *Health, Civilization and the State*, pp. 138 – 139.

⑤ Jeanne L. Brand, *Doctors and the State: The British Medical Profession and Government Action in Public Health, 1870 – 1912*, London: Johns Hopkins Press and Oxford University Press, p. 113.

⑥ James Niven et al, "A Discussion on the Relation of Phthisis to Factory and Workshop Conditions," *British Medical Journal*, Vol. 2, No. 2176, 1902, pp. 767 – 768.

如隔离与休息关键。① 在一番争论之后，工厂立法仅在少数行业实施，且没有对棉花高温蒸煮、厂房通风做硬性规定。正由于不同的地方卫生官将道德、经济和卫生清洁放在不同优先级，所以肺结核防治手段难以有效统一。

　　第三，地方卫生官在执行防疫政策时"区别对待"，主要针对贫困患者和老年患者。由于受到"肺结核是贫穷病"的观念驱使，地方卫生官认为防疫工作的重点是贫困患者。但从实践来看，地方卫生官并非真心实意地救治他们，只是以卫生教育为借口监禁贫困患者，以免他们将疾病传染给健康人群。② 部分地方卫生官从心理上忽视穷人。他们并未思考贫困患者不愿接受防疫政策的深层原因，而只是归因于"穷人缺乏卫生意识"。事实上，贫困患者接受清除政策的意愿与自尊和生活压力有关——似乎只要感染了肺结核，就是不道德且肮脏的家伙。肺结核患者出于对染病的畏惧和羞耻而不愿透露自己的病情。地方卫生官对待贫困患者和老年患者的不公行为，更加重了他们的抵触情绪。地方卫生官遵循着查德威克提出的个人卫生经济价值理论进行肺结核防治，即"减少患病人口，提高可劳动的健康工人比例，增加经济回报"③。但卫生经济价值观念是一把双刃剑，没有工作能力、需要消耗更大投资的老年人因此常被忽略。肺结核疗养院常常不收年纪过大的患者，慈善资助也很少用在他们身上。老年肺结核患者的归宿除了家庭自救就是被抛弃到济贫院医务室，默默死去。④ 这种不公平不仅使许多老龄肺结核初期患者失去医治机会，也令其家庭感到痛苦，更遑论推进肺结核防治。

---

① James Niven et al,"A Discussion on the Relation of Phthisis to Factory and Workshop Conditions," *British Medical Journal*, Vol. 2, No. 2176, 1902, p. 772.

② J. N. Hays, *The Burdens of Disease：Epidemics and Human Response in Western History*, pp. 172 - 173.

③ "Births, Marriages, and Deaths,"*The Lancet*, Vol. 87, No. 2217, 1866, p. 218; *Medical Times & Gazette*, 5 Jan. 1861, p. 21; Louisa Twining, *Recollections of Life and Work：Being the Auto-biography of Louisa Twining*, London：Edward Arnold, pp. 124 - 125; Robert Hedley to RC on Aged Poor, *PP*, Vol. XIV, 1895, pp. 1614 - 1615; 转引自 F. B. Smith, *The People's Health 1830 - 1910*, pp. 389 - 390.

④ F. B. Smith, *The People's Health 1830 - 1910*, pp. 389 - 390.

结　语

传染病防治本身就是一个多方合作过程,中央各部门、地方当局、民间组织与群众需要共同参与,才能以集体的方式维护社会共同健康。19 世纪中期以来,地方卫生官在执行公共卫生权时遭受患者、患者家庭、私人医生、地方纳税人、学校、工厂等对其工作不配合并施加多重阻碍,考察其权利困境的表现及成因,主要得到以下几点启示:

第一,相对完备的公共卫生制度才更易被社会各界接受。一开始,地方卫生官虽被中央政府授予防治传染病的职责,但职位不稳且职权不明。比如,1888 年,在任 1 300 多名卫生官中仅有 55 人持有长期合同,《柳叶刀》曾评价道:地方卫生官的地位尤其脆弱,他们为保住饭碗不得不向当地特权阶级妥协。[1] 进入 20 世纪,地方卫生官的聘用资质、任期、职权才逐渐规定严格,作为卫生检查员、护士、探访员和消毒检查官的指导者,随着郡卫生官[2]、卫生大臣[3]的先后设立,地方卫生官制度在中央健康教育委员会(Central Council for Health Education)、卫生官联合协会(Incorporated Society of Medical Officers of Health)[4]、1911 年《国民保险法》的规范下其职能也进一步明确并被社会认可。

第二,防疫政策的制定应与时俱进,把握其与社会发展的微妙平衡。19 世纪至 20 世纪正值英国社会转型期间,在古典自由主义思想的熏陶下,公民尤其在乎经济、人身等自由权。地方卫生官用强制通报法取代自愿通报法,

---

[1] Anthony S. Wohl, *Endangered Lives: Public Health in Victorian Britain*, pp. 188 - 189.

[2] "Proceedings of the Birmingham and Midland Branch of the Society of Medical Officers of Health," *Public Health*, Vol. 3, 1890, p. 10.

[3] The Health Foundation, *Ministry of Health Act 1919*, 3 June 1919, Historical Context (pre - 1948),引用自 https://navigator. health. org. uk/theme/ministry-health-act - 1919。(2024 年 4 月 1 日可见)

[4] 前身为 1856 年创立的大都会卫生官员协会(Metropolitan Association of Medical Officers of Health),它在 1891 年更名。随着 19 世纪末地方职权的扩大,该协会的咨询与协调作用增强。从 20 世纪初,开始充当公共卫生服务的中央机构代表。其目标是促进公共卫生各个领域的进步,并提高地方卫生官、医学界和公众在该领域的教育和知识。引用自 https://wellcomecollection. org/works/p4zrhhvm。(2024 年 4 月 10 日可见)

加深了尤其是工薪阶级对被迫在通报后强制入院治疗的恐惧。直到 1903 年,地方政府事务部起草关于谢菲尔德的地方卫生法案,同意已通报病例无须根据公共卫生立法强制住院隔离,这不仅缓解了公民对被限制人身自由和强制花销的担忧,也为公民自愿参与公共卫生管理提供了可能。① 另一个积极的例子是,在中产阶级重视道德的文化背景下,20 世纪初,《英国结核病杂志》(*British Journal of Tuberculosis*)通过软广推荐,赋予屏风、浴缸、便携式消毒喷雾泵等物品"能够彰显道德"的文化内涵,促成中产阶级大规模消费和使用。这改善了过去"只有肺结核患者才会清洁消毒"的刻板印象,促成公民自愿参与公共卫生管理。因此,公共卫生举措的实施需与社会文化相适应,有助于达成公共卫生政策的目标。

第二,公信力是公共卫生权力得以实施的有效保障。19 世纪末,地方卫生官陷入低公信力与防治不佳的恶性循环中。第一,公共卫生的政治意图降低了公民的信任感。比如,传染病医院区分付费和免费患者的主要原因之一是阶级隔离。② 这一政治目的虽是为公共卫生权力寻找理由,但也强化了人们对公共卫生管理"集权化"的印象。第二,地方卫生官无法履行防疫承诺,或其防疫效果不佳影响了公信力。从 1911 年起,英国花费近百万英镑建设疗养院,但仅收容了 2% 的患者③,许多病人未使用过地方卫生官所宣扬的专业预防设备。因此,一些人认为地方卫生官和结核病官员完全是在吹捧相关防疫手段,并不信任其公共卫生管理。随着卫生教育的普及,简易肺结核预防用品走入家庭,居家患者在地方卫生官指导下使用体温记录图④、体温计等,切身体会到预防疾病的益处。地方卫生官的作用也得到更

---

① H. Sayer, Town Clerk Sheffield, *Sheffield Corporation Act*, Eyre and Spottiswoodes, 1903, p. 26.

② Graham Mooney, *Intrusive Interventions: Public Health, Domestic Space, and Infectious Disease Surveillance in England, 1840 – 1914*, p. 77.

③ F. B. Smith, *The Retreat of Tuberculosis, 1850 – 1950*, pp. 128 – 135.

④ 体温记录图/发热图(The Fever Chart):19 世纪 60 年代由德国的卡尔·温德利希(Carl Wunderlich)发明,通过每日记载患者的体温,将发热曲线制成图表,居家患者可以更加了解自己的身体,并让他的家庭医生更好地了解病人状况。

多认可。

　　总之,19 世纪末至 20 世纪初的肺结核防治是英国公共卫生政策构建的一次重要尝试。地方卫生官作为这一时期国家干预在肺结核防治上的主导者,使各类法案、守则都在不断调整和扩大其职权范围。地方卫生官也是英国公共卫生制度不成熟时的产物,其权力困境暴露出英国公共卫生的缺陷和短板。这些问题不断推动英国公共卫生体系的自我调适,帮助英国政府有效介入公共卫生管理领域,为福利国家的建设打下基础。

　　(董静妤:南京师范大学社会发展学院历史系硕士研究生;白爽:南京师范大学社会发展学院历史系副教授)

The Public Power Dilemma of the Local Health Officer System in England in the Middle and Late 19th Century
——Take Tuberculosis Prevention and Control as An Example

Abstract: In 1848, the British government published the Public Health Act to appointed the Medical officers of health (MOH), attempting to be responsible for the implementation of British public health policies under the supervision of the central government and the management of local authorities. Faced with the infectious diseases spread, the public health powers of MOH have also been rapidly expanded. However, their work has been repeatedly frustrated in the prevention and control of tuberculosis. MOH have violated the personal rights and privacy rights of citizens, interfered with the professional authority of doctors and the management rights of relevant institutions, and were restricted by the financial support of taxpayers and entrepreneurs, making it impossible for them to fully exercise their public health powers. The public power dilemma of MOH also from themselves defects. In order to avoid bureaucracy, the central government refused to give MOH much power, while local authorities paid more attention to the balance of interests, and often made MOH compromise with local forces such as local taxpayers and factory owners; MOH had personal differences in their actions and treated vulnerablepatients differently. These factors made MOH's power difficult to effectively implement, and also reflected the dilemma of the immature construction of the British public health system during this period.

Keywords: Britain; Medical Officers of Health (MOH); public health; tuberculosis prevention and control; state intervention

美国民主党政府对华政策的转向
（1944—1948）
——以四位来华外交使节为中心

徐嘉芝

（上海交通大学人文学院）

摘　要：1944—1948 年间，美国民主党政府的对华政策发生转向。这一时期的来华使节不仅为政府制定对华政策提供参考依据，而且能够从他们的身份、来华目的和结果，反映政府对华政策的转向以及转向带来的国内分歧意见。共和党驻华大使赫尔利调处国共矛盾期间，杜鲁门领导的民主党政府中断了罗斯福时期的援华基调，支持国民政府的前提不再涉及军事援助。赫尔利因无法完成使命选择辞职，标志着两党援华共识的破裂。马歇尔接替赫尔利的使命来到中国，眼看调解无望，杜鲁门意图放弃中国，以便集中美国资源和力量援助欧洲。这使得两党分歧加深，也引发了民主党内的分歧。民主党政府不得不妥协，派遣魏德迈来华考察，又通过了以蒲立德访华报告为雏形的《1948 年援华法案》。然而，鉴于政府本身抗拒卷入中国事务，魏德迈报告被束之高阁，《1948 年援华法案》规定的援助也迟迟不到中国，国民党政权败势渐显。这导致杜鲁门既无法调和两党矛盾，也无法阻止以蒲立德为代表的党内成员转向共和党。最终，民主党在 1952 年总统大选中落败。

关键词：杜鲁门；民主党；外交使节；参众议院

1944—1948 年是美国民主党政府调整对华政策的关键性时期。在这一阶段，除制度性的驻华大使外，民主党政府先后派出临时性特使和使团前往中国,调解国共矛盾、抑或考察中国国情,以此作为制定对华政策的依据。①
针对单一外交使节(团)的研究,中外著述可谓汗牛充栋。伴随着档案的解
密,史实方面的论述不断推进,变得基本上大同小异,但关注的问题与得出
的结论不尽相同。改革开放与中美建交后,简单化一刀切看待中美关系的
现象得到了改善。以资中筠为代表的一批学者肯定了杜鲁门政府对华政策
转向的存在,指出"在内战爆发初期,美国曾想避免卷入"②,并回应了西方学
界的"塔克-科恩命题"③。本文将在前人研究的基础上,以赫尔利(Patrick J.
Hurley)、马歇尔(George C. Marshall)、魏德迈(Albert C. Wedemeyer)和蒲立
德(William C. Bullitt)这四位来华外交使节为中心进行论述。选择这四位来
华外交使节的原因在于,他们的身份地位各不相同:赫尔利自美国加入二战
起一直扮演外交使节的角色,他被派往中国担任大使是情理之中;马歇尔和
魏德迈都是职业陆军军官,马歇尔领导二战胜利后在全球范围内声名卓著,
而魏德迈曾担任蒋介石参谋长,与国民党政权关系密切,他们被派往中国时
带有特定的使命;蒲立德曾是职业外交使节,但其访华是完全自发性的。通
过关注他们不同的来华目的与不同的结局,有助于解释从罗斯福到杜鲁门
时期,美国民主党的对华政策如何一步步地发生转向。

　　由于杜鲁门领导的民主党政府在决策时显得犹疑不决,政策声明前后
矛盾,加之参众两院发生的激烈辩论,以及新闻报道对此的大肆渲染等,学

---

① 外交使节是一个国家派往其他国家或国际组织的代表,他们负责办理外交事务,有常驻和临时
　两种。本文提到的驻华大使即常驻性的外交使节,而为调解国共矛盾而来的马歇尔和考察中
　国国情的魏德迈使团则属于临时性的外交使节。记者蒲立德并非由杜鲁门政府派往中国,不
　过他访问中国的经历在一定程度上影响了政府对华政策的制定,与外交使节有着诸多相似
　之处。

② 资中筠:《追根溯源——战后美国对华政策的缘起与发展(1945—1950)》,北京:中国社会科学出
　版社,2007 年;从再版序看来,这本书动笔于 20 世纪 80 年代初,成于 20 世纪 80 年代中,出版于
　1987 年。

③ 20 世纪 70 年代后期,大批 40 年代末的美国外交文献解密开放,由孔华润提出、唐耐心厘定基
　本架构并经其他学者陆续完善的"塔克-科恩命题"冲击了传统观点,招致不少学者的回应甚至
　驳斥,并掀起绵延 20 余年的争论热潮。详见钟奕诚:《"失去的中国/机会"学术论争视野下的
　1949—1950 年美国对台政策研究述评》,《台湾研究集刊》2019 年第 4 期。

界产生了颇多具有吸引力的议题。现有研究多关注到"中国帮"（China Bloc）①、"院外援华集团"、保守主义势力集团乃至军方与政府在对华问题上的纷争，并将之归为民主党与共和党的两党分歧。② 本文亦立足现有成果，侧重关注四位来华外交使节的党籍身份，希望借此反映该阶段美国国内的政党关系及其对中美关系带来的影响。赫尔利是一位共和党人，他在罗斯福时代担任驻华大使，执行民主党政府的对华政策，又在杜鲁门时代辞职，批评政府援华不力，由此可见，民主、共和两党的裂缝确有加深趋势。但不满民主党政府对华政策的不仅仅有共和党人，无党籍将军魏德迈和民主党记者蒲立德都是典型的例子。甚至，蒲立德公开指责民主党政府援华不利，并在 1948 年转向了共和党。这一现象反映出，"对华政策的分歧"不能仅仅以民主党和共和党之间的两党分歧来概括，它还涉及民主党的党内分歧。本文将运用美国参众两院档案、美国国家安全委员会档案、杜鲁门总统档案及《纽约时报》等材料，分析两党分歧以及民主党内部分歧如何因对华政策出现，又如何影响了民主党政府此后的援华决策，乃至美国国内的政治走向。

一、共和党驻华大使赫尔利

　　1944 年春，日本发动了整场战争中最大规模的进攻——一号行动。国民党军队在抗击日军时表现不佳，情况迅速恶化。这对时任中缅印战区美军总司令、中国战区参谋长的史迪威（Joseph W. Stilwell）将军而言是个机会，借此他有望赢得与蒋介石的政治斗争，并控制中国的武装力量。于是，

---

① "中国帮"指国会中为国民政府争取美国经济、军事与外交援助的议员。

② 袁明：《从一九四七—一九四八年的一场辩论看杜鲁门政府的对华政策》，《世界历史》1985 年第 1 期；翟强：《院外援华集团和杜鲁门对华政策（1947—1949 年）》，《世界历史》1986 年第 5 期；杨彪：《战后初期美国政府与军方在对华政策上的争论及其影响》，《近代中国》1998 年；赵绮娜：《美国亲国民政府国会议员对杜鲁门政府中国政策影响之评估》，《欧美研究》（台）1991 年第 21 卷第 3 期；金海：《美国保守主义权势集团对杜鲁门政府对华政策的影响》，《历史教学（上半月刊）》2016 年第 10 期；冯琳：《美国对战后远东政策的反思及其影响——以中国问题为中心》，《社会科学研究》2022 年第 2 期。

史迪威将军与蒋介石之间长期酝酿的冲突达到了巅峰。8 月，赫尔利作为罗斯福总统的个人代表使华，主要任务就是调解史、蒋矛盾。然而，赫尔利调解无果，史、蒋矛盾愈演愈烈。10 月 12 日，赫尔利向罗斯福报告："史迪威是一个好人，但是无法理解蒋介石，更不可能与蒋介石合作。"①7 日后，罗斯福召回了史迪威。

11 月初，驻华大使高斯（Clarence E. Gauss）辞职，鉴于中国形势危机，罗斯福敦促赫尔利接任。陶文钊指出，赫尔利接任大使，并在罗斯福时期稳坐大使宝座，说明他能够适应罗斯福政府的对华政策。② 二战时期，罗斯福政府奉行国际主义外交政策，从战争全局和美国国家利益出发，大力援助国民党政权，被陶文钊及后继学者称为"扶蒋抗日"。值得注意的是赫尔利的党籍身份，他是一名共和党人，不过仍然忠诚地遵循着民主党总统罗斯福的对华政策，试图达成国共"统一战线"。这不仅是赫尔利为自己赢得荣耀的机会，更是一种两党共识（bipartisan）的体现。在这一阶段，绝大多数来自两党的参众议员都赞成政府的对华政策。

与赫尔利使华同时间发生的是 1944 年美国总统大选。罗斯福寻求第四次连任，并与杜鲁门（Harry S. Truman）组成竞选搭档。事实上，杜鲁门无论从学历还是工作能力来看都不是一个起眼的人物，但因罗斯福面临的竞选困境成为副总统。当时，罗斯福的健康状况每况愈下，民主党内的领导意识到，若其在下一任期内去世，那么副总统便会成为总统，所以副总统的提名至关重要。现任副总统的华莱士（Henry A. Wallace）推崇自由政治，这导致他不受保守的南方民主党人的认可。甚至一批民主党领导人联合起来策划了一场阴谋，试图说服罗斯福不要让华莱士继续担任副总统，并提出了几位替代者。③ 其中，总统助理伯恩斯（James F. Byrnes）是

① Jonathan Fenby, *Chiang Kai-shek China's Generalissimo and the Nation He Lost*, New York: Carrol & Graf Publishers, 2004, p. 428.

② 陶文钊:《赫尔利使华与美国政府扶蒋反共政策的确定》,《近代史研究》1987 年第 2 期,第 282 页。

③ Robert H. Ferrell, *Choosing Truman: The Democratic Convention of 1944*, Columbia and London: University of Missouri Press, p. 3.

曾被罗斯福寄予厚望之人，认为他是"整个团队最有资格的人"。然而，来自南卡罗来纳州的伯恩斯的政治倾向尤其保守，这导致他在黑人及劳工群体中不受欢迎。① 最终，民主党的领导们决定提名杜鲁门。一方面，杜鲁门在大多数问题上支持新政，并认可罗斯福政府的外交政策，这一点帮助他得到了新英格兰派民主党人的认可。另一方面，杜鲁门南方白人的血统拉拢了一部分的南方白人。因此，杜鲁门被看作民主党内调和剂般的存在。对于罗斯福而言，他虽然不了解杜鲁门，但是他知道杜鲁门委员会对待公务兢兢业业，锐意改革，因此他接受了杜鲁门。

在杜鲁门短暂的副总统任期中，他的工作和生活相对平静，大部分时间只使用办公室接待来访者。在国际事务上，杜鲁门需要做有关结束战争和规划未来的和平的计划。不过，罗斯福既没有向他提供建议，也没有咨询他，甚至很少与他联系，在整个任职期间单独会面了两次。② 甚至，直到罗斯福去世，战争部部长史汀生才告知杜鲁门有关曼哈顿计划的细节。③ 在国际事务上难有作为，杜鲁门将精力投入国内，他希望能够发挥其黏合剂的作用，修补参众两院与罗斯福政府之间的关系。尽管杜鲁门承认副总统永远无法在参众议院发挥公开影响力，但他相信需要与议员们保持良好关系，借此在幕后拥有相当的话语权。④

两件重大事件的发生完全改变了英美政局，也打破了杜鲁门平静的副总统任期。1945 年 4 月 12 日，罗斯福因脑出血在佐治亚州猝然逝世，杜鲁门继任总统。以及 1945 年 7 月，英国保守党在下议院大选中出人意料地惨败，丘吉尔虽然当选下议员却不得再次担任首相，而由战时内阁的副首相、来自工党的艾德礼（Clement R. Attlee）组阁。这是英国首次出现左

① Robert H. Ferrell, *Choosing Truman: The Democratic Convention of 1944*, pp. 12 - 13.
② Robert Dallek, *Harry S. Truman*, New York: Times Books, 2008, p. 16.
③ Harry S. Truman, *Memoirs by Harry S. Truman: Year of Decisions*, New York: Doubleday, 1955, p. 10.
④ Harry S. Truman, *Memoirs by Harry S. Truman*, p. 197.

翼的工党多数政府。① 艾德礼因其一贯的社会主义立场，所以一改丘吉尔敌视苏联的态度，转而向同为社会主义阵营的苏联示好。与此同时，大洋彼岸的日本仍在顽抗，即使日本投降，中国内战也一触即发，国共双方均不肯让步。

面对陡然变化又日益恶化的世界局势，加之缺乏经验且没有充足的准备，这决定了杜鲁门大致延续了罗斯福时期的援华政策。因此，赫尔利的使命也未偏离原先的轨道，即一方面扶持蒋介石政权，另一方面调解国共之间的分歧，联合两党一同抗击日本侵略者。不过，8 月 15 日日本无条件投降后，"扶蒋"的大前提"抗日"发生了变化，杜鲁门一时间难以确定如何在战后向中国提供援助。考虑到美国国内的反战情绪，杜鲁门意图与艾德礼领导的英国工党政府一起重建世界和平。这个观点早在 20 世纪末就被提出，即杜鲁门上台后极力"避免国共之间的大规模武装冲突"，"避免美国直接卷入这种冲突"。② 不过，由于杜鲁门政府仍然明确支持国民党政权，所以杜鲁门政府态度并没有被认为发生了明显变化。私以为，"不涉及武装援助"的前提让扶持国民党政权的效果大打折扣，实为民主党政府对华政策的第一次明显转向。

继续援蒋与不支持蒋介石打内战如何能够同时存在？这是美国对华政策的矛盾所在，也是共和党赫尔利与民主党政府产生分歧的根本原因。初来乍到的赫尔利对中国国情的了解极其有限，他相信国共两党之间或许和美国共和民主两党一样，不难达成两党共识。他表示："国共两党都有很长的路要走，但只要我们认清这条路，我们头脑清楚，具有容忍心和耐心，就将起到有益的作用。"③但事实是共产党绝不会将军队完全交给国民党

---

① 第一位工党首相是麦克唐纳（James Ramsay MacDonald），但是工党在 1923 年的下议院大选，也没有选得多数席次，只好于 1924 年 1 月组成少数政府，并于同年 11 月倒台；他于 1929 年 6 月再度组阁，但是工党还是少数政府。1945 年的英国下议院大选，工党获得 393 席，大胜保守党的 197 席，所以这是首次工党组阁建立多数政府。

② 陶文钊：《马歇尔使华与杜鲁门政府对华政策》，《世界历史》1986 年第 2 期，第 41 页。

③ "Telegram from Hurley to Secretary of State," February 7, 1945, National Archives and Records Administration Ⅱ, RG59 Central Decimal Files 1945 - 1949, Box 7262, 转引自贾钦涵：《"赫尔利使华"研究述评》，《上海交通大学学报（哲学社会科学版）》2015 年第 5 期，第 23 页。

政府,这相当于交出了自己生存的权力;国民党也不会容忍中共依旧拥有军队控制权,其结果必然是将威胁到政府的存在。① 因此,即使赫尔利选择陪同毛泽东前往重庆,促成了重庆谈判,国共两党之间的根本矛盾也无法得到真正解决,最终不得不诉诸武力。② 之后,来自美国的武装援助对于国民党政权而言便是至关重要的。

谢伟思(John S. Service)的重新任命是民主党政府对华政策发生明显转向的例证之一。在赫尔利致力于调解国共矛盾、建立联合政府的同时,还有一支迪克西代表团(Dixie Mission)于 1944 年 7 月前往延安,收集有关中国共产党的情报,并与之建立关系。谢伟思和戴维斯(John P. Davies)是迪克西代表团的重要成员,也是职业外交人员,他们的观点与赫尔利可谓针锋相对。他们曾预测胜利是属于共产党人的,因为延安的气氛比国民党控制区更有活力。③ 赫尔利向罗斯福政府指责他们在延安破坏调停。之后,谢伟思奉召回国,戴维斯也离开中国,前往美国驻苏大使馆任职。④ 由此可见,罗斯福在对华政策中是倾向赫尔利的,或者说赫尔利的行动在当时能够代表民主党政府的态度。及至杜鲁门上台后,谢伟思得到了重新任命。谢伟思是被赫尔利从中国"撵"出去的,如今却另赴要职,两届政府针对同一个人的态度可谓大相径庭。赫尔利与杜鲁门政府的恩怨也由此埋下伏笔。

11 月 26 日,来自华盛顿州的民主党众议员德拉西(Emerson H. De Lacy)在众议院发表演说,批评赫尔利"支持反动的国民党政权",导致"美国走向帝国主义",并将中国"引向内战"。⑤ 赫尔利是在晚报上读到这篇

---

① 吕彤邻:《美国馆藏中共抗战解密史料汇编——西方见证人眼中的敌后根据地》,《上海交通大学学报(哲学社会科学版)》2015 年第 5 期,第 9、15 页。

② Jonathan Fenby, *Chiang Kai-shek China's Generalissimo and the Nation He Lost*, p. 453.

③ Senate Internal Security Committee, *The Amerasia Papers: A Clue to the Catastrophe of China*, January 26, 1970, pp. 112 - 113.

④ John P. Davies, *Dragon by the Tail: American, British, Japanese and Russian Encounters with China and One Another*, New York: W. W. Norton on Company, 1972, pp. 385 - 386.

⑤ Congressional Record, November 26, 1945, vol. 91: 10994 - 10995.

演说稿的,他发现德拉西掌握着尚未公布的特殊情报,足以证明他传给国务院的秘密报告流传出去了。赫尔利怀疑,德拉西背后的支持者就是掌握情报的国务院:国务院将他的秘密报告转交给共产党人,故意同他作对,让他成为美国对华政策失败的替罪羊,以便用一位有功的民主党人替代他的工作。① 尽管这一猜测在多年后被证明是错误的,但此时赫尔利对杜鲁门政府的不满得以显现。

当天,赫尔利正式向杜鲁门总统提出辞呈,并于翌日在全美新闻俱乐部发表讲话,公开批评美国的对华政策。② 从赫尔利的讲话和辞职书来看,他指责美国的外交人员"偏袒中国共产党"。他把自己调解国共矛盾的失败归罪于此,并指出,正是"我们政府政策上的混乱",导致了"我们对中国的真正立场常被误解"。③ 不可否认,赫尔利的说辞在一定程度上是其对调节国共矛盾失败的辩解,带有情绪化的倾向,无法就此推断杜鲁门政府对中国事务及民主、共和两党关系的态度。但是,共和党人赫尔利的辞职确实标志着两党的大分裂,罗斯福时代在对华政策上形成的两党共识宣告破裂。此后,赫尔利将自己塑造为一名典型的保守派"烈士"——虽然一直在与渗透到国务院的"亲共分子"们做斗争,却无力扭转他们所制定的对华政策。他的新形象成为攻击杜鲁门与民主党政府的武器。

鉴于美国国内是两党政治的模式,很多学者习惯性地将"对华政策的分歧"归为民主党和共和党之间的两党分歧。比如邹谠提及1947年开始由共和党参议员掀起的对民主党政府政策的批评④,又比如赵绮娜发现大多数"中国帮"成员都是来自东北部州的共和党人⑤,两党分歧无疑是影响

---

① ［美］赫伯特·菲斯著,林海等译:《中国的纠葛》,北京:北京大学出版社,1989年,第446—447页。

② ［美］哈里·杜鲁门著,李石译:《杜鲁门回忆录》第1卷,北京:世界知识出版社,1964年,第75页。

③ 《中美关系资料汇编》第1辑,北京:世界知识出版社,1957年,第604—606页。

④ ［美］邹谠著,王宁、周先进译:《美国在中国的失败(1941—1950)》,上海:上海人民出版社,1997年,第387页。

⑤ Ena Chao, *The China Bloc: Congress and Making of Foreign Policy, 1947-1952*, The University of North California at Chapel Hill, 1990, pp. 57-59.

杜鲁门领导的民主党政府对华政策的重要因素之一。不过,将视线向前延伸,则可发现对华政策的"两党分歧"并非一直存在,而是在共和党驻华大使赫尔利辞职后逐渐显现的。

二、无党派将军马歇尔使华

杜鲁门允许了赫尔利的辞职,并迅速任命刚退休的陆军参谋长马歇尔作为驻华特使,填补赫尔利的空缺。杜鲁门选择如此一位声名卓著的人来华主要有三方面的原因。第一,杜鲁门意识到中国当时的局势非常严峻,"中国持续的内乱极有可能成为另一场世界战争的种子"[1]。尽管国共之间仍有零星的谈判,包括蒋介石和毛泽东的面对面会谈,但离达成真正的协议还很遥远,似乎即将再度滑向内战的深渊。第二,赫尔利的辞职证明,调解中国纠葛的难度不小,而且中共讨价还价的力量伴随着中国国内的发展和苏联政策中的明显变化得以加强,遗留给新任特使的使命更令人生畏。[2]第三,赫尔利作为共和党中的领袖人物,坛坫宣劳,久传众口。他在辞职书中抨击美国对华政策及一些职业外交人员,杜鲁门深恐此举将引起共和党之政潮,使民主党在舆论方面产生不利之影响。因此,杜鲁门亟欲找到一位声望资质均超赫尔利的人继其任务,既可借此以杀共和党之攻势,亦可转移民众视线。[3]故一经农业部部长安德森(Clinton Anderson)提议,无党籍将军马歇尔之赴华特使,遂成定局。

马歇尔接受了杜鲁门的任命,于1946年12月15日动身前往重庆,调处国共冲突。在马歇尔临行前一日,杜鲁门总统将一份指示信交予他,作为其执行总统方针之参考,并附以《美国对华政策》、总统的公开声明,以及国务卿的一份备忘录。马歇尔使华期间,指示信及附件所包含的主张均未发生明显变更,马歇尔正是按照这些指示努力实现杜鲁门政府在中国对华

---

① "Truman to Issue China Plan Today," *New York Times*, December 15, 1945.
② ［美］邹谠著,王宁、周先进译:《美国在中国的失败(1941—1950)》,第301页。
③ 梁敬錞:《马歇尔使华报告书笺注》,台北:"中央研究院"近代史研究所,1994年,第612页。

之目的。①

一方面，马歇尔延续了赫尔利使华的基调——将国民政府视为代表中国的政府。② 马歇尔在离开华盛顿之前，曾去白宫会见杜鲁门。他询问杜鲁门："如果我无法左右蒋委员长的必要行动，美国政府是否仍有必要继续支持国民党政权？"这个问题得到了杜鲁门的肯定答复，确认了无论国共在谈判中表现如何，美国支持蒋介石这一原则是不变的。③ 在杜鲁门的公开声明中，支持国民政府的主张得到再一次的强调："美国和其他联合国承认目前中国国民政府为中国的唯一合法政府，是完成中国统一的恰当机构。"④对此，蒋介石本人感到振奋。而且，有人向其透露了马歇尔临行前与杜鲁门的会谈。当蒋介石得知美国政府不论谈判结果如何都将支持自己后，他变得有恃无恐，并在日后谈判的过程中表现出来。⑤ 但从日后的事实来看，蒋介石过高地估计了美国愿意帮助他的程度。

另一方面，与支持国民政府相辅相成的主张是与中国各党派建立联合政府。虽然这也是赫尔利试图要做但未能成功的事，但马歇尔与赫尔利的主张有着根本的不同，关键在于建立联合政府和援助国民政府的先后顺序。赫尔利认为建立联合政府需要一定的美援，马歇尔则认为联合政府的建立是给予美援的前提，即"有条件援助"。具体而言，美国援助的对象只能是"和平、团结和民主"的中国。对此，杜鲁门向国民政府施加压力，暗示"如果中国无法就此改革，美国对华战后重建的援助，包括信贷和贷款，以

---

① 梁敬錞：《马歇尔使华报告书笺注》，第4—5页。

② 训政时期，国民党"一党领政"，施行党国体制。此时，代表中国的政府就是国民政府。1948年5月20日起，中华民国在形式上进入宪政时期，废除党国体制，因此国民政府改组为中华民国政府，亦可简称为民国政府。

③ "Memorandum of Conversation, by General Marshall," December 14, 1945, in *FRUS, 1945*, Vol. VII, Document 557, p. 771.

④ 梁敬錞：《马歇尔使华报告书笺注》，第3页。

⑤ Daniel Kurtz-Phelan, *The China Mission: George Marshall's Unfinished War, 1945 - 1947*, New York: W. W. Norton & Company, 2018, p. 59.

及对中国国家军队的发展的援助都将不再提供"①。事实上，国民党在没有美国大规模的、直接的武装援助的情况下，没有足够的武装力量达成这个目的，只能采取谈判的方式。但蒋介石似乎没有意识到马歇尔的深意，其策略仍在于用武力解决共产党问题。因此，谈判难以推进。

然而，等到1948年3月杜鲁门和马歇尔在华盛顿与新闻记者谈话时，反对联合政府的主张变得极其鲜明。马歇尔说道："共产党和国民党之间存在着如此大的分歧，把双方的代表都拉进来，让他们担任各部门的活跃负责人，我认为这是一个不切实际的主张。"②当被问及之前倾向于扩大中国政府基础的主张时，杜鲁门表示，共产党现在公开反对，这个问题美国政府无法决定，只能由中国政府决定。③这种态度的转变部分来自参众议员反共态度的压力，部分也是因为局势的发展，即中国全面内战的爆发使得建立国共两党联合政府的希望已经彻底破灭。因此，杜鲁门不得不在之后的日子中坚决否认美国政府曾企图把中国共产党人吸收到联合政府中来，并强调当时美国只是企图建立一个包括国民党人和"自由主义者"的联合政府。

在马歇尔使华的一年多时间里，他及时向杜鲁门汇报调处进展，少则每星期一次，有时每星期就会拍两次或三次很长的电报。杜鲁门满意地认为，在他没有亲临现场的情况下，"无法要求比这了解得更多了"，"（马歇尔）已把美国政府和美国舆论的全面态度和政策正确地反映了出来"。④因此，马歇尔在调处国共冲突中的举措可以说准确反映了杜鲁门政府的对华政策主张。通过考察马歇尔的举措，可以发现马歇尔及其背后的杜鲁门政府虽然并未改变使华初期制定的原则，但在细节上发生了转变。正是这些转变预示了美国将在谈判受阻后逐渐放弃调解，最终意图从中国撤出。

---

① "Truman Says Aid to China Hinges on Ending of Strife and Unification of Nation," *New York Times*, December 16, 1945.
② 梁敬錞：《马歇尔使华报告书笺注》，第23页。
③ 梁敬錞：《马歇尔使华报告书笺注》，第30页。
④ ［美］哈里·杜鲁门著，李石译：《杜鲁门回忆录》第1卷，第85、94页。

　　1946 年 6 月，马歇尔担任调停人的谈判陷入僵局，全国都开始爆发战斗，中国正在走向全面内战。在马歇尔的劝说下，国共两党于 6 月 7 日至30 日停战。为打破僵局，马歇尔准备了一份建议草案，其中接受了共产党人的基本立场，但在细节方面照顾了国民党的利益。① 结合之前马歇尔和杜鲁门政府的种种举措，蒋介石自然认为美国倾向于支持国民政府，最终会向自己让步。因此，他下定决心用武力将共产党从关内的各战略要地驱逐出去，并用军事压力强迫他们接受新的条件。7 月 3 日，国民政府宣布将于 11 月 12 日召开国大。国民政府事先并未与共产党及其他党派商量，而是选择了直接宣布，这表明国民党背离了政治协商会议规定的程序。②7 月 13 日，蒋介石离开南京，去往消暑圣地牯岭。据报导，蒋介石此举是为了逃避和平解决，好寻找机会实现军事目标。③

　　为应对不断恶化的局势，马歇尔意图选拔魏德迈出任大使，帮助他完成艰巨的使命。魏德迈在二战时期接替史迪威担任中国战区参谋长、驻中国美军指挥官，于 1946 年 3 月卸任。其间，魏德迈始终牢记史迪威的教训，态度随和、小心行事，对蒋介石毕恭毕敬，与国民党高层保持着融洽的关系。④ 被称为"外交教父"的沈昌焕评价魏德迈"虽为军人，但有政治头脑、外交手腕，富有才气，热心任事，美国之一流人物也"⑤。不过，魏德迈一直对共产党的印象不佳，在德国陆军大学就读的经历让他浸泡在有关"布尔什维克威胁"的宣传中。⑥ 因此，当这一消息被泄露时，共产党人抗议魏德迈的任命，理由是其无法在国共两方之间维持公正。⑦ 之后，马歇尔致电杜鲁门，取消了魏德迈的使华任命。对于马歇尔行事之反复，魏德

---

① 这一文件规定在中国关内恢复 1 月 13 日的现状，而在"满洲"则恢复 6 月 7 日的现状，参见［美］邹谠著，王宁、周先进译：《美国在中国的失败（1941—1950）》，第 367 页。

② "Chinese Assembly Called for Nov. 12," *New York Times*, July 4, 1946.

③ "Chinese Leaders Flee Nanking Heat," *New York Times*, July 13, 1946.

④ ［美］乔纳森·斯潘塞著，曹德骏等译：《改变中国》，北京：三联书店，1996 年，第 269 页。

⑤ 沈昌焕：《沈昌焕日记：战后第一年 1946》，台北："国史馆"，2013 年，第 76 页。

⑥ ［美］乔纳森·斯潘塞著，曹德骏等译：《改变中国》，第 267 页。

⑦ Albert C. Wedemeyer, *Wedemeyer Reports*! New York: Henry Holt & Company, 1958, p. 366.

迈深感不满，而对其大使任命竟是因中共反对而取消，尤其无法接受。在魏德迈看来，马歇尔作为一个军人，对世界冲突的复杂性知之甚少，对中共抱有不切实际的幻想。①

7月下旬，马歇尔采取了另一个重大决策，即对华军火禁运。马歇尔在其报告书中写道："此类计划之若干方面，显已变为无益于中国之和平与统一，亦不为美国之最佳利益时，其有关内战部分之军援，遂即暂时停止。"②马歇尔意识到，当前中国局势不断恶化的原因在于国民政府意图通过武力解决问题，而美国的军事援助恰恰助长了蒋介石的强硬态度。7月23日，中国物资供应委员会向美国申请武器出口准许证，以运送从美国购买的1亿多发子弹。7月26日，当马歇尔的助手卡特（Marshall S. Carter）询问这批物资是否正常供应时，马歇尔告诉卡特："我不反对中国在美国购买军火，但购买合约中应该增加一条，即无论买卖是否拨付，一旦认为与美国政策不合，即可停运。"③8月18日，杜鲁门正式发布了军火禁运的命令，公开宣布停止向中国政府提供可能与内战有关的货品，不再给中国政府发放出口作战物资的出口许可证。而且，不仅仅是美国实行对华军火禁运，英国、法国、荷兰及比利时都被美国国务院要求一体实施。故8月以后，中国虽有现金，而偌大全球，竟无购置军火之地。④ 马歇尔此举是一次非常重大的转向，实为制裁国民政府之撒手锏，使之不得不改取守势，以达到调处成功之目的。

对于对华军火禁运的影响，学界看法不一。资中筠认为，禁运对国民党政权并没有明显的影响，因为那些被禁运的物资，国民党军队已有大量库存，而且禁运也在逐渐放宽。⑤ 邹谠持相似观点，认为禁运虽然造成军

---

① Albert C. Wedemeyer, *Wedemeyer Reports*！ p. 370.

② 梁敬錞：《马歇尔使华报告书笺注》，第533页。

③ "General Marshall to Colonel Marshall S. Carter," July 26, 1946, in *FRUS*, 1946, Vol. Ⅹ, Document 427, p. 755.

④ 梁敬錞：《马歇尔使华报告书笺注》，第546页。

⑤ 资中筠：《追根溯源——战后美国对华政策的缘起与发展（1945—1950）》，第96—97页。

需品和武器军火的短缺，但并无明显影响。① 而董显光则认为，禁运严重削弱了中国政府对于中共军事的优势。② 正如胡美、任东来所言，"由于禁运令本身的机密性，以及国民政府方面相关数据的缺乏，全面评估禁运的直接影响具有一定难度"③。不过，我们可以从取消魏德迈任命和宣布对华军火禁运这两件事看出，马歇尔及其背后的杜鲁门政府对国民政府非常冷淡。

在1946年上半年，来自民主党和共和党的参众议员间虽有裂痕，但在对华政策的立场上仍是基本一致的。一方面，他们都认为中国情况尚未严重到需要两党协商之地步；另一方面，他们相信马歇尔使华可以解决中国内战的问题。但到了1946年的期中选举，共和党人大获全胜，并建立起一个由共和党控制的参众两院。由于两党分别控制了总统职位和参众两院，这两个政治机构争夺指导美国外交政策的权利的斗争更加激烈。④ 同时，马歇尔军火禁运的做法又在民主党内部造成了分裂，若干民主党议员和共和党一样，开始不满马歇尔的坚持国民政府先进行改革，才给美援之政策。"中国帮"应运而生，他们认为美国应以协助蒋介石建立一个强大中国政府为第一要务，而非斤斤计较其是否与中共成立联合政府。

自1946年6月休战谈判后的半年时间里，马歇尔使尽了浑身解数，仍然无所助益。到年底的时候，中国的内战已经打响，国民党当局包办的国民大会也召开了。杜鲁门于12月18日重申了美国的对华政策，承诺"美国将继续努力为中国带来和平与繁荣，同时避免卷入其内部冲突"；并对马歇尔在过去一年所做的调解工作给予了高度评价，表示"若有必要，将军会一直留在中国完成他的工作"。⑤ 但对于马歇尔而言，他实则很难再发挥

① ［美］邹谠著，王宁、周先进译：《美国在中国的失败（1941—1950）》，第370页。
② 董显光：《蒋"总统"传》，台北：台湾中华文化出版社，1967年，第467页。
③ 胡美、任东来：《1946～1947年美国对华军火禁运的几个问题》，《美国研究》2007年第3期，第91页。
④ ［美］邹谠著，王宁、周先进译：《美国在中国的失败（1941—1950）》，第388页。
⑤ "Truman Stresses Our China Policy," *New York Times*, December 19, 1946.

作用。所以，马歇尔致电杜鲁门，请求将他召回。

1947年1月7日，杜鲁门宣布召回马歇尔，并任命其为国务卿。同一天，国务院向新闻界发表了马歇尔个人对中国时局的声明，对杜鲁门不久前的声明加以补充。在声明中，马歇尔表明，"美国将不再继续为调停国共之间激烈的冲突而努力"[1]，并解释了调处使命未能达成理想成果的原因。[2] 同时，马歇尔也表示将坚持原有的政策，"继续关切中国所面临之问题，除不参与中国之内政外，应采取一切行动，协助中国达到目的，以实现代表人民及美国之热望"[3]。马歇尔离华和这份声明均标志着美国政府调解国共关系的终结，也标志着美国对华政策第一个阶段的失败。

三、无党派将军魏德迈来华

在1946年夏天中国的政治军事和解迅速垮台的时候，马歇尔便初步构想了撤退计划。他曾向海军部部长福雷斯特尔建议有一个撤退阶段，以便美国能有重组的时间来重新评估对华政策。[4] 到了1947年，马歇尔就任国务卿，在与杜鲁门讨论军调总部问题时，建议撤销美方单位，得到总统批准。1月29日，美国政府发布声明，决定终止其与三人小组及军调总部之关系，并指出将尽速撤回总部中之美方人员。[5] 但是，撤退是局部的而不是完全的，此计划只撤出了除青岛外的所有华北之海军陆战队。[6] 仍有一支警卫分遣队留驻青岛，他们留在当地，静静地注视俄国在旅顺和大连的动静。[7] 其中也包括美国陆军和海军顾问团，前者被准许在组织装备国民党军队方面提供咨询。[8]

---

① "Our Policy in China ," *New York Times* , January 10, 1947.

② 梁敬錞：《马歇尔使华报告书笺注》，第578—579页。

③ 梁敬錞：《马歇尔使华报告书笺注》，第587—588页。

④ ［美］邹谠著，王宁、周先进译：《美国在中国的失败（1941—1950）》，第385页。

⑤ 梁敬錞：《马歇尔使华报告书笺注》，第584页。

⑥ 梁敬錞：《马歇尔使华报告书笺注》，第585—586页。

⑦ Albert C. Wedemeyer, *Wedemeyer Reports* ! p. 382.

⑧ ［美］邹谠著，王宁、周先进译：《美国在中国的失败（1941—1950）》，第385—386页。

无论是局部撤出还是以后的各种决策，杜鲁门政府的对华政策始终徘徊在积极支持国民政府与完全放弃国民政府之间，呈现难以抉择的迹象。事实上，杜鲁门的主要困境并不来自中国内部的纠葛，而是美国对世界局势的考虑，以及参众议院中愈演愈烈的分歧。

3 月间，"杜鲁门主义"①问世。杜鲁门发表讲话，请求参众议院批准继承英国在中东地区的势力，对希腊和土耳其进行大规模的经济军事援助，以遏止苏联南下黑海。② 对于杜鲁门而言，马歇尔调处国共矛盾失败的经验让他意识到，美国的援助不仅不能挽救国民党政权的命运，而且会加剧中国的内战。因此，杜鲁门改变了战略观念，从支持蒋介石以利用中国作为遏制共产主义的屏障，渐渐转向拉开与国民党的距离，以免深陷中国内战，预备把有限的力量用于欧洲。这是杜鲁门政府对华政策的第二次转向。在行动上，杜鲁门政府继续援助国民党政权，和马歇尔使华期间的政策并无明显分别。但从美国参众议院的辩论中可以看出，杜鲁门确实萌生了"放弃中国"的想法，不过引发了参众议员大量批评，导致其无法真正袖手旁观。③

这种批评一方面来自国会中的"中国帮"。在他们眼中，国民政府与中共的关系，就像希腊和土耳其被巴尔干和中东共产主义威胁的关系一样。因此，他们不满政府只热衷于援助欧洲，却不理会中国。来自明尼苏达州的周以德（Walter H. Judd）正是一位亲国民政府的共和党领袖，时任众议院外交事务委员会委员。他就此指责政府只在欧洲遏制共产主义，而坐视

---

① 杜鲁门于 1947 年 3 月 12 日发表《国情咨文》，提出"自由人民正在抵抗少数武装分子或外来势力征服之意图，美国政策必须支持他们"。他因此要求国会为援助土耳其和希腊政府，拨款 4 亿美元，防止当地落入共产党手中。杜鲁门主义被认为是冷战的开始，彻底改变了罗斯福时代的美国对外政策，奠定了战后世界的基本格局。"Special Message to the Congress on Greece and Turkey: The Truman Doctrine," March 12, 1947, Digital National Security Archive, IR00200, pp. 3 - 4.

② "Recommending Assistance to Greece and Turkey," Truman's Library, The Truman Doctrine, Harry S. Truman Administration, pp. 2 - 3.

③ "Editorial Reaction to Current Issues," Truman's Library, The Truman Doctrine, President's Secretary's Files, p. 1.

共产主义在亚洲的扩张。① 反对民主党政府中国政策的不仅仅有共和党议员，比如来自明尼苏达州的民主党参议员布拉特尼克（John A. Blatnik）。他在提及对希腊的援助时表示，美国作为世界上最富有的国家，针对希腊糟糕的政治和经济情况，基督徒们有义务向其提供资金。世界上还有许多和希腊一样的地方，比如中国，它们一样需要这样的援助。②

　　不过，对欧洲援助方案最严重的阻力并非来自要求援助国民政府的议员，而是来自保守主义集团的那些力量。他们借助中国事务挑战杜鲁门政府，要求政府削减开支，并希望政府不要介入全球事务中。比如来自俄亥俄州的共和党众议员本德尔（George H. Bender），他在罗斯福时代便反对国际主义的外交政策，因此直接反对"杜鲁门主义"，认为对欧洲复兴的援助应当来自联合国或私人救济组织，而不是美国政府。③ 又比如来自马萨诸塞州的共和党议员约瑟夫·马丁（Joseph W. Martin），他作为众议院议长，带领国会呼吁全面削减 20% 的所得税，并将 375 亿美元的援外预算削减掉 60 亿。这意味着美国实现外交政策的经费极其有限，大规模援欧方案的实现变得更加困难。④

　　考虑到上述情况，杜鲁门政府更不愿意将有限的资金浪费在中国，因为这会进一步减少欧洲能够得到的金额。但是，为了能够顺利实行欧洲方案，杜鲁门政府又不得不拉拢参众议院中的部分势力，向"中国帮"做出妥协，以换取他们对欧洲方案的支持。可想而知，此时政府对国民政权的援助并非真心实意，更多的是无奈的妥协。正因此，援华的各种举措不得不巧妙到足以避免公开干涉中国内战，又很节省不足以吸干美国的援助资金，不断摇摆在积极支持国民政府与完全放弃国民政府这两条道路之间。

　　1947 年夏，中国内战发生了一个重要的战略转折，国民党军队由战略进攻转入战略防御。战场上的溃势驱使国民政府向美国发起新的求援攻

① ［美］邹谠著，王宁、周先进译：《美国在中国的失败（1941—1950）》，第 389—390 页。
② Congressional Record, March 25, 1947, vol. 93: p. 2584.
③ Congressional Record, March 25, 1947, vol. 93: p. 2587.
④ ［美］邹谠著，王宁、周先进译：《美国在中国的失败（1941—1950）》，第 392 页。

势,可惜这个企图被国务卿马歇尔打碎了。马歇尔在 6 月 25 日的新闻发布会上说:"美国未来对华政策的整个问题没有定论:指定用于中国的 5 500 万贷款基金的 6 月 30 日期限可能会因过期而不再采取行动。"不过,马歇尔也强调:"美国对中国的友谊没有逆转,也没有最终决定对中国政府的请求采取冷处理。"①

7 月 11 日,杜鲁门政府直接宣布派遣魏德迈使华。魏德迈的政治倾向是十分明确的,他虽然是一位无党籍的将军,但在华期间与蒋介石合作良好,并且反对马歇尔在调处国共冲突过程中的主张,这也是 1946 年共产党人抗议其成为驻华大使的主要原因。因此,派遣魏德迈使华虽然对于国民政府而言是一个非常突然的消息,但他们仍然对魏德迈表示热烈欢迎。时任中国海关总税务司李度(Lester Knox Little)在日记中提及:"很多中国人将魏德迈视作圣诞老人。"②的确,许多人都把魏德迈使华视作美国政策将转向大规模援蒋反共的契机,随之而来的将是大量的军事和经济援助。③ 甚至魏德迈本人也认为,他被任命的目的不只是对华政策需要一个表面的"新面貌",而是为根本性的改变提供基础。④ 但是,马歇尔后来向魏德迈承认,杜鲁门并未转变对中国事务的冷淡态度。只是参众议员的压力和其他来源的指责,迫使政府重新确定对华的举措⑤,由此调和民主党内的分歧,和民主、共和两党间的关系。

从杜鲁门交给魏德迈的训令来看,魏德迈理应向国民政府表明他的使命是"调查情况",删去了草拟指令中"美国政府准备实际并立即协助一项复原及安定计划",要求只有"国民政府能提供令人满意的方案来促进复原时,美国才会考虑提供援助"。另外,正式训令要求魏德迈在陈述援助之可

---

① "China Loan Unlikely," *New York Times*, June 26, 1947.
② Chihyun Chang, *The Chinese Journals of L K Little*, 1943 – 54:*An Eyewitness Account of War and Revolution*, 3 volumes, London: Routledge, 2017, vol. Ⅱ, p. 76.
③《中美关系资料汇编》第 1 辑,第 301 页。
④ Albert C. Wedemeyer, *Wedemeyer Reports*! p. 383.
⑤ Albert C. Wedemeyer, *Wedemeyer Reports*! pp. 382 – 383.

能后果外，也要陈述"不援助之可能后果"。① 可见，杜鲁门政府仍然以国民政府实行改革作为提供美援的前提，其政策本质未发生改变。但是魏德迈似乎并没有认识到这一点，他认为自己负有双重的使命：不仅要说服中国人提供证据表明援助不会被浪费，而且需要说服华盛顿向中国提供援助。② 魏德迈对杜鲁门政府对华政策的误解为后续的发展埋下了伏笔。

　　魏德迈考察团一行于 7 月 22 日抵华，8 月 24 日离开，在一个多月的时间里访问了上海、南京、北平等地。在考察过程中，魏德迈颇感失望，他发觉自他在 1946 年 4 月离开到现在的 15 个月里，中国的政治及军事情况非但毫无改善，反而日趋恶化。魏德迈在 7 月 29 日呈给马歇尔的第一份报告中表达了他的初步观感："国民党统治下的中国人在精神上已经破产，他们对领导人失去了信心。"还使魏德迈感到忧虑的是，"调查团被中国人视为解决苦难的灵丹妙药，被寄予厚望，在很短的时间内解决错综复杂且存在已久的问题"③。纵然如此，魏德迈也知道，只有蒋介石领导的国民党政权才有可能击败共产主义。在考察结束之际，魏德迈已经决定向杜鲁门总统建议立即向中国提供援助，包括军事援助以及物质和精神上的支持，协助国民政府维护政治安宁和经济稳定，以阻止共产主义的蔓延。④

　　魏德迈深刻了解，只有向美国保证，美国的援助将被建设性和有效地使用，才有可能实现援助。因此，魏德迈竭力劝说蒋介石不要一味凭借军事手段解决问题，改组政府与改革刻不容缓。⑤ 8 月 22 日，在国民政府大员云集的聚会上，魏德迈公开批评了国民政府官员的腐败无能。一个外国人在另一国家的政府最高会议上做这样的讲话是史无前例的。当时在座

① "Memorandum by the Director of the Office of Far Eastern Affairs，"July 6，1947，in *FRUS*，1947，Vol. Ⅶ，Document 534，p. 639 - 641.

② Albert C. Wedemeyer，*Wedemeyer Reports*！p. 388.

③ "General Wedemeyer to the Secretary of State，"July 29，1947，in *FRUS*，1947 ，Vol. Ⅶ，Document 562，p. 682 - 683.

④ Albert C. Wedemeyer，*Wedemeyer Reports*！p. 388.

⑤ ［美］乔纳森·斯潘塞著，曹德骏等译：《改变中国》，第 283 页。

的国民党元老、考试院院长戴季陶聆听之余,感触甚深,竟至泣下。① 8月
24日,魏德迈在离华前又发表了同样性质的声明。这一声明与之前的讲
话都使国民政府不满,并在无意中给国民党政权的统治基础火上浇油。但
就魏德迈而言,他公开国民政府缺陷的目的在于,确保他们会采取激烈的
行动,并为向杜鲁门政府建议对华军事和经济援助创造一种氛围。② 他认
为针对中国的讲话和声明与他之后会提交的《魏德迈报告》是相辅相成的。
他并不知道报告最终会被马歇尔雪藏,若能未卜先知,他也不会在南京发
表演讲。③

　　魏德迈提交考察报告的时候,马歇尔还在纽约参加联合国会议。马歇
尔口头上赞扬了这份报告,并说在他返回华盛顿后加以讨论。其间,远东
司司长巴特沃斯(William W. Butterworth)拜访了魏德迈,表示马歇尔希
望他能够删去某些特定的部分,而魏德迈拒绝了这个要求。所谓特定的部
分是指,魏德迈推荐在"满洲"实行监护制或托管制,这可能会被看作对中
国主权的侵犯,从而冒犯中国人的敏感心理。④ 之后,魏德迈待在办公室
里成日无事可做,闲得发慌。⑤ 直至此时,他才终于了解了政府真实的对
华政策———一些官员早已经把中国排除在外。⑥ 魏德迈的调查报告最终
被束之高阁,一直到1949年8月国务院发表《白皮书》时才被公之于众,这
一事实证明了杜鲁门政府对卷入中国事务的抗拒。可以说,马歇尔及杜鲁
门政府自1946年夏天以来,再没有动过大规模援助国民政府的心思,更是
拒绝武装干涉中国内政。魏德迈被派遣到中国进行实地考察并非杜鲁门
政府考虑加大对国民政府的援助力度,而是对参众议院的再一次妥协。

---

① 《国民党最后的美国净友》,第367页。

② Albert C. Wedemeyer,*Wedemeyer Reports*! p. 390.

③ Albert C. Wedemeyer, *Wedemeyer Reports*! p. 388.

④ [美]邹谠著,王宁、周先进译:《美国在中国的失败(1941—1950)》,第399页。

⑤ Albert C. Wedemeyer,*Wedemeyer Reports*! pp. 396 - 397.

⑥ Albert C. Wedemeyer,*Wedemeyer Reports*! p. 391.

四、民主党记者蒲立德来华

在魏德迈访华同时，蒲立德来华。蒲立德是一位来自宾夕法尼亚州的民主党人，曾任美国驻苏大使（1933—1936 年）和驻法大使（1936—1939年）。在威尔逊（Thomas W. Wilson）时代，蒲立德与民主党政府一般，崇尚国际主义，致力于包容共产主义。而在苏联担任大使的经历磨灭了蒲立德的希望，他认为"与苏联或其他共产主义者建立友好关系是不现实的"①。此后，蒲立德转变成一名极端的反共主义者，并在其 1946 年出版的《伟大的地球本身》（*The Great Globe Itself*）一书中就罗斯福对斯大林的绥靖政策提出了批评。② 也是在罗斯福时代，蒲立德不再担任政府职务。

由于拥有坚定的反共立场，蒲立德加入了"中国游说团"（China Lobby）③，为国民政府在美国争取援助。与此同时，坐拥庞大媒体帝国的亨利·卢斯（Henry R. Luce）也是"中国游说团"的一名成员，他邀请赋闲在家的蒲立德担任《生活》杂志的"中国特约记者"来华访问，向美国人民报道真实的中国战争形势，运用舆论的力量为援华造势，向杜鲁门政府施压。在卢斯看来，选择蒲立德前往中国再合适不过。一方面，他没有政府中的一官半职，不会受到利益集团的干扰；另一方面，他并非长期在华居住，不具有对中国的特殊情感。若由他来呼吁援华，国内舆论会认为他是完全基于理性得出的结论，是为世界安危考虑，而非个人利益或感情所向。

1947 年 7 月 24 日，蒲立德到达中国，这次调查持续了将近 2 个月的时间。回国后，蒲立德写成了《向美国人民报告中国》（"A report to American People on China"）一文，于 10 月 10 日发表。在这篇文章中，蒲立德的

---

① "The Ambassador in the Soviet Union（Bullitt）to the Secretary of State,"April 20,1936,in *FRUS*,The Soviet Union,1933-1939,Document 301,pp. 291-296.

② William C. Bullitt, *The Great Globe Itself:A Preface to World Affairs*,London:Routledge,2017.

③ "中国游说团"，也称院外援华集团，指在参众两院之外为国民政府说话的一些人或一些利益团体，其中有商界、政界、军人、工会、传教士，还有国民政府雇佣的职业公共关系人士。

反共立场展露无遗。他写道，如果国民政府不幸垮台，苏联将会统治整个亚洲，并举全亚洲之力与美国对抗，那么美国的独立也将很快不保。① 蒲立德还在文中提出了一个挽救国民政府的计划，一共需要 13.5 亿美元，包括军事和经济援助。他敦促政府向国民政府提供一定数量的军火贮备，尤其是要向东北地区提供；设置军事顾问帮助国民党军队完成训练和作战任务；管理"满洲"地区的后勤供应。不过，蒲立德仅仅建议为国民政府提供咨询和控制军务，并不认为美国应当武装介入中国内战，或者在战场上指挥中国军队，这一点是与杜鲁门政府的主张相一致的。② 媒体大亨卢斯原先只能确保蒲立德的文章能够得到广泛传播，然后带动舆论要求援华。未曾想，杜鲁门政府迟迟不发布魏德迈的考察报告。即使蒲立德访华并非官方遣派，他的文章仍然被参众两院的"中国帮"看作替代品，产生了较预期更为深远的影响，他在文中提出的建议成了《1948 年援华法案》的雏形。

学界针对蒲立德的研究较之前三位著名人物实属匮乏，中文学界仅一篇硕士学位论文。其论述重点在于梳理蒲立德在美国对华政策中起到的作用，并以其为个案梳理战后中美关系的发展历程。③ 本文则着重关注了蒲立德的党籍身份，并试图从他最终转向共和党的经历来分析美国民主党内分歧的初显。

据统计，"中国帮"成员中多数为共和党人。④ 作为第 80 届国会中的多数党，共和党希望借中国问题攻击民主党政府，进而在 1948 年大选中赢得总统之位。对于他们而言，蒲立德的民主党身份无疑是有利的工具，有助于带动参众两院的民主党人认可其主张，扩大"中国帮"之声势。同时，对于蒲立德而言，借"中国帮"与共和党保持友好的关系也是其目标所在。

---

① "A report to American People on China," *Life*, vol. 23, No. 15, 1948. 中文版参见《大公报》（上海），1947 年 10 月 14—16 日，第 2 版；10 月 16—19 日，第 3 版。

② Robert E. Herzstein, *Henry R. Luce, Time, and the American crusade in Asia*, Cambridge: Cambridge University Press, 1994, p. 90.

③ 陈海懿：《蒲立德来华与战后中美关系研究》，南京大学硕士学位论文，2015 年。

④ Ena Chao, *The China Bloc: Congress and Making of Foreign Policy, 1947 - 1952*, pp. 57 - 59.

眼看无望在民主党政府中再求得职务，不如获得共和党青睐，若是共和党在1948年顺利入主白宫，那么重返政坛也指日可待。因此，民主党人蒲立德与"中国帮"形成了合作关系，充当起"中国游说团"与参众议员间的联络人。

另外，"中国帮"中的大部分人对中国或者国民党政府都没有特别的情感，他们支持援华是基于意识形态下对"共产主义"的恐惧。这点是蒲立德和"中国帮"成员的共性。不过，较之"中国帮"中大部分成员从未踏上中国国土，蒲立德与中国的关系又可谓深厚，与国民党政府中的要员也有着密切的联系。根据驻美公使陈之迈的回忆，蒲立德对他协助颇多，为他说明地位重要的人员，解释具体事务如何处理，"无不切中肯要，实际可行"。陈之迈说："这个阶段的中美关系，许多大小事都是由他从旁促成的。"①所以，蒲立德也是国民党政府与"中国帮"之间的联络人。

1947年11月10日，马歇尔在参议院外交委员会上被问及援华计划时回答，具体数字尚未确定，大约是在1948年4月起的15个月中提供3亿美元。马歇尔本人本来只准备解释援欧计划，没有想到会有人提出援华问题，毕竟整个援华计划还在准备阶段，因此这个数字完全是随口说的。②但对于参会的"中国帮"而言，这个数字比蒲立德文中所建议的13.5亿少得多，自然无法满意。因此，无论是国民政府，还是"中国帮"都开始筹划向政府发难。11月12日，蒲立德与来自俄亥俄州共和党籍众议员沃里斯（John M. Vorys）及驻美大使顾维钧（Wellington Koo）进行会谈。蒲立德提出，是否有可能修改联合国善后救济总署（United Nations Relief and Rehabilitation Administration，UNRRA）的计划，以便向意大利、奥地利、法国和中国一起提供救济，因为这比单独为中国提出新的法案更容易被接受。③11月14日，蒲立德与顾维钧共进晚餐，蒲立德透露这一天清晨召开

---

① 陈之迈：《患难中的美国友人》，台北：传记文学出版社，1979年，第99—106页。
② 中国社会科学院近代史研究所译：《顾维钧回忆录》第六分册，北京：中华书局，1988年，第255页。
③ 中国社会科学院近代史研究所译：《顾维钧回忆录》第六分册，第251—252页。

了一个会议，参众两院中的"中国帮"已经决定建议向中国提供紧急援助。①

首先提出建议的是"中国帮"核心成员周以德，他在众议院外交事务委员会中提出修正案，要求从援欧计划中拨出 6 000 万美元援华。沃里斯也极力为国民政府辩护，以众议院愿意支持即将送审之"马歇尔计划"为条件，说服参议院代表接受 6 000 万美元援助国民政府。② 11 月 25 日晚，蒲立德就电话告知顾维钧，众议院外交委员会已经通过了周以德的提案。③ 但是，当上述的临时援助法案被送到参议院拨款委员会讨论时又出现了僵持不下的局面。该委员会主席布里奇斯（Henry S. Bridges）要求保留 2 000 万美元支援国民党，但是参议院外交委员会主席范登堡（Arthur H. Vandenberg）加以反对。为此，蒲立德又与范登堡讨论了援助国民政府的必要性。最后，布里奇斯和范登堡都做出让步，同意从联合国善后救济总署尚未拨付之经费中，挪出 1 800 万美元援华。④ 这笔拨款得以顺利通过，离不开蒲立德在国民政府与参众两院之间的奔走。

当然，1947 年通过的这笔临时援助对于中国局势而言只能说是杯水车薪。布里奇斯在听证会上发言："从马歇尔、魏德迈及蒲立德的政策中可以看出，杜鲁门政府并不急于向中国提供援助，甚至不再愿意继续援助下去。"因此，蒲立德在 1948 年继续为争取援华到处游说。面对参众两院不断高涨的援华声势，杜鲁门政府不得不开始酝酿新的对华政策。1948 年 2 月 18 日，马歇尔向国会递交了一个援华议案，作为国会接受"马歇尔计划"的代价。这个议案要求在 15 个月内向国民政府拨款 5.7 亿美元用作经济援助。其中，5.1 亿美元将用于支付基本民用商品的最低进口额，主要是

① 中国社会科学院近代史研究所译：《顾维钧回忆录》第六分册，第 254 页。

② Congress, House, Committee on Foreign Affairs, Hearings, Emergency Foreign Aid, 80th Cong. ,1st sess. ,pp. 234 - 259,337 - 339；Congressional Record,December 15,1947,vol. 93：11344 - 11352.

③ 中国社会科学院近代史研究所译：《顾维钧回忆录》第六分册，第 265 页。

④ Congressional Record,December 19,1947,vol. 93：11679 - 11682.

食品和原材料；其余的 600 万美元将用于关键的建设项目——扩大电力能力，恢复铁路运输，发展煤矿等。① 但是，援华方案并不属于"马歇尔计划"的一部分，而且议案完全没有提及军事援助，更没有承诺足够长期的援助。熟悉中国情况的观察家们在仔细阅读总统致辞时发现，总统透露出一种感觉，即不对该计划抱有期望。② 事实的确如此，由杜鲁门一手创立的国家安全委员会（National Security Council）在做报告时建议，考虑到中国局势的要求和复杂性是如此之大，以至于只能选择一个短期援助的权宜之计，让国民政府从快速的经济恶化中得到喘息，以防中国立马落入共产党人的手中。③

因此，"中国帮"大为不满。周以德把 5.7 亿美元的经济援助比喻为三条腿的凳子上的一条腿，需要的另外两条腿则是中国的货币稳定和美国的军事行动。④ 顾维钧得知援华方案的具体内容后表示，没有军事援助的援助是行不通的。于是，顾维钧在 2 月 24 日又拜访了蒲立德，寻求他的帮助。⑤ 3 月 2 日，蒲立德在众议院外交委员会提出建议，要求向中国提供一亿美元全部用于军事援助。3 月 6 日，蒲立德向顾维钧透露，他对这次《援华法案》的成功很有信心。因为布里奇斯曾以从预算中取消国务院远东司的编制为威胁，要求马歇尔加速办理对华提供军事物资。⑥ 3 月 19 日，众议院外交委员会要求将该援华方案并入"马歇尔计划"中。同时指出，中国情况与土耳其、希腊之情形类似，因此美国应比照援助希腊和土耳其两国的模式，在援华的 5.7 亿美元中拨出 1.5 亿作为军事援助，余下的 4.2 亿则仍为经济援助。在此基础上，美国还要负责监管援助如何被使用，并对

① "Marshall Critical of China But Holds U. S. Aid Essential,"*New York Times*, February 21, 1948.

② "Truman Requests Supplies But No Arms for Nanking,"*New York Times*, February 19, 1948.

③ "The Position of the United States Regarding Short-term Assistance to China," March 26, 1948, Digital National Security Archive, NSC 6, PD00014, p. 1.

④ "Marshall Critical of China But Holds U. S. Aid Essential,"*New York Times*, February 21, 1948.

⑤ 中国社会科学院近代史研究所译：《顾维钧回忆录》第六分册，第 307 页。

⑥ 中国社会科学院近代史研究所译：《顾维钧回忆录》第六分册，第 310 页。

国民党军队进行训练和指导。① 4 月 2 日,杜鲁门政府最终与"中国帮"达成了妥协,援华方案被并入"马歇尔计划"之中,并位于《1948 年援华法案》中的第 4 项。这个为期 12 个月的援华案共计 4.63 亿美元,分成两部分:3.38 亿美元为经济援助,由负责处理援欧项目的美国经济合作总署负责;另外 1.25 亿美元作为军事援助。但这笔军援,除了由美国陆军协助采购武器,全由南京政府自行处理,美国不负责监督军援之运用。② 自此《1948 年援华法案》正式出台。次日,顾维钧就致电蒋介石,称蒲立德为此出力最多,建议蒋介石以个人名义邀请蒲君再次来华,"藉示友谊"。③

值得注意的是,在《1948 年援华法案》出台后,相应的援助却迟迟不到中国。即使布里奇斯不断催促政府提供应当给予国民政府的军援,杜鲁门一直坚持既定的援外优先顺序,把中国放在西欧和中东之后。法案中通过的 1.25 亿美元的军事援助仅仅在中美两国官僚公文往返中迂缓进行,却没有将要运送至中国的消息。这也证实了杜鲁门本意并非扭转中国的战局,仅仅是在名义上通过并执行法案,为国民政府争取稳定内部局势的时间。④ 即使国民政府面临更为危急的状况,美国也不会以本国的资源为赌注进行全力援助,那将是一场规模巨大且危险的行动。⑤ 因此,直到 8 月,杜鲁门政府才开始处理中国申购之要求。⑥ 及至 11 月,国民政府已经动

---

① Congress,House,Committee on Foreign Affairs,House Report 1185,Foreign Assistance Act of 1948,80th Cong. ,2nd sess. ,1948,pp. 56 - 59;Congressional Record,March 31,1948,vol. 94:3872 - 3874.

② 赵绮娜:《美国亲国民政府国会议员对杜鲁门政府中国政策影响之评估》,《欧美研究》(台) 1991 年第 21 卷第 3 期,第 92 页。

③ "Wellington Koo to Chiang," April 3, 1948, *Wellington Koo Papers*, Box 138,转引自金光耀:《国民党在美国的游说活动——以顾维钧为中心的讨论》,《历史研究》2000 年第 4 期,第 63 页。

④ "Possible Courses of Action for the U. S. with Respect to the Critical Situation in China,"July 26,1948,Digital National Security Archive,NSC 22/1,PD00073,p. 8.

⑤ "United States Policy Towards China,"October 13,1948,Digital National Security Archive, NSC 34,PD00097,p. 13.

⑥ Congress,Senate,Committee on Foreign Affairs,Hearings,Foreign Assistance Act of 1948, 80th Cong. ,2nd sess. ,1948,p. 351.

用了几乎所有的军事拨款,但由于美国的出货速度缓慢,且主要限于车辆和无线电设备,国民政府依旧没有得到《1948 年援华法案》中规定的经济援助及军事援助。从杜鲁门致马歇尔的信来看,第一批武器和弹药援助计划要到 12 月初才发货。① 在杜鲁门政府几个月的耽搁中,国民党军队节节败退。当第一批援助到达中国时,国民党早已在淮海战役中落败,此时败局基本注定。

蒲立德一贯主张美国在对华援助上不能有所迟疑。他认为马歇尔使华时期的"有条件援助"就是变相地停止军事援助,"不仅危害了中国当下的安全,也危害了美国未来的安全"②。1948 年,援华物资一直没有送抵中国的同时,中国共产党在内战中不断取得胜利,蒲立德将其归咎于杜鲁门政府援华不力的结果。他在与李度谈话时表示了对民主党政府的不满,他相信"美国直接的军事援助将使政府免受共产党的威胁",然而"马歇尔已经在计划中否定了亚洲,尤其是中国","陆军顾问团则不被允许就操作提供建议,成日坐在南京无所事事"。③ 在这一年,蒲立德与民主党政府愈加疏远。他在《生活》杂志上发表文章《我们如何赢得了战争却失去了和平》("How We Won the War and Lost the Peace"),批评自罗斯福开始的民主党政府对共产主义的绥靖是无休无止的错误。也是在这一年,蒲立德离开了民主党,加入了共和党。④

结 语

1944—1948 年间四个访华使团针对中国国情的广泛调查,不仅是制

---

① "Current Position of the United States Respecting Delivery of Aid to China," December 15, 1948, Digital National Security Archive, NSC 22/2, PD00074, p. 2.

② William C. Bullitt, "How We Won the War and Lost the Peace," Part I, *Life*, August 30, 1948; Part II, *Life*, September 6, 1948.

③ Chihyun Chang, *The Chinese Journals of L K Little*, 1943 - 54: *An Eyewitness Account of War and Revolution*, pp. 142 - 143.

④ Will Brownell and Richard Billings, *So Close to Greatness: The Biography of William C. Bullitt*, New York: Macmillan, 1988, p. 311.

定对华政策的重要依据，而且能够反映这一时期民主党政府对华政策上的转向和美国国内对华政策的分歧。

首先是民主党政府对华政策的转向。1944年8月，赫尔利为调解史迪威和蒋介石之间的矛盾来到中国，之后担任驻华大使，主要任务为调解国共矛盾，建立联合政府。在此期间，罗斯福逝世，杜鲁门临危受命，对华政策发生转向，民主党政府虽然继续扶持国民党政权，但加上了不涉及武装援助的前提。赫尔利认为这是其无法完成使命的原因，为此提出了辞职。1945年12月，马歇尔接替赫尔利的使命来到中国。随着国共谈判陷入僵局，民主党政府对国民党政权变得愈发冷淡，取消魏德迈任命和对华军火禁运都是例证。最终，马歇尔建立联合政府的尝试宣告失败。面对欧洲相继爆发希腊内战、柏林危机，杜鲁门意图放弃中国，以便集中美国资源和力量援助欧洲。然而，参众两院的"中国帮"以支持"马歇尔计划"为条件，要求民主党政府继续援助国民党政权。1947年7月，魏德迈被派遣到中国进行实地考察，被看作对华政策将转向彻底"援蒋反共"的开端。然而，魏德迈建议大力援助国民党的报告被束之高阁。同一时段，记者蒲立德进行了一次非官方的访华活动，写成《向美国人民报告中国》一文，向美国人民报道中国战争形势。蒲立德及其背后的"中国游说团"运用舆论的力量向杜鲁门政府施压，推动了《1948年援华法案》的出台。不过，应有的援助在淮海战役战败前迟迟未到中国，国民党的结局已经注定。可以说，杜鲁门政府在马歇尔调处失败后，再没有动过大规模援助国民政府的心思，更是拒绝武装干涉中国内政，无论是派遣魏德迈访华，还是通过《1948年援华法案》，都是妥协之举。

其次是美国国内对华政策的分歧。罗斯福执政时期，民主、共和两党在对华政策上形成共识，共和党人赫尔利忠诚遵循着民主党政府的主张，作为驻华大使调解国共矛盾。杜鲁门上台后，赫尔利因无法完成使命选择辞职，并公开批评杜鲁门政府的对华政策。此举标志着民主、共和两党之间的大分裂。马歇尔出使中国期间，共和党在1946年期中选举中成为多数党，两党分别控制了总统职位和参众两院，关于中国政策的分歧也愈发明显。一方面，"中国帮"应运而生，他们认为美国应以协助蒋介石建立一个强大中国政府为第一要务，而非斤斤计较其是否与中共成立联合政府。另一方面，共和党意图赢得1948年总统大选，即使大部分人未必真的重视中国事务，但民主党政府的对华政策无疑是能够挑起党派矛盾的理想话题。民主党人蒲立德及其文章的发表则预示着民主党内分歧的出现。纵然杜鲁门是一位致力于党内和谐的总统，民主党内仍有加入"中国帮"或为其声援的身影。当国民党政权败势渐显后，蒲立德更是指责民主党政府援华不力，因此离开民主党，加入共和党。以蒲立德党派转向为代表的权势转移开始发生，这最终导致民主党在1952年大选中失去总统职位。因此，不能将美国国内对华政策的分歧简单归为两党矛盾，民主党内的分歧也制约了杜鲁门政府的对华政策。

（徐嘉芝：上海交通大学人文学院历史系硕士研究生）

The Turn of the Democratic Administration's China Policy（1944 - 1948）
——Focusing on the Four Chinese Diplomatic Envoys

Abstract：Not only did the US diplomatic envoy to China serve as a guide for shaping the US policies towards China, but also reflected the shifting China policies of the government. The envoys' subsequent disagreements through their identities and ideologies would lead to different outcomes. From 1944 to 1948, the Democratic Administration's policies towards China underwent transformations. During the tenure of Republican ambassador Patrick Hurley, the Truman administration ceased the Roosevelt-era military support for the Nationalist government. Hurley's unsuccessful reconciliation between the Kuomintang and the Chinese Communist Party's civil war led to his resignation and his public criticism towards the Truman administration's China policies. The following envoy, George Marshall, also failed in his reconciliation. Subsequently, Truman considered abandoning China to concentrate on European aid, exacerbating disagreements both between the two major parties and within the Democratic Party. To find a middle ground, the Democratic administration dispatched Wedemeyer to China and passed *China Aid Bill of* 1948. However, due to the government's reluctance to be involved in Chinese affairs, the *Wedemeyer Report* was buried, and the aid to China Act was repeatedly delayed. As the Kuomintang retreated to Tawain, Truman was unable to reconcile disputes between the two major parties or prevent Democratic members from switching sides to the Republican Party, ultimately contributing to the Democratic Party's defeat in the 1952 presidential election.

Keywords: Truman; the Democratic Party; diplomatic envoy; Senate; House

读史札记

北京大学图书馆藏"康熙五十八年《皇舆全览图》彩绘本分图"献疑

——以《云南全图》为中心的考察

孔庆贤

（云南师范大学历史学院）

摘　要：北京大学图书馆藏有一套康熙五十八年（1719 年）的彩绘本《皇舆全览图》分幅地图集，通过对其中《云南全图》的分析，可知《云南全图》的绘制年代不应在康熙五十八年（1719 年），而是经过了雍正时期的改绘。因此，虽然可以认为这套图集是"康熙五十八年《皇舆全览图》木刻本的底本"，但也应该清楚地认识到其中的部分地图如《云南全图》是经过了雍正时期的改绘。

关键词：《皇舆全览图》；《云南全图》；东川府；昭通府；雍正

北京大学图书馆编《皇舆遐览——北京大学图书馆藏清代彩绘地图》中收录有一套康熙五十八年（1719 年）的彩绘本《皇舆全览图》分幅地图集，共收录地图 22 幅，分别为：北京城图、盛京全图、热河图、河套图、口外诸王图、山东全图、江南全图、浙江全图、江西全图、河南全图、山西全图、陕西全图、哈密全图、四川全图、云南全图、贵州全图、福建全图、广东全图、黄河发源图、乌苏里江图、色楞厄河图、岷江源打冲河源图。① 据相关研究介绍，这套彩绘本《皇舆全览图》分幅地图集，"应是康熙五十八年该图木刻本

---

① 北京大学图书馆编：《皇舆遐览——北京大学图书馆藏清代彩绘地图》，北京：中国人民大学出版社，2008 年，第 2—69、162—164、210—215、231—233 页。

的底本"①。通过对其中《云南全图》的考察，可知其年代断定存在问题。现考证如下：

《云南全图》一幅，著录为：

年代：康熙五十八年(1719)

尺寸：纵110厘米，横131厘米

佚名绘，硬纸折装，无比例尺，有经纬线。此图是康熙五十八年 (1719)敕绘的《皇舆全览图》的彩绘本分图之一。左上方图注云："云 南 云南府，北极高二十五度，偏京师之西十四度，余各府州县有差。 井、鬼分野，东西广一千四百里，南北长一千三百里。北界四川，南界 交趾，东接贵州，西界缅甸，西北近蒙番，西南通阿瓦。滇国为南干龙 之始，自丽江雪山起祖，左界金沙，右界澜沧，由鸡足西转广通分昆明， 由曲靖而走黔入粤，支派不可胜悉矣。滇西北之水皆入金沙而归四 川，西南之水皆入澜沧而归车里，正东之水皆入八达而归广西，正北之 水皆入潞江而归阿瓦。大江从楚雄斜界其间，上发自蒙化，下流入元 江，往北者以东海为宗，往南者以南海为归，所称南龙九省之源也。二 十四府，三十一州，三十七县。"②

《云南全图》中绘出了"丽江府""东川府""宣威州""普洱府"以及"昭通 府""镇雄州"等政区。查阅资料：雍正元年(1723年)，"丽江土府"改为"丽 江府"；雍正四年(1726年)，"东川府"由四川省划归云南省；雍正五年 (1727年)，四川省属之"镇雄府""乌蒙土府"划归云南省，并于旧沾益州地 置"宣威州"，属曲靖；雍正六年(1728年)，"乌蒙土府"改为"乌蒙府"， "镇雄府"降为"镇雄州"；雍正七年(1729年)，置"普洱府"；雍正八年(1730 年)，"乌蒙府"改为"昭通府"。③ 按此，则《云南全图》的绘制年代应在雍正 八年(1730年)以后。

---

① 北京大学图书馆编：《皇舆遐览——北京大学图书馆藏清代彩绘地图》，第1页。
② 北京大学图书馆编：《皇舆遐览——北京大学图书馆藏清代彩绘地图》，第50页。
③ 牛平汉主编：《清代政区沿革综表》，北京：中国地图出版社，1990年，第383、387页。

　　又,图集中的《四川全图》中绘出了雍正六年(1728 年)已划归贵州省的“遵义府”,则《四川全图》的绘制时间亦不晚于雍正六年(1728 年)。由此,可以肯定的就是,这套图中的《云南全图》和《四川全图》必然经过了雍正时期的改绘。

　　关于这一点,相关史料也可证明,如清内务府造办处档案中记载:“雍正五年十月初二日,太监刘希文交来单十五省图一小张。传旨:‘四川省内有东川府、乌蒙土府、镇雄土府,此三府已经有旨着分入云南省内,今可细细查明。画图时,将此三省入在云南省内。将此三省改定,仍托裱整张,不必裁开,钦此。’”①据此可知,雍正帝曾下旨要求将“东川府、乌蒙土府、镇雄土府”绘入单幅十五省小图的云南省图中,这也可以看作北京大学图书馆藏康熙五十八年(1719 年)彩绘本《皇舆全览图》分幅地图集之《云南全图》经过雍正时期改绘的重要证据之一。

　　此外,还需要注意的是,白鸿叶和李孝聪教授在研究康熙《皇舆全览图》的版本时曾提到:“在中国第一历史档案馆保存着一套纸本墨绘设色《皇舆全览图》分幅本。”又言:“目前海内外一些图书馆收藏同类的彩绘本康熙朝《皇舆全览图》,如:中国国家图书馆藏有一套,北京大学图书馆也保存一套,但是图中的‘宁’字已经改写成‘甯’,显然属于道光登基以后的摹绘品。那么其所依据的祖本应当就是中国第一历史档案馆收藏的这一套,绘制时间不晚于康熙六十一年(1722)。”②不知两位教授这里所说“图中”的“图”是指中国国家图书馆藏图还是北京大学图书馆藏图,若是后者的话,《云南全图》中“永宁土府”的“宁”字用的确实是避道光名讳之后的“甯”③,但“福建全图”中“建宁府”的“宁”用的还是“宁”④,并未进行避讳,那么其结论“显然属于道光登基以后的摹绘品”就是值得讨论的。不过,无

---

① 中国第一历史档案馆、香港中文大学文物馆合编:《清宫内务府造办处档案总汇》第 2 册,北京:人民出版社,2005 年,第 545 页。
② 白鸿叶、李孝聪:《康熙朝〈皇舆全览图〉》,北京:国家图书馆出版社,2014 年,第 94 页。
③ 北京大学图书馆编:《皇舆遐览——北京大学图书馆藏清代彩绘地图》,第 51 页。
④ 北京大学图书馆编:《皇舆遐览——北京大学图书馆藏清代彩绘地图》,第 61 页。

论如何,北京大学图书馆藏康熙五十八年(1719 年)彩绘本《皇舆全览图》分幅地图集中的《云南全图》和《四川全图》都必然经过了雍正时期或是雍正以后的改绘。

综上所述,可以认为北京大学图书馆藏的这套彩绘本《皇舆全览图》分幅地图集是"康熙五十八年《皇舆全览图》木刻本的底本",但也应清楚地认识到其中的《云南全图》和《四川全图》必然经过了雍正时期的改绘。北京大学图书馆编《皇舆遐览——北京大学图书馆藏清代彩绘地图》"概述"部分所言"在书库中,它们是分散存放的,现在汇总在一部书中,基本上构成了一套较有规模的清前期中国分省区地图集"①,似乎也能证明这一点。因为既然都是"分散存放",那就不能排除其中的《云南全图》可能是雍正朝时期按照雍正皇帝的要求将"东川府、乌蒙府和镇雄府"绘入云南图中,又按这一套图的基本形制、装帧和绘制手法绘制出来的,这对当时的绘图者来说并不是一件难事。这启示我们:古代地图绘制年代的断定是一项复杂的工作,特别是对一套图集绘制年代的断定,需要审慎考察后才能做出判断。

（孔庆贤：云南师范大学历史学院助理研究员）

A Study on the Collection of "The Colorful Illustrated Map of the Overview Maps of Imperial Territories in the 58th Year of Kangxi（1719）" in Peking University Library ——Centered on the Complete Map of Yunnan

Abstract：The Peking University Library has a set of colorful illustrated editions of the Overview Maps of Imperial Territories in the 58th year

---

① 北京大学图书馆编:《皇舆遐览——北京大学图书馆藏清代彩绘地图》,第 2 页。

of Kangxi (1719), and through analysis of the Complete Map of Yunnan, it can be concluded that the drawing year of the Complete Map of Yunnan should not be in the 58th year of Kangxi (1719), but rather after being re-drawn during the Yongzheng period. Therefore, although it can be considered that this set of maps is the base of the woodcut edition of the O-verview Maps of Imperial Territories in the 58th year of Kangxi's reign (1719), it should also be clearly recognized that some of the maps, such as the Complete Map of Yunnan, were redrawn during the Yongzheng period.

Keywords: The Overview Maps of Imperial Territories; the Complete Map of Yunnan; Dongchuan Fu; Zhaotong Fu; Yongzheng

"翁同龢致刘世珩"信札一通考辨

吉 辰

[中山大学历史学系（珠海）]

摘 要:《名家书简百通》收有所谓"翁同龢致刘世珩"信札一通,编者解读有误,致函者实系民初政客夏同龢。根据函中若干细节,可推断该函写于1919年2月2日。

关键词:翁同龢;刘世珩;夏同龢;信札

彭长卿先生所编《名家书简百通》（上海:学林出版社,1994年）一书选录了编者所藏清代至当代名人书札100通,图版与释文兼备,并附有相关人物小传,嘉惠学林不少。不过,其中一通标为"翁同龢致刘世珩"的信札解读似有问题。此札全文如下:

> 聚卿老哥大人阁下:小除夕仓卒在申一近光霁,旋即来宁,乃承枉道深宵风雪之中,非廿年故交孰能相厚若此?思之感纫,当何如耶!是夜车行未及,还宿白克路俱乐部,次晨始得首涂。入馆舍即奉惠缄,展诵如亲接谈笑,客邸岁除,良足慰我岑寂也。嘱件已转恳武清,其意谓太原既有覆电,不侵部署任用稽核之权,似可由兄托人将此意达于赞侯,则兄所保之员既已得李同意,自无虑鄂省有所阻挠也。并令路四缄答执事,谓随后再函商太原,是则敷衍面子之说。弟于公非泛泛,不敢不以实意上闻耳。甄用案亦竟以阻力未能达部,知念并及。日来商轮鲜便,已借江元兵舰,四日申刻可以成行。公何日北还?鳞鸿多便,时惠德音,曷胜翘企。敬颂道安。弟同龢顿首。二日。①

---

① 《翁同龢致刘世珩》,彭长卿编:《名家书简百通》,上海:学林出版社,1994年,第190页。标点有改动。

　　上款"聚卿"系著名藏书家刘世珩，是没有问题的。然而，编者根据下款判断系翁同龢所书，证以札中内容，颇有抵牾之处。其一，翁同龢（1830—1904 年）在年岁与辈分上皆明显高出刘世珩（1874—1926 年），按照当时习惯，称对方为"兄"尚有可能，但不会称"老哥"，尤其是札中称二人关系为"廿年故交"——即使从翁同龢故世之年算起，20 年前的刘世珩也只是一名十龄童。其二，札中提到写信人上年小除夕（即除夕前一日）曾在上海匆匆见过刘世珩一面，随即前往南京。证以《翁同龢日记》，翁氏在任何一年都没有这样的行迹。其三，札末提及写信人准备搭乘"江元"舰启程。该舰系湖广总督张之洞向日本川崎船厂订购的炮舰，1905 年竣工①，其时翁同龢已然谢世。何况，此札与翁同龢的笔迹似乎并不相像。

　　笔者认为，此札作者应为清末戊戌科状元、民初政客夏同龢（1868—1925 年）。与现存夏同龢手迹比对，此札似出自其手。另一方面，尽管夏同龢不若翁同龢留有详尽日记可考证行迹，但其身份可与该札内容相印证。札中的"武清"，应指"长江三督"之一的陈光远（直隶武清人）。夏同龢1917 年 9 月至 1919 年 6 月曾任江西省实业厅厅长，与时任江西督军的陈光远（1917—1922 年任此职）关系密切。② 刘世珩托夏同龢对陈光远有所请托（即"嘱件"），是完全说得通的。下文的"太原"，似以郡望影射王氏（一般认为太原系王氏发源地），应指"长江三督"中的湖北督军王占元（1916—1921 年任此职）。③ "赞侯"则为李思浩之字，其人 1917—1920 年历任北京政府财政部次长、代总长、总长。④

　　联系起来，可知"嘱件"的含义：刘世珩试图保荐某人谋求湖北省某财政机构的稽核职位，并托夏同龢走陈光远的门路，这大约是因为陈光远与主政湖北的王占元同为直系大将，交情较好。而陈光远表示，王占元已表

---

① 陈悦：《清末海军舰船志》，济南：山东画报出版社，2012 年，第 206 页。

② 陆景川：《夏同龢生平年表》，陆景川主编：《夏同龢研究文集》，贵阳：贵州人民出版社，2013 年，第 269 页；钱实甫编著，黄清根整理：《北洋政府职官年表》，上海：华东师范大学出版社，1991 年，第 82、84、86、88、90、92 页。

③ 钱实甫编著，黄清根整理：《北洋政府职官年表》，第 80、82、84、86、88、90 页。

④ 钱实甫编著，黄清根整理：《北洋政府职官年表》，第 13、17、19、47、49—50 页。

态不会干涉财政部任用稽核的权限，因此建议刘世珩向掌管财政部的李思浩游说。另外，陈光远还指示"路四"（似为陈氏部下、机要处处长路良继）致函刘世珩，表示自己随后会与王占元函商。夏同龢认为，陈光远的表态只是敷衍了事，因此向刘世珩颇感抱歉地表示自己"不敢不"实话实说。

结合前述夏、陈、李、王四人任职时间，笔者认为此札可能作于 1918、1919 或 1920 年的年初。根据札中"小除夕"与"岁除"的表述，其时刚过春节。而札末日期"二日"当数新历，结合新旧历日期的对应情况来看，很可能是 1919 年 2 月 2 日（正月初二日）。

前文提到的"江元"舰的动向，也可以证实这一推测。据《申报》报道，1919 年 2 月 6 日，陈光远乘坐从南京出航的"江元"舰抵达九江。[1] 另有报道称，他从南京出航的时间是 2 月 4 日下午 3 时[2]，正与札中的"四日申刻（引者按：下午 3 时至 5 时）可以成行"完全吻合。可见，夏同龢应当与他同船而行。

上年 10 月，陈光远以庆贺大总统徐世昌就职、"面呈赣省情形"为名进京，其首席随员便是夏同龢。[3] 陈氏此后基于各种原因在京滞留数月之久，致使国会议员葛庄提出质问案，因而在北京政府催促下返回江西，先于 1919 年 1 月 28 日抵达南京。[4] 而夏同龢此前同样在京滞留，亦被葛庄在质问案中抨击。[5] 二人原本同路进京，如今同路回赣，是合情合理的。

综上所述，此札应系夏同龢 1919 年 2 月 2 日所书。

[吉辰：中山大学历史学系（珠海）副教授]

---

[1] 《九江近事》，《申报》，1919 年 2 月 11 日，第 7 版。
[2] 《陈光远过宁纪闻》，《申报》，1919 年 2 月 6 日，第 7 版。该报道称陈氏乘坐的是"江贞"舰（"江元"之姊妹舰），有误。
[3] 《陈光远进京消息》，《申报》，1918 年 10 月 15 日，第 6 版。
[4] 《陈光远过宁纪闻》，《申报》，1919 年 2 月 6 日，第 7 版。
[5] 《赣官吏旷职之质问》，《申报》，1919 年 1 月 26 日，第 7 版。

A study on the Letter "Weng Tonghe to Liu Shiheng"

Abstract：*Ming Jia Shu Jian Bai Tong* received a letter titled "Weng Tonghe Wrote to Liu Shiheng", which was wrongly interpreted by the editor. The writer was actually Xia Tonghe，a politician in the early days of the Republic of China. Judging from several details in the letter，it can be inferred that the letter was written on February 2，1919.

Keywords：Weng Tonghe；Liu Shiheng；Xia Tonghe；Letter

附图:《名家书简百通》中"翁同龢致刘世珩"信札相关内容（第 186—190 页）。

潯首瑾入館舍所奉

惠箴展誦如親接

後笈客邸歲除良足慰我

岑寂也

曾侄已皙畫武清其言謂

太原阮有霞電小偄部署住

用稽核之權似由

元従人将峡意連作賛侯列

兄两保之負沈己以李同志自会

慮郭者有西阻挽也盂命路

緘吾

秋事沔随波并画亩太原走

的数衍画子之説弟作

不非泛己不敢止以実寄上

尚祈　甄用案必尧以阻力未

能连部却

合并及日来商榷鲜使已借

江元兵舰四日中刻以以成行

不何日北遥骈鸿多俊

時赐德音曷胜翘企敬叩

道安　弟同龢

二日

翁同龢致刘世珩

聚卿老哥大人阁下：小除夕仓卒在申，一近光霁，旋即来宁。乃承枉道深宵风雪之中，非廿年故交孰能相厚若此？思之感纫，当何如耶！是夜车行，未及还宿白克路俱乐部；次晨始得首涂，入馆舍即奉惠缄，展诵如亲接谈笑，客邸岁除，良足慰我岑寂也。嘱件已转恳武清，其意谓太原既有覆电，不侵部署任用稽核之权，似可由兄托人将此意达于赞侯，则兄所保之员既已得李同意，自无虑鄂省有所阻挠也。并令路四缄答执事，谓随后再函商太原，是则敷衍面子之说。弟于公非泛泛，不敢不以实意上闻耳。甄用案亦竟以阻力未能达部，知念并及。日来商轮鲜便，已借江元兵舰，四日申刻可以成行。公何日北还？鳞鸿多便，时惠德音，曷胜翘企。敬颂道安。弟同龢顿首。二日。

小传：翁同龢（一八三〇——一九〇四）字笙阶，讱夫，号叔平、松禅、瓶庵，江苏常熟人。心存子，同爵弟。咸丰六年状元，官至协办大学士、户部尚书、军机大臣兼总署大臣，光绪帝师傅。因协助变法，而被慈禧革职回籍，交地方官严加管束。工诗文，善书画。书宗颜真卿，晚年沉浸汉隶，自成一家，为世所宗。著有《瓶庐诗文稿》、《翁文恭公日记》等。

书评

重思国际政治思想的"思路"

王申蛟

（华南师范大学历史文化学院）

摘　要：牛津大学教授爱德华·基恩以其对格劳秀斯国际关系思想的研究而备受关注，不过他的《国际政治思想史导论》一书同样值得学者们重视。在研究思路上，这部著作不仅提倡跳出片面强调传承性和延续性的国际政治思想史传统叙事窠臼，强调重视呈现孕育不同国际政治观念的历史语境；而且呼吁学界打破对"主权"和"无政府状态"的痴迷，从"不同的共同体如何被型塑和区分"这一视角研究国际政治思想史。在内容上，这部著作对学界有关古典时代、中世纪以及近现代国际政治思想的既有解释和研究视角提出了挑战，并指出了诸多值得深入探究却被长期忽略的研究领域。基恩是国际关系研究"英国学派"的新生代学者，这本书提醒中国学者需要对该学派内部的丰富性和多样性保持清醒的认识，并可以在充实国际政治思想史研究内容的基础上思考构建国际政治理论的创新路径。

关键词：爱德华·基恩；国际政治思想史；"英国学派"；语境主义；国际政治理论构建

牛津大学教授爱德华·基恩（Edward Keene）是国际关系研究"英国学派"的新生代学者①，同时也是 2023 年出版的最新权威工具书《牛津历史学与国际关系学手册》的主编之一②。基恩教授因对格劳秀斯国际关系

---

① 基恩教授于 1991 年在牛津大学获得政治、哲学与经济学学士学位，1993 年于伦敦经济学院获国际关系学硕士学位，1998 年于伦敦经济学院获国际关系学博士学位。

② Mlada Bukovansky, Edward Keene, Christian Reus-Smit, Maja Spanu, eds. , *The Oxford Handbook of History and International Relations* , Oxford：Oxford University Press,2023.

思想的研究而备受学界关注①，然而可惜的是他的另一部著作《国际政治思想史导论》（*International Political Thought：A Historical Introduction*，Polity Press，2005）却鲜少有人讨论。该书的中译本已经于 2022 年由上海人民出版社出版（以下简称《导论》）②，这虽然是一部不足 250 页的"小书"，但可以进一步丰富中国读者对"英国学派"的认识。更为重要的是，基恩教授启发所有对国际政治思想史和国际政治理论感兴趣的人们对相关研究领域内长期盛行的思维惯性展开反思。

一、独特的研究思路

基恩教授在开篇的导论中抱怨以往的国际政治思想史著作大都囿于"学派"或者"传统"的写作思路，将古往今来的思想家和学说分门别类归入某某"流派"。在他看来，有关国际政治的某些观念的确有其传承性和延续性，但过于强调这一点则会使人忽略了孕育这些思想的具体语境。因此，这部《导论》的主要目的在于呈现不同国际政治观念所处的历史语境，彰显观念的变迁而非延续。同时，基恩尽可能少地直接谈论理论，而是关注历史上的思想家在阐释其自身所处国际环境时所运用的基本概念，并且他也将视野拓展到了《威斯特伐利亚和约》所缔造的欧洲国家体系之外。③

新的历史叙述方式必然引发对原有概念的反思和重新界定。《导论》批评了这样一种研究取向，即大多数相关著作仅仅把涉及"主权国家之间的关系如何在无政府状态的条件下运行"的思想观念作为研究对象。这种对"主权"和"无政府状态"的执迷使研究者忽视了除近代欧洲以外的其他地域和时代所产生的国际政治思想，也妨碍了人们对西方近代思想家丰富

---

① 代表性书评包括 Renee Jeffery，"Review：Beyond the Anarchical Society：Grotius，Colonialism and Order in World Politics by Edward Keene，" *International Affairs*，May，2003，Vol. 79，No. 3（May，2003），pp. 641-642；Anthony Pagden，"Review：Beyond the Anarchical Society：Grotius，Colonialism，and Order in World Politics by Edward Keene，"*Perspectives on Politics*，Jun.，2004，Vol. 2，No. 2（Jun.，2004），pp. 428-429。

② ［英］爱德华·基恩著，陈玉聃译：《国际政治思想史导论》，上海：上海人民出版社，2022 年。

③ ［英］爱德华·基恩著，陈玉聃译：《国际政治思想史导论》，第 3—7 页。

的政治经验和世界视野的研究。因此,基恩教授认为一切国际政治理论都指向一个更为基础性的判断,即不同的共同体如何被型塑和区分。国际政治思想史的研究更应该关注"在用以构筑共同体之间区分的诸种概念新陈代谢之际,人们对共同体之间异同的理解发生了怎样的变迁"。不同时代和不同地域的人群对"共同体"有着不尽相同的理解,我们习以为常的"主权国家"便是一种重要但绝非唯一的共同体组织方式。①

二、迭出的创新见解

遵循上述研究和写作思路的《导论》一书主体部分共计六章,而每章都对有关国际政治思想的传统认识发起了挑战,为我们贡献了迭出的新见解。

有关国际政治思想史的教材几乎言必称古希腊,但又基本将笔墨聚焦于修昔底德,致力于在他的《伯罗奔尼撒战争史》中找寻现代"现实主义"国际政治理论的萌芽。基恩教授从当时的历史语境出发,认为包括希罗多德、修昔底德、柏拉图以及亚里士多德在内的古希腊学者更多是通过讨论"本性"与"习俗"等问题来建构古希腊人的共同体意识,进而将自身与所谓的"蛮族"区分开来。与19世纪的西方人不同,"语言"而非"社会组织和协作能力"才是古希腊人构建身份认同的一项重要标准。

罗马帝国是西方政治理论界研究的重要内容,但国际政治思想史学界由于长期致力于在历史中寻找现代主权国家体系的"相似物",故而对其关注不多。但《导论》认为罗马帝国所展现的"世界之城"理念恰恰正是古代国际政治思想的一种重要表现形式。随着帝国的进一步发展,"人类性"(Humanitas)与"罗马性"(Romanitas)这两个概念也愈益紧密地联系在一起,传统上的"罗马人"和"蛮族"间的分野也逐渐被打破,这也为罗马帝国的衰亡埋下了伏笔。

中世纪欧洲基督教世界和伊斯兰世界的国际政治思想同样是基恩教授的关注对象。在他看来,之前的共同体确认成员身份需要综合考虑语言

---

① [英]爱德华·基恩著,陈玉聘译:《国际政治思想史导论》,第8—12页。

和习俗等一系列要素，而在中世纪这一历史时期，固定的宗教信仰则几乎成了决定性的标准，这也促成国际政治思想的结构发生了巨变。因此，研究国际政治思想史的学者不应该在研读了修昔底德的著作后便轻率地略过中世纪，一头扎向马基雅维里、格劳修斯和霍布斯等近代思想家。

16—17 世纪的欧洲国际政治思想一直是学者们关注的重点，在这段历史时期里涌现出的众多思想家都被当代国际关系理论界视为某一流派（尤其是现实主义学派）的典型代表人物。这是因为学者们普遍简单且笼统地将这一历史时段的特征仅仅概括为"中世纪基督教世界的瓦解和近代'绝对主义'国家的兴起"。《导论》提醒人们注意，有关"帝国"和"共和"的观念在当时仍发挥着重要的作用；博丹和霍布斯的学说让日益抽象的"国家"概念和"主权"法理观念之间产生了愈发紧密的联系，但探讨"最高统治"观念的思想家也使得"主权可以分割"的理念历久弥坚。

当涉及启蒙时代的国际政治思想时，有关康德"永久和平"思想的研究往往显得"一家独大"。但如果考虑到启蒙运动波及范围之广，参与者之复杂，便不应该认为它只贡献了一种国际政治思想。在基恩教授看来，以苏格兰启蒙运动为主要土壤的"文明"不断进步观念和以赫尔德、卢梭、狄德罗等思想家为主要推手的强调不同民族文化多样性的理念共同促进了 19 世纪国际政治思想的发展。

在当代的国际关系理论界，除马克思和黑格尔以外的 19 世纪思想家大都已经为人们所淡忘，但《导论》通过考察当时的历史语境，提醒我们勿忘如下事实：基佐、密尔等自由主义思想家的学说在 19 世纪大部分时间和 20 世纪初都在国际政治和思想领域占据统治地位，他们的"文明"观念塑造了当时众多至关重要的论战。即便是后来激烈批判自由主义国际政治思想的现实主义大师汉斯·摩根索，其对"人性"的强调也与自由主义的一个核心主题相一致，即"国际政治理论需要以人性为基础并合乎人性"。

三、"英国学派"内部多样性的展示

随着大量中文译著和研究性著述的出版与发表，"英国学派"早已为我国的国际关系学界和世界史学界所知晓。"注重历史研究"是他人对这一学术流

派的第一印象,更是其学术共同体内部成员建构自我认同的重要工具。① 国内译介的英国学派著作多数为比较宏观的通史性著作和抽象的理论著作(最具代表性的是布赞和利特尔合著的《世界历史中的国际体系》以及亚当·沃森的《国际社会的演进》②),而具体且带有专题研究性质的作品较少。正因如此,《导论》中译本的出版具有重要价值,它让我们看到了这一学术共同体的成员不仅可以在宏大叙事上有所作为,也可以在精微研究中贡献智慧。

提出与"国际体系"相对应的"国际社会"(international society)概念是"英国学派"最引以为傲的学术贡献。根据其已故的元老学者赫德利·布尔的界定,"如果两个或两个以上国家之间有足够的交往,并且对彼此的决策有足够的影响,从而使得它们(至少在一定程度上)作为一个整体的组成部分来行为时",就产生了国际体系;而"如果一群国家意识到它们具有某些共同利益和价值观念,从而组成一个社会,即它们认为在彼此之间的关系中受到一套共同规则的制约,并且一起确保共同制度的运行",就产生了国际社会。③

基恩教授承认上述概念的学术价值与启发意义,但也在书的结语中批评地指出,过去时代的人们曾经以各种不同的形式来思考共同体之间的政治关系,现代学者却令人遗憾地将如此丰富的内容削足而适,塞入"国际体系"和"国际社会"这两个概念中去,这种现象应该被反思和扭转。毫无疑问,"英国学派"新生代的学者已经萌生了重构学术版图的想法。

四、深远的学术启发

《导论》以一种极其富有挑战性的研究与写作方法试图重构国际政治

---

① 例如,当代"英国学派"最知名的代表性学者巴里·布赞教授就明确表示:"在英国学派研究方法中,历史占有重要地位,英国学派依托世界历史在研究方面取得了很大的成就,英国学派也成为历史学和国际关系学的桥梁……对历史的关注是辨别英国学派研究方法与国际关系研究中现实主义、自由主义乃至马克思主义研究方法的主要特征之一。"参见[英]巴里·布赞著,颜震译:《英国学派与世界历史研究》,《史学集刊》2009年第1期,第3—4页。

② 参见[英]巴里·布赞、[英]理查德·利特尔著,刘德斌等译:《世界历史中的国际体系——国际关系研究的再构建》,北京:高等教育出版社,2004年;[英]亚当·沃森著,周桂银等译:《国际社会的演进》,北京:世界知识出版社,2019年。

③ [英]赫德利·布尔著,张小明译:《无政府社会:世界政治中的秩序研究(第4版)》,上海:上海人民出版社,2015年,第12、15页。

思想史的学科地图，这种学术实践也为我们提供了三种"思路"。

首先，这部著作为充实国际政治思想史的研究内容提供了一种新思路。基恩教授突破了有关"国际政治"的传统界定方法，呼吁从"共同体的型塑与区分"这一角度来探究国际政治思想的多样性，这毫无疑问扩大了国际政治思想史学科的研究范围。《导论》中的最后一章提及了爱德华·卡尔和汉斯·摩根索这两位古典现实主义流派的代表人物。众所周知，他们都十分重视历史学在国际关系研究中的作用，而这与19世纪兴盛于欧洲的"历史主义"观念之间又有着怎样的联系呢？作者对此并未着墨。当然，与其说这是《导论》的"瑕疵"，倒不如将其视为作者启发我们开展研究的下一个"学术增长点"。

其次，这部著作为日后围绕"英国学派"展开的研究提供了一种新思路。"英国学派"在治学方法上的开放性与多样性历来为人们所关注，基恩教授采用的"语境主义"方法明显受到了思想史研究"剑桥学派"的影响，他也毫不掩饰地称赞该学派代表性学者昆廷·斯金纳的名作《近代政治思想的基础》是一座尚待国际关系研究者挖掘的富矿。[①] 值得注意的是，已故的著名历史学家赫伯特·巴特菲尔德被视为"英国学派"的早期重要代表人物，但他也同样是当代"剑桥学派"中另一位重要学者约翰·波考克的导师。不过令人遗憾的是，尚未见有人对"英国学派"和"剑桥学派"之间的关系给予应有的关注，更无人思考两派治学方法与理路之间潜在的融汇性。

最后，这部著作为构建新的国际政治理论提供了一种思路。新理论的出现往往始于"新概念"的提炼。国际政治学界之所以能够提出"安全困境""国际社会"等重要概念，其原因在于前辈学者们对近代的霍布斯、洛克、康德等思想家的某些观点进行了科学的"概念化"。当代学者能否在具体的历史语境中发现更为丰富的思想内容，并在此基础上做出合理的阐释与延伸，为国际关系学科的"第三次奠基"打下坚实的基础，我们对此拭目以待。

（王申蛟：华南师范大学历史文化学院特聘副研究员）

[①] ［英］爱德华·基恩著，陈玉聃译：《国际政治思想史导论》，第150页。

Rethinking the "Trains of Thoughts" of International Politics

Abstract: Professor Edward Keene of Oxford University has received much attention for his research on Grotius's ideas on international relations, but his book *International Political Thought: A Historical Introduction* is also worthy of scholars' attention. In terms of research ideas, this work not only advocates breaking out of the traditional narrative patterns of the history of international political thoughts, which unilaterally emphasizes the inheritance and continuity, but also emphasizes the importance of presenting the historical contexts that breeds different international political ideas. It also calls on the academic community to break the obsession with "sovereignty" and "anarchy" and study the history of international political thought from the perspective of "how different communities are shaped and differentiated". In terms of content, this work has challenged the existing interpretations and research perspectives of international political thoughts in the classical era, the Middle Ages and modern times, and showed many research areas that are worthy of in-depth exploration but have been ignored for a long time. Keene is a new generation scholar of the "English School" of international relations studies. This book reminds Chinese scholars to keep a clear understanding of the richness and diversity within the school, and to think about the innovative paths of constructing international political theories on the basis of enriching the research content of the history of international political thoughts.

Keywords: Edward Keene; History of International Political Thoughts; "English School"; Contextualism; Construction of Theories of International Politics

附　录

告读者书

　　《随园史学》是由南京师范大学历史系编撰的同人学术文集,收录海内外历史学者原创文章,包括专题论文、读史札记、译介、书评、传记、史料整理、考订补白等。

　　为了保证文稿的原创性与规范性,特提请投稿者注意如下事项:

　　一、来稿为本人原创性成果,并充分尊重他人知识产权,遵守学术规范与学术道德。来稿字数不限,必须保持引文正确,所引资料应使用原始文献或调查数据。

　　二、来稿请使用 A4 纸格式,正文简体横排,宋体(分段引文用楷体,右进两格),小 4 号字;注释采用页下注(脚注),宋体,小 5 号字,注释序号用①、②、③……标识,每页单独排序。

　　三、注释征引格式。

　　(1)著作标注项目应包括:责任者与责任方式;书名;卷册;出版地点(城市);出版社;出版时间;页码。其标注格式如下:

　　例:潘晟:《知识、礼俗与政治——宋代地理术的知识社会史探》,南京:江苏人民出版社,2018 年,第 100 页。

　　[美]芮乐伟·韩森著,张湛译:《丝绸之路新史》,北京:北京联合出版社,2011 年,第 50 页。

　　冯玉祥:《我的读书生活》,三户图书刊行社,(出版时间不详),第 8 页。

　　参阅张树年主编:《张元济年谱》,北京:商务印书馆,1991 年,第 6 章。

　　(2)引用古籍,在书名后写出卷数、篇名,若有点校者或整理者亦须标出。"二十四史"、《资治通鉴》等常用文献,可省去作者、点校者,其标注格式如下:

　　《史记》卷 118《淮南王传》,北京:中华书局,2013 年,第 3713 页。

（唐）李吉甫撰，贺次君点校：《元和郡县图志》卷 40《陇右道下》，北京：中华书局，1983 年，第 1019 页。

（3）报纸、期刊论文引用格式如下：

《消除"三废"污染，保护和改善环境》，《人民日报》，1973 年 10 月 20 日，第 2 版。

《关于广西迁省议近讯》，《新闻报》，1912 年 7 月 10 日，第 2 张第 1 版。

《电举都督》，《盛京时报》，1912 年 3 月 21 日，（4）。

《国务院纪要》，《太平洋报》，1912 年 9 月 4 日，第 6 页。

《大总统注重军民分治问题》，《大公报（天津版）》，1912 年 8 月 9 日，第 2 张（3）。

唐晓峰：《"反向格义"与中国地理学史研究》，《南京大学学报（哲学社会科学版）》2009 年第 2 期，第 94—98 页。

［美］韦陀著，常红红译：《武威博物馆藏喜金刚与大黑天金铜造考》，《敦煌研究》2011 年第 1 期，第 21—29 页。

（4）西文论著引用格式如下：

例：Étienne de la Vaissière, *Histoire des Marchands Sogdiens*, Paris: Institut des Hautes Études Chinoises, Collège de France, 2002, p. 255

Lewis Mayo, "Birds and the Hand of Power: A Political Geography of Avian Life in the Gansu Corridor, Ninth to Tenth Centuries", *East Asian History*, 2002, no. 24, pp. 1–66

（5）日文论著，除作者、论著名仍保持日文外，其余则都为汉文简体字，格式如下：

［日］長澤和俊：《シルク・ロード史研究》，东京：国书刊行会，1979 年，第 200 页。

［日］森安孝夫：《イスラム化以前の中央アジア史研究の現況について》，《史学雑誌》第 89 编第 10 号，1980 年，第 21—28 页。

（6）档案标注格式如下：

《傅良佐致国务院电》（1917 年 9 月 15 日），北洋档案 1011—5961，中国第二历史档案馆藏。

《党外人士座谈会记录》（1950 年 7 月），李劼人档案，中共四川省委统战部档案室藏。

四、论文中出现的数字，一般使用阿拉伯数字，但古代年号后面的数字则用汉文数字。年号须括注公元纪年。首次出现外国人名，须括注外文原名。

五、来稿中若有插图，应在文中标明插入位置和说明文字；若是地图，需审图的请提供正式的审图号。插图使用 jpg 格式，保证高清晰度，并以电子邮件单独发来。

六、欢迎使用电子投稿，请同时发来 word、pdf 版本。收稿后，会尽快向投稿者确认。审稿期限为 1 个月，期内请勿他投。无论审稿通过与否，本书编委会均会将相关意见或建议及时告知投稿者。来稿一律不退还原稿，敬请作者自留底稿。

七、来稿须附上作者简介，含姓名、出生年月、籍贯、工作或学习单位、职称、研究方向，并提供详细的通信地址、电话号码，以便编务联系。

八、《随园史学》已许可中国知网以数字化方式复制、汇编、发行、信息网络传播本刊全文。本刊所付薄酬已包含中国知网著作权使用费、所有署名作者向本刊提交文章发表之行文视同为同意上述说明。如有异议，请作者联系《随园史学》编辑部处理。

九、联系方式

来稿及联系请发送至下列邮箱：suiyuanshixue@126.com。

纸质信稿收件地址：南京鼓楼区宁海路 122 号南京师范大学历史系。邮编：210097。收件人：《随园史学》编辑部。收件手机号：13912963886。

《随园史学》编辑部

2023 年 6 月 25 日

编后记

　　自 2023 年 9 月发布征稿启事以来，经过近一年的努力，《随园史学（2024 辑）》终于要与读者见面了。其间虽然也遇到一些困难，但承蒙院系领导的关怀帮助、编辑部同仁的审读校对和各位作者的理解支持，保证了编务工作的高效运转和刊发文章的学术水准，使这项工作最终能够顺利完成。在此，我谨代表《随园史学（2024 辑）》编务组，向在本辑编辑过程中给予帮助的师友们致以诚挚的谢意！

　　《随园史学》是由南京师范大学社会发展学院历史系主办的学术集刊，每年一辑，国内外公开发行，并已与中国知网签约，可以网络查询。经过两年多的摸索尝试，已形成较为稳定的编辑机制。栏目设置上，常设涵盖中国史、世界史各领域的专题研究、读史札记、书评以及域外成果译介，同时根据来稿情况，刊登一些虽不在上述栏目内，但确有公开发布以供学界批评价值之文章。稿件选用上，一方面要求文章符合当前的学术规范，有助于推动对相关学术话题的认识，另一方面也兼顾审稿人的学识素养，尽量选取编辑部能够给予较为专业审读意见的文章。本辑亦基本延续了前两辑的编辑原则，但由于水平有限，编辑过程中难免有遗珠之憾，还望诸位学友能够理解。

　　本辑共收录文章 15 篇，所论内容既有传统的文献校勘、史实考订，也有放眼世界的专题探究、理论尝试和域外学术动态介绍。各篇文章的具体观点虽未必完全允当，但均有一定的新意，相信能够给读者朋友们提供一些新的视角，同时也真诚期待大家的批评指正。

陆　帅
2024 年 7 月 15 日